U0924953

Beihang Law Journal

北航法学

2015年第1卷

翟志勇/主编

中国政法大学出版社

2015·北京

图书在版编目（C I P）数据

北航法学. 2015年. 第1卷/翟志勇主编.—北京:中国政法大学出版社,2015.11
ISBN 978-7-5620-6510-4

Ⅰ. ①北…　Ⅱ. ①翟…　Ⅲ. ①法学—文集　Ⅳ. ①D90-53

中国版本图书馆CIP数据核字(2015)第285851号

书　名　北航法学（2015年第1卷）
　　　　Beihang Faxue 2015 Nian Di 1 Juan
出版者　中国政法大学出版社
地　址　北京市海淀区西土城路25号
邮　箱　fadapress@163.com
网　址　http://www.cuplpress.com（网络实名：中国政法大学出版社）
电　话　010-58908435(第一编辑部)　58908334(邮购部)
承　印　固安华明印业有限公司
开　本　650mm×960mm　1/16
印　张　12.75
字　数　213千字
版　次　2015年11月第1版
印　次　2015年11月第1次印刷
定　价　30.00元

前言

POREWORD

这是一个成文宪法的时代，任何不成文宪法的研究，都无法回避成文宪法的主导性。无可否认的是，宪法文本之外的习俗、惯例及其他规范对于政治权力的运作以及公民权利的保护，确实起到重要作用，但任何一个现代国家的宪法主体一定是由成文的宪法规则支撑起来的，无论这些成文的规则是否名叫宪法。不成文的习俗和惯例仅仅能够在成文宪法规则之外的有限空间内运作，并且受到成文宪法规则的制约，否则成文宪法便是一纸具文或徒有虚名。因此，不成文宪法研究的核心并不在于那些真正不成文的习俗和惯例，而是成文宪法的实际运作及其与成文或不成文规则之间错综复杂的互动关系。

在成文宪法之外研究不成文宪法，并非英国特有的传统，这是成文宪法时代普遍的学术趋势，成文宪法的开创者也在所难免。美国一直存在着研究不成文宪法（或者说高级法、基本法）的学术传统，早期的经典研究如 Christopher G. Tiedman, *The Unwritten Constitution of the United States: A Philosophical Inquiry into the Fundamentals of American Constitutional Law* (New York: G. P. Putnam's Sons, 1890); Emlin McClain, "Unwritten Constitutions in the United States", *Harvard Law Review* (Vol. 15, No. 7, 1902, pp. 531 ~540), William B. Munro, *The Makers of the Unwritten Constitution* (New York: The Macmillan Co., 1930)。近些年的重要研究如戴维·斯特劳斯的《活的宪法》(毕洪海译，中国政法大学出版社 2012 年版)、劳伦斯·却伯的《看不见的宪法》(田雷译，法律出版社 2011 年版)、阿希尔·

里德·阿玛的《美国的不成文宪法》（America's Uwritten Constitution: The Precedents and Principle We Live By, New York: Basic Books, 2012）。这些研究所揭示出来的成文宪法时代的不成文宪法，比起英国的不成文宪法来，对中国的宪法学研究具有更大的意义。但是，无论英国还是美国，任何有关不成文宪法的研究，必须置于历史的脉络中，如此才能呈现出不成文宪法在不断流变的观念中的本质属性和特征，从而避免一家之言遮蔽了我们发现真理的眼睛。

本卷由两个主题构成，第一个主题集中关注不成文宪法问题，主要是美国的不成文宪法的源流及其内涵，特别是成文宪法与不成文宪法之间的互动关系。同时，也关注了英国不成文宪法得以生成的理论和制度基础，特别是议会主权与不成文宪法之间的内在勾连。本卷第二个主题是哈贝马斯有关欧洲宪法的思考，如果我们以英国不成文宪法的传统概念观之，欧盟当下正处于不成文宪法阶段，欧盟试图创制一部成文宪法，但诸多的原因使得这一构想始终未能兑现，欧盟一系列的宪法性条约和协议实际上构成了欧盟的不成文宪法，也在创造着一种新的宪法范式，这种新的宪法范式将介于国际条约和传统的主权国家宪法之间，需要我们认真对待。因此，我们接续哈贝马斯的思考，审视一种生成中的不成文宪法状态及其未来的走向，特别是其在新的政治秩序构建过程中的作用和意义。

翟志勇

2015年10月

目录

CONTENTS

主题研究：不成文宪法

托马斯·格雷：我们是否有一部不成文宪法？ ········ 田雷 译 / 3

苏珊娜·谢里：国父的不成文宪法 ······················ 都督 译 / 20

厄内斯特·A. 扬：宪法之外的宪法 ···················· 费娜 译 / 65

埃姆琳·麦克莱恩：美国的不成文宪法 ············ 孙超然 译 / 126

巴普洛夫·埃勒费瑞阿迪斯：议会主权与宪法 ········ 马允 译 / 134

主题书评：哈贝马斯《关于欧洲宪法的思考》

再评哈贝马斯的欧洲宪法论 ································ 周林刚 / 167

没有国家的宪法

——评哈贝马斯《关于欧洲宪法的思考》 ······ 刘　刚 / 176

世界主义宪法的政治构想 ···································· 许小亮 / 182

《关于欧洲宪法的思考》之精神背景 ···················· 张绍欣 / 190

主 题 研 究

不成文宪法

我们是否有一部不成文宪法？*

托马斯·格雷　著　田雷　译**

在审查法律的合宪性时，我们的法官是应当自我设限，仅决定相关法律是否与源自于成文宪法典的规范存在冲突？还是说，他们可以去执行自由和正义的原则，即便这些原则的规范性内容并未见之于美国建国文件的文本范围内？除却司法审查本身的正当性问题，这很可能是关于我们的根本法、我们所能提出的最根本的问题。

一、纯粹解释模式

多年以来，这一最根本的问题并未太吸引宪法学者或者法院、法官群体的直接关注，当然至少有一个重要的例外，此例外就是布莱克大法官（Hugo Black）。终其漫长而成就斐然的法官生涯，布莱克大法官在其宪法理论中最坚持不断重申的主题就是，法官在司法审查时应保持对宪法文本的忠诚，如果宪法学说未能基于成文宪法之明文命令的渊源，就是不正当的。[1]

现在看来，作为对布莱克大法官之成就的一种盖棺论定式的承认，他关于宪法裁决的法理论述可能正在重返光荣。过去数年间，杰出的宪法评论者已经开始回应布莱克大法官的核心命题，他们运用基本上在前一代学术共同体内闻所未闻的话语，批评宪法发展。

---

* 原刊 *Stanford Law Review*, Vol. 27, No. 3 (Feb., 1975), pp. 703 ~718。

** 托马斯·格雷，时任斯坦福大学法学教授。田雷，重庆大学人文社会科学高等研究院副教授。

〔1〕 参见 *In re* Winship, 397 U. S. 358, 377 (1970)（布莱克大法官的反对意见）; Griswold v. Connecticut, 381 U. S. 479, 507 (1965)（布莱克大法官的反对意见）; Rochin v. California, 342 U. S. 165, 174 (1952)（布莱克大法官的同意意见）; Adamson v. California, 332 U. S. 46, 68 (1947)（布莱克大法官的反对意见）。

这种批判集中围绕着平等保护学说的新“根本利益”路径，以及在家庭和性事务中所出现的放任自由的私隐权（right of privacy）。我在本文中所要关注的批评进路，所主张的并不是以上新学说在政策上的不当，或者认为它们缺少内部的体系化或原则性的表述——凡此种种，都是当代宪法评论司空见惯的主题。准确地说，这一波批评所努力证明的是，宪法的新发展所基于的原则，并非根源于对成文宪法进行文本解释的常规过程，因此，它们代表着一种完全不正当的司法审查模式。

这也是在布莱克大法官的宪法理论中反复唱响的批判路线。当联邦首席检察官博克还只是一位学院教授时，就曾对此主题作出过最强有力的阐释：

> 联邦最高法院对“基本价值”的选择不可能得到正当证成。如果宪法材料并未明文指示出更优先的价值，就不存在任何原则性的方法，可以去优选某种得到主张的人类价值，而不是任何其他的价值。法官必须紧紧围绕着文本和历史以及它们的合理含义，而不是去杜撰新权利。[1]

博克称之为宪法原则的“中立推演”的要求，并且明确表示，他认为此要求是对二十世纪五六十年代曾激辩的宪法原则“中立适用”要求的补充。[2]

汉斯·林德教授曾著文评论并延伸讨论了这场为人所共知的“中立原则”辩论，他同样力主重新回到宪法文本的命令，以此为司法审查的唯一正当基础：

> 我们的民族在一个先前时间形成并且在宪法文本内写入一个决定，而法院的职责开始、同时也终结于确定这个决定在当下的范围和意义……

本文所要引用的这一晚近趋势的最近例证——虽然并非所能引用的最近例证——是约翰·伊莱教授对最高法院近期的堕胎案判决的严厉批判。[3]伊莱教授声称，堕胎案判决所基于的“私隐”权利，无法通过任何可能的阐释或解释技艺追溯至宪法文本，因此，最高法院已经违反了其“将判决根据追溯至它所获得权威的宪章的义务”。伊莱教授接着指出：

---

〔1〕 Bork, *Neutral Principles and Some First Amendment Problems*, 47 IND. L. J. 1, 8 (1971).

〔2〕 Bork, *Neutral Principles and Some First Amendment Problems*, 47 IND. L. J. 1, 7 (1971).

〔3〕 Roe v. Wade, 410 U. S. 113 (1973); Doe v. Bolton, 410 U. S. 179 (1973).

一项中立且长久的原则可能是一种美，一种永远的喜悦。但是，如果它与美国宪法所具体标出的各项价值不存在关联，它就不是一项宪法原则，最高法院也没有职责去实施该原则。[1]

伊莱教授在论述中还认定，博克和林德的文章“主张了本文所主张的宪法裁决理念”。[2]

我并不认为，由上述评论者所勾勒出的宪法裁决概念，足以涵盖正当的司法审查的全部范围。在我看来，法院确实适当地适用了在宪法文本中未曾表达的价值，并且在决定立法的合宪性时适当地适用了它们。

在我看来，该理念是一种隐蔽的基础，在其之上生长着法院在过去一代所发展出的相当一部分宪法学说。但问题是该理念太过隐蔽。它既没有清楚的表述，也没有得到明晰的辩护，而基本的宪法学说却应当如此。就此而言，反方的一般性观点也未得到充分的理论陈述和辩护——唯一例外就是布莱克大法官。不幸的是，以宪法为业的职业世界并没有给布莱克大法官的理论立场以其所应有的认真对待。很有可能，职业界存在着一种相当强势的趋向，认为伟大的布莱克大法官不过是一位守旧老派和头脑简单的乡村律师，他有着合理的直觉以及对具体议题的敏锐嗅觉，但欠缺任何可主张的法理教养。

如果博克、林德、伊莱诸先生的文章标志着一种重要趋向的出现——而我相信事实很可能如此——这一基本的理论议题就将浮现出来，进入学者的议程。这些批评者当然不是未涉世事或过时落伍的法律学徒。

事实就是，这些批评者和布莱克大法官所共有的宪法裁决观念，具有强大的说服力和理论的简约之美。该观念深深植根于我们的历史以及我们共有的政治正当性原则中。而它在我们的形式宪法内也有同样深厚的根基；不要忘记，正是基于这一理论，美国法院才在马伯里诉麦迪逊案[3]中建立起司法审查的制度。

---

〔1〕 Ely, *The Wages of Crying Wolf: A Comment on Roe v. Wade*, 82 YALE L. J. 920, 949 (1973)（脚注省略）.

〔2〕 Ely, *The Wages of Crying Wolf: A Comment on Roe v. Wade*, 82 YALE L. J. 920，第 947 页注 147。但是，伊莱教授并不同意博克对沃伦法院的诸多批评。另有一些近期的宪法学评论，博克—伊莱—林德的观点得到表达或隐含表达，可参见 Epstein, *Substantive Due Process by Any Other Name: The Abortion Cases*, 1973 SUP. CT. REV. 159；Winter, *Poverty, Economic Equality, and the Equal Protection Clause*, 1972 SUP. CT. REV. 41.

〔3〕 5 U. S. (1 Cranch) 137 (1803).

该理论的主要德性在于：它既支持了司法审查，同时又回答了其实践是不民主的指控。根据纯粹解释的模式（下文称纯粹解释模式或解释模式），每当法院推翻一部民主立法或实践，认定其违宪时，法院总是可以如此回应因此引发的公共谴责："行事的并不是我们法官——而是你们人民。"人民已经选择了该立法或实践所违反的原则，指定该原则为基本的，并将此基本原则写入了供法官解释和适用的宪法文本。解释人民的命令，此任务不可能总是简单的或机械的；如果用"机械法哲学"的标签去指控布莱克大法官或其战友，是没有正当理据的。但是，该任务基本上仍是一种解释，即将已确定且有约束力的规范适用于新的事实。[1]

二、超越解释

我的司法审查观位于纯粹解释模式的对立面，而且，在我看来，这种相对立的观念隐藏在法院所发展的相当一部分宪法之中，该观念并不否认美国宪法是一部成文法典，其文件表达了一些明文的、确定的对政府权力的约束。它也并不否认：司法审查的部分职责就是要让这些明文指令在现实中生效。

这是对司法审查的扩展版认识，它与纯粹解释模式的分歧之处即在于——它承认法院尚有其附加角色：法院是有关个人自由和公平对待的民族基本理念的阐释者，即便这些理念的实体内容并没有作为实证法内容写入成文宪法。同时，还要一道承认的是，美国法院要担当起如此设定的角色，较之于纯粹解释模式分配给法院的角色，更难以进行正当性的证成。有人会问，为什么法院比起政治问责型的人民代表，更有能力去辨识和表达基本的民族理念？而且有些人也会回忆起勒尼德·汉德的评论，他认为"一群柏拉图卫士的统治是最恐怖无趣的，即便是我知道

---

〔1〕 纯粹解释模式不应当混同为宪法解释中的文本主义（*literalism*），尤其是"狭义"或"偏狭"的文本主义。解释模式，至少在其复杂的阐释者的论述中，必定认识到，在确定宪法规范时，法院可以超越时常晦暗不明的文本，而进入文本背后的目的。规范性的推理不仅可以起始于明文的命令，还可以基于沉默和遗漏、结构和关系。因此，在我看来，查尔斯·布莱克教授所描述的那种宪法推理并不必然是超越解释模式的，参见 Charles Black, *Structure and Relationship in Constitutional Law* (1969).

真正将纯粹解释模式的主张者区别开来的是，该模式坚持认为，宪法裁判中所用的规范必须是那些可从文本推导出来的规范——美国宪法绝不能被解释为授权法院去表达和适用那些未经制宪者明确或隐含表达的当下规范。

如何去选择他们，而事实却是我并不知道”。[1]

这些严重的困难无疑可以解释——但却并未为之提供托辞——无论在我国历史上，还是在当下，美国法院在论证裁决结果时，为何更愿意诉诸模糊的立法史和对宪法语言的扭曲解读？即便是阐释那些并不见于宪法文本的当代道德和政治理念可以更好地证成案件裁决。当然，法院的这一趋向绝非有助于确立起非解释型司法审查的正当性。事实上，就事论事的话，它更有可能确证起对立的反面；既然法官更愿意诉诸低劣的解释，而不是去诚实地阐释根深蒂固的不成文理念，这必定是因为法官认为后一种决策模式的正当性是存疑的。

但是，低劣的历史、文本分析的趋势并非单独存在着。法院并不只是偷偷摸摸地实施着不成文的理念和价值。事实上，在很大一部分法院的重要宪法判决中，法院的行为模式是公开非解释的。如果这一断言初听起来令人惊讶，这很可能部分是因为我们美国法学院教授宪法的方式。

在宪法课的学术讲授中，司法审查的正当性这一普遍问题，主要是通过马伯里诉麦迪逊的媒介而得到处理的。学生们研讨首席大法官马歇尔为司法审查所进行的论证，很有可能还将马歇尔的论述与此后法官或评论者的一些反向论证进行对比。讨论最终会落脚在这一点上，无论这些论证在原初意义上有多少正当根据，历史的发展已经坚定地站在司法审查这一边。自此后，有关司法审查的辩论，所关注的问题只是司法审查应当多么“能动”或者多么“节制”。而所谓司法审查，也总是被假定为由马伯里案确立和证成的那种单一的一元化实践。

我认为这是一种严重误导的论述方式。马伯里案所辩护的（而其诋毁者攻击的）是本文所称的司法审查的纯粹解释模式。马伯里案自身涉及的是对一项技术性的宪法明文条款的细致解释，根据常规性的语言分析，可认定该条款与一部制定法存在冲突。一般意义上对司法审查的证成，所运用的语言都是对应于马伯里案类型的。马歇尔首席大法官的重点落在了美国宪法的**成文形式**（*writtenness*），以及成文宪法在与普通法律存在明确冲突的情形中前者的最高性。[2]马歇尔所设想的启发式例

---

〔1〕 L. Hand, *The Bill of Rights*, 73 (1958).

〔2〕 5 U. S. (1 Cranch) 137, 176 ~ 178 (1803). 虽然马歇尔的论证展开于纯粹解释型的司法审查事例，基础的原则——亦即法院必须首先选择宪法而非普通法律——本身却无法见于宪法文本或由文本轻易推演而出。尽管如此，该原则的论证看起来仍存在于解释模式的范围内，所基于的是制宪者采取一部成文宪法可推出的意图。

证，无一例外地包括了在假想（且现实中不可能发生）的制定法和特别明确的宪法命令之间的明显冲突。〔1〕

所有这些都让马伯里案成为一例最非典型的宪法案件，而对于那种在我国历史上意义重大但却聚讼纷纭的司法审查类型，从斯考特案〔2〕到法定货币案〔3〕、洛克纳案、〔4〕卡特煤矿案，〔5〕再到布朗诉教育委员会案，〔6〕巴克诉卡尔案，〔7〕最后是我们今时今日的死刑案〔8〕和堕胎案〔9〕，马伯里案也只是一个不适当的范式。在诸如此类的宪法案件中，宪法文本的引用和分析仅居次要地位。决策的主导规范是那些有关政府结构和个人权利的一般性理念，后者在成文宪法内最多只是一带而过，它们的内容基本未有具体的规定——诸如二元联邦制、赋权、公正程序、法律面前的平等。

这是一种不同类型的司法审查，其正当性的问题在马伯里诉麦迪逊的论述中并未得到讨论，更不必说由此作出结论。如要进入该问题，我们最好是去考察蔡斯大法官和埃尔德尔大法官在卡尔德诉布尔案中的辩论。〔10〕而如果想要再去领略约翰·马歇尔那无与伦比的修辞，弗莱切诉

---

〔1〕 例如，马歇尔修辞地提问，法院是否应当执行一部向某州出口施加关税的制定法，或者一部追溯既往的法律或者人身惩罚法案。Id. at 179.

〔2〕 Dred Scott v. Sanford, 60 U. S. （19 How. ）393（1857）.

〔3〕 79 U. S. （12 Wall. ）457，（1871）.

〔4〕 Lochner v. New York, 198 U. S. 45（1905）.

〔5〕 Carter v. Carter Coal Co. , 298 U. S. 238（1936）.

〔6〕 347 U. S. 483（1954）.

〔7〕 369 U. S. 186（1962）.

〔8〕 Furman v. Georgia, 408 U. S. 238（1972）.

〔9〕 Roe v. Wade, 410 U. S. 113（1973）; Doe v. Bolton, 410 U. S. 179（1973）.

〔10〕 3 U. S. （3 Dall. ）386（1798）. 蔡斯："我不可能同意一个州立法机关的无所不能，或者它是绝对的、不受控制的，虽然其权力不应当为该州的宪法或基本法所明确限制……我们的自由共和政府中存在着某些关键的原则，它们将决定并且否定我们对立法权力明确且公然的滥用……" 3 U. S. （3 Dall. ），第 387 ~ 388 页（多数意见）。

埃尔德尔："诚然，有些投机的法官已经判定，一部违反自然正义的立法法案本身必定是无效的，但是我不可想象，在这种政府下，任何司法法院有权去做如此的宣告……自然正义的诸理念并不受控于任何确定的标准；最有能力而且忠淳的人们在此问题上也有分歧；而在此种情形内，法院所能适当主张的最多只是，立法机关具有一种平等的意见权利，现它已经通过了一部法案，而在法官的意见中，该法案是不符合自然正义的抽象原则的。" 3 U. S. （3 Dall. ）第 398 ~ 399 页（同意意见）。

佩克案提供了一个绝好的例证。[1]在该案中，佐治亚州的立法被推翻，所基于的是两项不同的理据。第一项理据是对契约条款的扭曲解释，其脆弱性比得上沃伦法院一些更糟糕的解释工作。第二项理由表达在最高法院的结论中，即立法违反了“为我们的自由制度所共享的一般性原则”——具体而言就是已赋予的权利不可侵犯的原则。[2]在弗莱切案中，显然欠缺一份反对意见，主张赋权原则在宪法文本中无处可觅。事实上，弗莱切案的另一份意见书——约翰逊大法官的意见——基于“一般性原则”的根据，表达了对判决结果的同意，但是却不承认对契约条款的扭曲解读。[3]

在弗莱切案和当代大多数司法审查之间，有着惊人的相似。现如今，联邦最高法院在法律形式上会引用美国宪法典内庄严的概括性条款，典型的如正当程序条款或平等保护条款，以之为法院判决的文本基础。而即便这一具体的条款定向（specificity）也并不总是对我们的允诺。正因此，我们会被告知，宪法上的“旅行权利”，最高法院“从未曾将此权利的根据归结至……某一特定的宪法条款”。[4]而在堕胎案中，最高法院为“私隐权”所披上的文本外衣也是捉襟见肘的：

> 这一私隐的权利，无论它是如我们所感觉的那样，可见于第十四修正案的个人自由及其对州行为的限制的概念中，还是如地区法院所判定的，存在于第九修正案为人民所保留的权利中，其范围都足以容纳一位妇女决定是否中止怀孕的权利。[5]

现在应当看清，在此类案件中，最高法院在论证其用以废止立法的实体原则的内容时，公然地放弃了以宪法文本作为根据。在这一问题上，堕胎案中，法院对第九修正案和正当程序条款的双重依赖是有指导意义的。第九修正案从文本表面看并没有实体内容。[6]它毋宁是一件发

---

〔1〕 10 U. S. (6 Cranch) 87 (1810).

〔2〕 10 U. S. (6 Cranch) 87 (1810)，第139页。

〔3〕 10 U. S. (6 Cranch) 87 (1810)，第143页（部分同意意见）。

〔4〕 Shapiro v. Thompson, 394 U. S. 618, 630 (1969)（脚注省略）。

〔5〕 Roe v. Wade, 410 U. S. 113, 153 (1973). 虚假解释的研究者可能会争论，究竟是法院在堕胎案中的表述，还是在格里斯沃德诉康涅狄格州案中通过《权利法案》的“放射”和“伴影”的著名推理，在美学意义上更为可取。Griswold v. Connecticut, 381 U. S. 479 (1965)。

〔6〕“本宪法内对特定权利的列举，不应被解释为否定或限制了由人民所保留的其他权利。”戈德伯格大法官曾在格里斯沃德诉康涅狄格州案中分析了第九修正案作为宪法权利的一种“来源”的作用及其限度，参见 Griswold v. Connecticut, 381 U. S. at 486（同意意见）。

给宪法决策者的许可证，授权其超越宪法文本的实体命令，而去保护在文本内没有表达的根本权利。而至少在堕胎案中，正当程序条款也是以同样的方式被运用的。

我们的实体宪法学说有很大一部分都是这一类型的。虽然学说的出现是“基于”宪法文本的只言片语，但法院并未援引文本作为判决案件的价值或原则的根据。事实上，宽泛的文本条款被视为正当性的根源，法院可以以此发展和阐释共享的基本民族价值。而这些价值可以被视为人类社会秩序永恒和普遍的特征——自然法原则——这是它们在18、19 世纪通常呈现出的形式。或者，如当代通常的表现，它们可以被视为我们这个特定文明所特有的，并且要经历发展和变革。我们当下所特有的隐喻就是“活着的宪法”——这部宪法，其条款以基本权利之名表达着对政府的制约，与此同时，其抽象程度又允许法院去阐释这些权利历时而发生的发展和变化。

这种宪法裁决观与纯粹解释模式是相互为战的。正如布莱克大法官经常并且言辞激烈地主张，他根本无法容忍变化的、灵动的、“活着的”宪法保护的理念。[1]宪法修正案的过程，才是制宪者唯一选择的与时俱进地更新宪法价值的方法；法院的职责在于根据制宪者的意图去执行美国宪法的实体命令。

这并不是说，解释模式与一种适可而止的“活”宪法概念是无法兼容的。解释模式可以容纳将制宪者的价值判断和制度设计适用于新的或改变后的**事实**环境。[2]在此意义上，解释模式的信徒可以认同马歇尔首席大法官的观念，美国宪法“旨在承受未来岁月的变迁，因此应当可以调整以适应人类事务的各种危机”。[3]

---

〔1〕 参见 Harper v. Virginia Bd. of Elections, 383 U. S. 663, 670 (1966)（布莱克大法官的反对意见）。

〔2〕 大概正是在此意义上，林德教授认为“司法审查的任务乃是阐释过去的政治决定在当下的含义”，而不要有任何意义上的内部矛盾。林德指出，有些宪法条款“显然意识到根据经济和技术的发展或者个人和社会机制的关系的变化，而去调整宪法的适用”。Linde, *Judges, Critics, and the Realist Tradition*, Roe v. Wade, 410 U. S. 113 (1973); Doe v. Bolton, 410 U. S. 179 (1973)，第 254 ~ 255 页（强调为本文作者所加）。同样，伊莱教授也写道：“当然，最高法院有权，事实上我认为是有职责，去发现制宪者意图斗争的种种邪恶，然后行动起来以消灭它们在 20 世纪的根本表现。” Ely, *The Wages of Crying Wolf: A Comment on Roe v. Wade*, 82 YALE L. J. 920，第 929 页（脚注省略）。

〔3〕 McCulloch v. Maryland, 17 U. S. (4 Wheat.) 415, 427 (1819).

但是，解释模式不可能包容那些保护抽象的“必要”或“根本”自由或者“公正程序”、“体面尊严”的宪法学说——任由法院一劳永逸地或者一次一案赋予这些理念以道德内容。这种“解释”将消耗掉解释模式的生命力。而这种“解释”得到承认，在面对着愤怒的公众时，法院无法继续以责任转移为由进行诚实的答辩：“行事的并不是我们法官——而是你们人民。”而且，联邦最高法院的宪法角色也不再是技术性的、职业性的——将**既定的**规范适用于变化中的现实；事实上，最高法院将承担起更重要的同时也存疑的角色——发现一个社会在当下的最基本的价值。

三、纯粹解释模式的后果

行文至此，我可以举出几个实体宪法学说的例子，它们仅限于个人权利的领域，在我看来，这些为数众多并且意义重大的宪法发展，如果根据整体适用的司法审查的纯粹解释模式，是无法得到正当性证成的。首先同时也是最显而易见的是，由第五、第十四修正案的正当程序条款所发展出的几乎全部的学说体系。如果前述条款确实具有任何可追溯至制宪者的具体规范，大概也仅限于由布莱克大法官赋予这些条款的意义。[1]根据布莱克大法官的观点，正当程序所要求的，仅限于对生命、自由或财产的剥夺应当得到正当制定的法律的授权，而不是专断的执法行为。而美国内战前的最高法院，曾对正当程序给出一种更有雄心壮志但却非常不合情理的狭义解释——该条款禁止对 1791 年英国法院的程序的传统进程的偏离。[2]

因此，根据解释模式，所有余下的正当程序学说都站不住脚。首先，正当程序有对刑事和民事诉讼中的“根本公正”程序的灵活要求，这在许多人看来是正当程序学说的核心，但却不可能与解释模式相互协

---

〔1〕 参见 *In re* Winship, 397 U. S. 358, 377 ~ 385（1970）（反对意见）。布莱克大法官在此意见内指出，他个人持有的认为第十四修正案吸收了《权利法案》的立场，并不是基于对正当程序单个条款的阐释，而是根据“由第十四修正案制定的立法历史所表明的，该修正案的第一部分的全部语言”。Ely, *The Wages of Crying Wolf*: *A Comment on Roe v. Wade*, 82 YALE L. J. 920，第 382 页，注 11。

〔2〕 Murray's Lessee v. Hoboken Land & Improvement Co. , 59 U. S. （18 How. ）272, 277 (1856).

调。这些学说是“活宪法”概念的发展。[1]除此之外，“实体正当程序”标签下的所有学说也要消灭干净。正是这些学说，才最为经常地吸引了解释模式的拥趸们的攻击火力。解释模式的立场所具有的力量，很大程度上根源于由洛克纳诉纽约州[2]所代表的自由放任经济的宪法化所要面对的深层反对意见，而且解释模式的信徒们通常会联合起来，以反对那些令他们想起洛克纳案的当代学说发展。[3]

当代的解释主义者经常会忘记尤其关键的一点——实体正当程序的死亡在宪法上必将放纵联邦政府自由地进行赤裸的种族歧视。在解释第五修正案的正当程序条款时，并没有什么文本依据可以去吸收由平等保护条款施加于各州的任何禁令。[4]

同样关键的是，根据解释模式，《权利法案》的条款对各州的适用也不可能得到证成——除非是有些人千方百计去承认薄弱的历史证据，认为其足以表明第十四修正案起草者意在实现这一结果，而最高法院已

---

〔1〕 参见 In re Winship, 397 U. S. 358, 377 (1970)（布莱克大法官反对意见）; Goldberg v. Kelly, 397 U. S. 254 (1970)（布莱克大法官的反对意见）。

〔2〕 198 U. S. 45 (1905).

〔3〕 现在看来，在批判一件宪法判决时，终极的点睛之笔就是说它“像是洛克纳”。伊莱教授甚至曾经制造出一个通用名词“洛克纳化”，以此形容联邦最高法院在洛克纳案中的败笔，而无论败笔错在何处。Ely, *The Wages of Crying Wolf*: *A Comment on Roe v. Wade*, 82 YALE L. J. 920, 949 (1973)（脚注省略），第 944 页。比较 Winter, *Poverty*, *Economic Equality*, *and the Equal Protection Clause*, 1972 SUP. CT. REV. 41, 第 102 页：“不要搞错，洛克纳诉纽约州还活着，健康地活在夏皮罗诉汤普森中。”

在最高法院的历史上，洛克纳案不过是无数采用宪法裁决之非解释模式的案件中的一例；如果洛克纳案是一个坏的判决，我认为它确实如此，这绝不意味着它所代表的一般性的裁决模式是不正当的。在纯粹解释的模式中，也有过许多坏判决。

还有一点经常为人所遗忘，霍姆斯大法官在洛克纳案中曾发表经典的反对意见，但他并没有用该案的机会而在普遍意义上去否定非解释型的裁决，或者是去否定上述的实体正当程序：“我认为，每当第十四修正案中的自由一词被判定要去防止一种主导意见的自然结果时，自由就受到误用，**除非可以这样认为，一个理性且公允的人必定会承认，所提议的立法侵犯了我们的民族和我们的法律所理解的根本原则。**”198 U. S. at 76（强调为本文作者所加）。

〔4〕 参见 Bolling v. Sharpe, 347 U. S. 497, 499 (1954). 自柏林案后，最高法院经常“根据”第五修正案的正当程序条款，将平等保护的学说施加给联邦政府。参见 Shapiro v. Thompson, 394 U. S. 618 (1969)，在此案中，最高法院以违反正当程序为由废除了哥伦比亚特区的一部立法，与此同时，又依据平等保护条款去废除各州的同类立法。自从柏林案后——至少可以说就我所见——最高法院甚至从未严肃地讨论过如下的可能性，即第五修正案的正当程序条款可能并未完全吸收平等保护条款对各州渐进施加的要求。

明确拒绝该路径。[1]接下来，言论自由、宗教自由、财产征收中公正补偿的要求，以及第四、第五、第六和第八修正案中的程序条款，无法继续被认定为联邦宪法对州权的制约。

如果解释模式被用以控制宪法裁决，那么，所有在平等保护条款下启动“严格审查”的“基本利益”也不得不去舍弃。首当其冲的是围绕着选举权以及参与选举过程的利益，它们所生长出的大部分学说都无法继续站住脚。如果平等保护条款所隐含的价值仅限于制宪者在起草时的原初意图，那么该条款显然并未言及选举资格或者议会席位分配的问题。[2]

到目前为止，纯粹解释模式的前提要求我在前文中所呈现的结论，这一点在我看来几乎没有合理质疑的空间。而对于那些尚需更多证据的人们而言，我们可以转移至多少更有疑问的议题：有多少禁止州种族歧视的法律可以通过纯粹解释模式的审查，这是一个严肃的问题。显而易见，平等保护条款意在禁止**某些**形式的州种族歧视，首当其冲的就是在《黑人法典》(*Black Codes*)里所规定的各种歧视。立法史可以同样清楚地表明，该条款并没有意图去保障平等的政治权利，比如选举权或竞选公职的权利，很可能还包括担任陪审员的权利。[3]

如果平等设施是可以获得的，平等保护条款的适当解读是否要求禁止各州施加的任何形式的种族隔离，这至少是一个疑问。比克尔教授对立法史的深度研究已经表明，几乎无证据去证明禁止种族隔离的意图，在平等保护条款通过时，种族隔离在北方是普遍的。[4]比克尔教授的结论如下：第十四修正案的原初理解与校园隔离案的判决是可兼容的，但

---

〔1〕最高法院曾拒绝将大陪审团起诉和民事陪审团审判的要求适用于各州，也曾在“选择吸收”的案件中进行过相关陈述，凡此种种，都可见最高法院对“吸收”理论的拒绝。参见 Duncan v. Louisiana, 391 U. S. 145, 149 (1968)，此案判定正当程序要求各州在严重刑事案件中提供陪审团审判，因为“刑事案件中陪审团审判，对于美国的司法设计而言是基本的……”有关制宪者意图的争议，可比较 Fairman, *Does the Fourteenth Amendment Incorporate the Bill of Rights*?, 2 STAN. L. REV. 5 (1949) 和 Adamson v. California, 332 U. S. 46, 68 (1947)（布莱克大法官的反对意见）。

〔2〕在选举和议席重新分配案件中，哈兰大法官的多个反对意见就对这一点进行了确定无疑的论证。参见 Carrington v. Rash, 380 U. S. 89, 97 (1965)（哈兰大法官的反对意见）；Reynolds v. Sims, 377 U. S. 533, 589 (1964)（哈兰大法官的反对意见）。

〔3〕一般可参见 Bickel, *The Original Understanding and the Segregation Decision*, 69 HARV. L REV. 1 (1955).

〔4〕一般可参见 Bickel, *The Original Understanding and the Segregation Decision*, 69 HARV. L REV. 1 (1955)，第 58 页。

兼容仅在如下意义上，即修正案的一般性语言**已许可**法院（和国会）去执行演进中的种族正义理念。[1]然而，这是一次经典的对“活宪法”理念的祈求，其本身是不为解释模式所允许的。

最后，《权利法案》条款可以根据社会价值的变化而进行与时俱进的生长和发展，根据解释模式，由此而出现的现代适用也不得不去否定。在所要抛弃的学说中，包括如下主流的观念：第八修正案对残酷和非常惩罚的禁令，必须基于社会的“体面标准的演进”而进行“解释”。[2]由此也可去质疑，第一修正案的大部分现代学说，可否基于追溯至制宪者的价值选择而得到辩护，[3]同样的疑问也将导致第四修正案的某些法律前途暗淡。[4]第六修正案为贫穷被告人指定律师的学说，[5]同样也处在严重危险中，如果原初意图的含义是宪法裁决唯一正当的指引。[6]

虽然有人会在细节问题上不同意上述的粗糙目录，但可以确定的是，如果我们坚持诚实地适用纯粹解释的模式，就势必要去对已确立的宪法学说进行异常激进的清洗。当然，仅就此而言，就至少形成了一种反对解释模式的表面证据。如果任何抽象理念要求如此激进地变革继承

---

〔1〕 一般可参见 Bickel, *The Original Understanding and the Segregation Decision*, 69 HARV. L REV. 1 (1955)，第62~65页。

〔2〕 参见 Trop v. Dulles, 356 U. S. 86, 101 (1958).

〔3〕 通常可参见 L. Levy, *Legacy of Suppression* (1960).

〔4〕 参见 Katz v. United States, 389 U. S. 347 (1967)，在该案中，最高法院将第四修正案的适用范围扩展至电子设备对口头陈述的记录。布莱克大法官传达了一篇孤独的反对意见，从一种解释的立场去论证“既然我看不到任何方式将第四修正案的文本解释为适用于电子窃听，对我而言，问题就已到此结束……我不会为了‘让美国宪法与时俱进’或‘让它与时代相和谐’，而去扭曲该修正案的文字。”同上，第373页。（反对意见）

〔5〕 Johnson v. Zerbst, 304 U. S. 458 (1938).

〔6〕 我所提及的非解释型的司法审查的例子可以分为如下三种。第一种是法院几乎没有文本指引而去创造（或者发现）独立的宪法权利。例子包括当代的私隐权利，还有更早期的合同自由。而在第二种案例中，宪法文本明确以一种更有限的方式去适用规范，但法院却对该规范进行了普遍适用。例子包括：“根据”无所不包的正当程序条款，平等保护和契约条款的原则扩展适用于联邦政府，而《权利法案》适用于各州。第三种类型是扩展或延伸宪法内所陈述的原则，超越了制宪者为它们设定的规范内容。例子包括种族隔离案件以及将第四修正案扩展至电子窃听的判决。纯粹解释模式的信徒，将主要的怒火投向非解释型审查上述的第一种类型。但是，根据解释模式的逻辑，另外两种类型的非解释型审查同样是不正当的。如果将一个有争议的案件归入第三种类型，而不是第一种，好处就是通常可以带有些许的合理性去论证，一项具体的宪法禁令的延展，所真正包括的只是将旧规范适用于新事实，而不涉及规范本身的变化。参见格里斯沃德诉康涅狄格州案的多数意见，将一种非文本的婚姻私隐的权利建立在对《权利法案》不同条款的“解释”上，因此将第一类型的案件转化为“更不可疑”的第三类型案件。Griswold v. Connecticut, 381 U. S. 479 (1965).

而来的实践，那么保守派在采纳此类理念时应当慎之又慎；另一方面，如果有可能减损法院保护基本人权的权威，那么自由派可以想见将会为此不悦。

四、超越解释：一项探寻的规划

解释模式的采行会导致令人不安的结果，但仅由此并不能直接形成一种对超越解释的司法审查的正当性论证。宪法裁决如果超出了文本和原初历史中隐含的规范，就势必要求其自身的正面证成。在这篇短文中，我所能做的就是提出这种探寻所可进行的几个层面，并且提示探寻所可能采取的一些方向。

（一）实践智慧的问题

没有来自宪法文本和历史的充分指导，而将定义和执行基本人权的大权交到法官的手里——或更准确地说是托付于法官，我们必须思考这种做法的智慧和审慎问题。一个人如何看待这个问题，很大程度上取决于这个人如何评估该权力的行使在长时间内的现实结果。就此而言，有关机构能力以及法官群体倾向的论述也有其相关性。而在此语境内，我们所熟悉的是从亚历山大·汉密尔顿到亚历山大·比克尔等宪法评论家所给出的形式各异的论证，他们主张：关于国家和个体之间的分界线，应将最终的——或接近最终的——发言权交给“最不危险的分支”，也就是既不掌握钱袋子也不掌握枪杆子的法院。[1]但是，反方也积累了很多的论述，特别是以人民主权名义的论述，以及对洛克纳案及其家族的影射。

（二）法理学的问题

我们可以提出法理学上的问题：没有外部的文本指引，而去界定和执行基本权利，这在本质上是否为司法的任务。法官可能是好人，但是，当法官基于变幻的、不成文的道德原则去进行司法审查时，如果他们的这种行为并不是裁决，那么法官就是在欺世盗名。因为法官总是在告诉我们，根据法律去判决诉讼案件，乃是他们传统上所承担的任务，

---

〔1〕 参见 The Federalist No. 78, at 504 ~ 505（E. Earle ed.）（汉密尔顿）；A. Bickel, *The Least Dangerous Branch* 23 ~ 28（1962）。

而司法审查事实上是附属于该任务的。

一种严格的实证主义法学认为，如果没有一个确定的外在主权所表达的命令为指导，司法决策就不是真正的裁决，而毋宁说是一种类型的立法。也正是根据这种实证主义，普通法通过个案裁决而发展，此种完全传统的司法任务也是一种形式的立法。[1]如果普通法的发展是一种适当的司法功能，并未逾越传统承认的司法角色，那么，在功能意义上异曲同工的宪法规范的个案式发展，难道不是同样适当的吗？假定如此，主要的区别就源自于宪法相对于立法的最高性，另一方面又是普通法在形式上的次级地位。但是，该区别在于司法决策的等级地位——这就转向了权威的问题——而不在于该种任务的内在性质。

（三）合法权威的问题

在论证非解释型的司法审查时，权威的问题是第三层次的探讨。即便这种司法审查的模式在有些旁观者眼中产生的是好的结果，即便它在本质上也并不是非司法的，问题仍然存在：根据我们的宪法，我们是否确实将如此大权授予我们的法官。

在解决这一法律权威的议题时，我认为只有一种合理的探讨方法。我们必须运用传统的、也是公认的法律论证的范畴——原初理解、司法先例、后续历史以及内部的融贯要求——以判断它们是否支持非解释型的司法审查。

我相信，当这些检验标准得到适用后，这一类型的宪法裁决，虽然受到布莱克大法官以及纯粹解释模式的其他支持者的反对，但仍可视为我们的司法审查系统内的一种合法的、正当的类型。这一论证的充分发展必须留待另一场合；它必定要求长篇大论但又细致入微的历史证据。但是一种简要的梳理在这里是有帮助的。[2]

---

〔1〕 我并不认同这种实证主义的分析。在我看来，无论是传统的普通法判决，还是非解释模式内的宪法决策，都可以被视为依法进行的案件决策。相关的法律包括适用于案件决策的普遍认同的社会规范，区别于实证主义者的立场，我认为，这些规范最好被认为是“法律的一部分”，但独立于经过先行界定的立法程序的法律宣告。参见 Dworkin, *The Model of Rules*, 35 U. CHI. L. REV. 14（1967）; Wellington, *Common Law Rules and Constitutional Double Standards: Some Notes on Adjudication*, 83 YALE L. J. 221（1973）。

〔2〕 我在正文中的梳理是一种简要的叙述，缺少充分论证所要求的细节、限定条件以及相互冲突的证据的分析。我还略去了参考文献的注释，理由是不完整的，因此必定是误导性的文献引证比起完全省略还要糟糕。本文所勾勒的历史论证的全面扩展，将留待一篇待完成的即出论文。

制定美国宪法的那代人普遍分享着一种根深蒂固的“高级法”观念，它保护“自然权利”。作为一种政治义务，高级法优先于常规的实证法。美国宪政的基本元素之一，就是将自然权利的一些原则化约为成文的形式，也即实证的法律。但与此同时，人们也普遍承认，成文的宪法典不可能将高级法完全法典化。因此，在起草美国最初的联邦宪法和州宪法时，人们普遍认为还存在着不成文但仍有约束力的高级法原则。第九修正案就是这一理念在联邦宪法中的文本表达。

随着美国人开始承认，如果成文宪法与普通法律发生冲突，法院有权去执行成文宪法的命令，人们同样普遍假定的是，法官也有权去执行不成文的自然权利作为宪法制约。马歇尔法院以及同代的多家州法院的实践，还有我们民族历程的第一代杰出宪法评论家的论述，都确认了这一理解。

19 世纪上半叶，还有一种平行的发展，这就是不成文的宪法原则经常附着在联邦宪法、州宪法更模糊的一般性条款中。宪法裁决内的自然权利推理一直坚持到美国内战时期，重点关系到财产和契约权利，而且越来越多地涉及宪法文本内的“正当程序”和“国家法律”条款。与此同时，废奴运动内有权势的一翼发展出了一种自然权利的宪法理论，其构筑围绕着正当程序、全国公民身份及其权利，以及《独立宣言》宣称的人类平等的概念。

虽然后一种运动对内战前的司法决策几乎没有直接影响力，但它是构成第十四修正案的正当程序、平等保护以及基本权利条款的原生性理论。因此，我们可以适当地认为，第十四修正案的第一部分是在实证法内重新确认和写入了基本人权有其宪法地位的原则。

在我国不成文宪法的历史上，19 世纪晚期是最具争议的历史阶段，在这一时期，联邦和州的法官积极进取地发展出一些宪法原则，保护“合同自由”免于劳工管制，同时限制对私人商业定价的税收和调控管制。这一历史走向所引发的回应，开启了政治和知识界对不成文宪法原则整个概念的持续攻击。

在政治领域内，社会力量持续施压，要求重新制定那些已由不成文宪法原则所废止的立法，这种力量先是出现，最终成为主导。在知识领域内，18 世纪的哲学系统曾支撑着永恒不变的自然权利概念，但由于法律实证主义、伦理相对主义、实用主义和历史主义的兴起和成长，这一系统开始分崩离析。

在这些社会和知识力量的联合攻击之下，法院从“经济正当程序”

的学说向后撤退，在 20 世纪 30 年代放弃了它们。这是一场对不成文宪法原则的整个传统的更为彻底的扫荡，它在司法系统内获得了一些重要的追随者，在学术圈内甚至有更多的信徒，但是，它最终并未完胜。

因为几乎就在保护自由放任经济的学说被清理出门户的同时，法院开始积极发展公民自由的新宪法权利，后者的保护被认为是“有序自由的概念所必需的”——例如，言论和宗教自由免于州政府侵犯的权利，获得“基本公正”诉讼程序的权利，在儿童抚育和教育中家庭自治的权利。

我们的上一代已经看到了宪法权利更进一步的发展，这些权利显然——有时候是公然——并非根源于文本解释，主要有私隐权、投票权、旅行权以及“法律平等保护”适用于联邦政府后形成的权利。这些权利得以发展的智识框架不同于美国国父的自然权利传统——新智识的修辞参考是盎格鲁美利坚的传统以及基本的美国理想，而不是人性、社会契约或人权。但是，自然权利的传统曾是如此深深地嵌入在我们的宪法起源中，而这一新智识框架也是该传统在一个直接并可追溯的合法谱系内的现代传承者。

简言之，无论是显白的文本表达，还是隐微的含义，都有一种原初的理解：不成文的高级法原则具有宪法地位。从建国伊始一直持续到美国内战，美国法院都是基于该理念来展开行动的，并且作为法院司法审查的一部分功能去定义和执行此类原则。第十四修正案的制定者意识到这段历史，通过该修正案第一部分的“宏大原则”再次确认了原初的理解。此后，美国法院已经公开宣称并且执行不成文的宪法原则，其过程并没有重大的断裂。

五、结论

我承认，上文的历史—法律概要必定有着许多有争议的断言。自然权利的论述确曾在美国革命中扮演着重要的角色，但在美国宪法起草之时，自然权利是否已经过气？第九修正案的原意是否仅限于一种联邦制的原则？第十四修正案的自然权利、废奴运动的起源，在多大程度上是可确定的？

由此所提出的最重要的问题所关系的，与其说是历史事实，不如说是法律原则和政治理论。既然承认我们宪法的自然权利起源，而自然权利的理论又以 18 世纪的伦理和认识论为基础，那么，此基础的腐蚀和垮掉是否要求放弃由该理论而推出的司法审查模式?在一种历史和文化相对主义的大气候内，由法院执行的“基本法”，是否还可以适当地寻根至那种表达了理性的、普遍的、永恒人权的基本法?

这些问题都有待于辩论和进一步的探讨，惟其如此，才能确立非解释型的司法审查的正当谱系。我当然并非主张本文已经回答了这些问题。我在本文中所论证的仅是，我们有关个人权利的宪法，在可追溯至从马伯里诉麦迪逊到布莱克大法官之理论的司法审查模式中，并没有什么坚实的根基。而我也已指出，不假思索地求助于该模式的诸多变种，在洛克纳时代曾是宪法学者普遍的修辞回应，在今天看起来正在卷土重来，正因此，我们有必要对这种模式进行比前人更直接的批判。

国父的不成文宪法*

苏珊娜·谢里　著　都督　译**

一、前言

为了理解及阐释美国的成文宪法，法官以及学者们经常关注以下两个相关的问题：①国父们如何理解他们自己所制定的宪法；②这种理解在多大程度上与现代宪法解释相关。

本文致力于回答前一个问题，但对该问题的阐述方式同样也会对第二个问题产生深刻影响。笔者认为，立宪者并没有将新宪法视作最高位阶或是较高位阶法律的单一来源，而是为基本法（fundamental law）预想了多种形式的法律来源。因此，这些立宪者们希望法院在判断政府行为的效力的时候，特别是那些影响到个人基本权利的行为之效力时，能够在宪法之外寻求依据。正如杰斐逊·鲍威尔（Jefferson Powell）最近的研究成果表明，当初在费城开会的立宪者们认为其主观意图与之后对宪法的解释无关，[1]而本文的结论也将清楚地说明，制宪者们试图在他们自己的想法之外寻求宪法的来源。

立宪者们是如何理解成文宪法与基本法或其他较高位阶法律之间的关系的呢？为回答这一问题，笔者首先将关注立宪者们对司法审查的态度。之前，学界将注意力集中在回答这一问题上：起草及批准宪法的国父们是否期待法官们去审查法律并使那些与成文宪法不一致的法律失

---

* 原刊于 The University of Chicago Law Review, Vol. 54, No. 4 (Autumn, 1987), pp. 1127 ~ 1177。

** 苏珊娜·谢里（Suzanna Sherry），明尼苏达大学（University of Minnesota）法学副教授。1976年获米德伯瑞学院（Middlebury College）文学学士学位，1979年获芝加哥大学（University of Chicago）法学博士（J. D.）学位。在此，作者要感谢 Daniel A. Farber、Philip P. Frickey 以及 H. Jefferson Powell 对这篇文章初稿所提供的具有建设性的建议。都督，中国政法大学博士研究生。

〔1〕 H. Jefferson Powell, "The Original Understanding of Original Intent", 98 Harv. L. Rev. 885 (1985).

效。[1] 尽管此问题确有价值，且对本文来说也是一个必要的铺垫，但由于关注点的局限性，其对“立宪者们究竟在何种程度上将成文宪法视作较高位阶法律的来源之一”这一问题的回答却十分有限。笔者将回答一个稍有不同的问题：国父们在何种程度上将宪法视为具有较高位阶法律的唯一来源。

本文第一部分将对从英国反抗理论（opposition theory）及革命后美国自身实践继承而来的传统进行阐释。这些传统表明，成文宪法仅仅是能够使已生效的法律失效的基本法或位阶较高的法律之一。笔者继而将在第二部分说明美国 1787 年制宪会议是如何反映出国父们对成文宪法本质的不同理解，又如何通过将成文宪法定义为自成一类的法律——由人民制定的根本大法，来明确并澄清其具有更高法律地位的正当性。尽管成文宪法的性质在国父视域之下发生着变化，但基本法具有多种法律来源这一传统却从未被国父们所否认。本文的第三部分将对这一观点进行论述。费城制宪会议仅仅是对成文宪法的性质而非其对权威性提出了新的观点。

二、一脉相承的传统

1787 年 5 月，55 位立宪者相聚于费城。其为起草宪法所付出的努力不可避免地反映出他们所继承的政治传统。这些人阅读广泛、知识渊博，部分还受过良好的法学教育。当时存在丰富的传统可资立宪者们借鉴，具体包括：英国、美国对于基本法或具有较高位阶法律的理解，以及法院在适用这些法律时所扮演的角色。本部分将首先考察英、美 18 世纪关于基本法的理论，然后进一步探讨这个刚刚获得独立的国家是如何将这些理论运用于实践的。

（一）基本法的性质

英国宪政主义传统的精髓在柯克（Coke）以及博林布鲁克（Bolingbroke）的理论中得到最为充分的阐释。这些理论建立在三个不同的前提之上：①一些具有较高位阶的法律——如英国宪制，其存在及运行

---

〔1〕 See, e. g. , citations collected by George Lee Haskins and Herbert A. Johnson, History of the Supreme Court of The United States: Foundations of Power: John Marshall, 1801 ~ 1815 at 182 n. 2 (1981).

的目的在于规避议会法案与其基本法之间的不一致性；②基本法或谓之宪法，囊括了习俗、自然法、宗教法以及理性；③如果立法机构所制定的法律或王室法律与基本法不一致，法官可依基本法宣布其无效。这些理念均来自英格兰反对党派，因此从未被当时的执政者所认可，但却对美国的立宪之父们产生了巨大的影响。[1]

司法审查很容易将上述第一个及第三个前提转化为成文宪法予以实施，对于这点不再赘言。为与王室对重要特权的侵犯相抗衡，寻求一种位阶高于王室或议会法案的理念开始出现。

到 17 世纪，人们诉诸自远古时代便存在的“古代宪法”，将其视为具有政治权威性的依据，来抵制王室或议会侵犯权利的行为。[2]北美殖民地在争取独立的斗争中十分依赖英国反抗修辞的这套理论，并在建国后通过将一些立法条例认定为司法无效的例子将理论付诸实践。[3]这便解释了为什么 1787 年参加费城会议的立宪者们一致认为联邦法院可以行使司法审查权，尽管有一小部分人并不认可这种实践。[4]

更不为人们所知的是，英国反抗意识对宪法或基本法性质的认识。无论是一个单独的成文文件，还是一个包涵了自然法或制定法的范畴，古代宪法都是一个容纳了不同法律来源的、无固定形式的混合体，并通过理性来加以必要的调和。[5]博林布鲁克如此定义古代宪法，“古代宪法是法律、惯例和习俗的融合。这些法律、惯例及习俗源于确定且恒久

〔1〕 See generally Lance Banning, The Jeffersonian Persuasion: Evolution of a Party Ideology (1978); Julius Goebel, Jr., History of the Supreme Court of the United States: Antecedents and Beginnings to 1801, 89 ~ 95 (1971); James Thayer, Cases on Constitutional Law 48 ~ 53 (1895); Thomas C. Grey, The Origins of the Unwritten Constitution: Fundamental Law in American Revolutionary Thought, 30 Stan. L. Rev. 843, 849 ~ 850 (1978). For the quintessential English rejection, see City of London v. Wood, 12 Mod. Rep. 669, 678 (1701)

〔2〕 J. G. A. Pocock, The Ancient Constitution and the Feudal Law: A Study of English Historical Thought in the Seventeenth Century 16 ~ 18, 46 (1957). Pocock 将诉诸“古代宪法”的行为视为诉诸习俗，而非诉诸不变的、具有抽象性的政治原则。See also Grey, 30 Stan. L. Rev. at 850 ~ 854 (cited in note 3).

〔3〕 See generally Goebel, History at 50 ~ 142 (cited in note 3); Gary J. Jacobsohn, The Supreme Court and the Decline of Constitutional Aspiration 82 ~ 83 (1986); Grey, 30 Stan. L. Rev. at 881 ~ 882 (cited in note 3).

〔4〕 See James Madison, Notes of Debates in the Federal Convention of 1787, 61, at 336 ~ 343, 462 ~ 465 (Adrienne Koch ed. 1966) ("Madison's Notes").

〔5〕 对于英国这种形式宪政主义的一般阐述，see J. W. Gough, Fundamental Law in English Constitutional History (1961); O. Hood Phillips, Constitutional and Administrative Law (5th ed. 1973).

的理性原则，以确定且恒久的公共利益为目标，是共同体同意被统治所依据的普遍规则”。[1]柯克（Coke）主张，一切与普通法意义上的权利或理性相违背，或自相矛盾及难以实施的议会法案都是无效的。[2]另一位对北美移民产生影响的英国学者拉瑟福德（Rutherforth）认为，[3]“除了通过认知本国的历史和习俗之外，似乎不存在任何可决定一国建立何种形式宪法的途径。对一国当下习俗的认识有助于获得对其目前政府结构理解”。[4]一部宪法不过是人们据以构成一个国家的规范。因此，在18世纪60年代，具有改革性的美国思想家认为**“事物的构造”（the constitution of things）与“英国的宪制”（the British Constitution）**具有很强的关联性。[5]这一自然法传统也反映在欧陆观点对美国人产生的其他影响中。[6]

所以说，制定基本法并不要求公民进行一个单独的、特别的、额外的立法行为。[7]基本法可以反映在一般制定的法律中。早期美国革命派强调，对于国会倒行逆施的行为的默许是危险的。因为这种默许有承认

---

〔1〕 Henry St. John Viscount Bolingbroke, *A Dissertation Upon Parties* (3d ed. 1735), quoted in Goebel, History at 89 (cited in note 3).

〔2〕 Dr. Bonham's Case, 8 Coke Rep. 107, 118a (1610), quoted in Goebel, History at 92 (cited in note 3); see also James Harrington, "The Commonwealth of Oceana", in *The Political Works of James Harrington 171* (J. G. A. Pocock ed. 1977)（将“普通权利、自然法则或全局利益”视为使共和国赋有生机的因素）。Corwin 指明，当提到“普通权利和理性”时，Coke 指的是一种具有更高位阶的、根本性质的法律。Edward S. Corwin, "The 'Higher Law Background' of American Constitutional Law", 42 Harv. L. Rev. 149, 365, 368 ~ 373 (1928).

〔3〕 Grey, 30 Stan. L. Rev. at 860 ~ 861 (cited in note 3).

〔4〕 Thomas Rutherforth, Institutes of Natural Law 95 (1756). See also Pocock, Ancient Constitution at 173（阐述了王座法院首席大法官 Matthew Hale 的观点：“除解英国在不同时期是如何决定什么是法律之外，不存在其他方法来理解英国法。”）(cited in note 4).

〔5〕 Daniel Shute, "An Election Sermon" (1768), in Charles S. Hyneman and Donald S. Lutz, eds., *American Political Writing During the Founding Era*, 1760 ~ 1805, 109, 116, 117, 128 (1983).

〔6〕 See generally Charles Grove Haines, The Revival of Natural Law Concepts, 50 ~ 57 (1930); Benjamin Fletcher Wright, Jr., American Interpretations of Natural Law: A Study in the History of Political Thought, 1 ~ 123 (1931) (English conception of natural law); Daniel A. Farber and John E. Muench, The Ideological Origins of the Fourteenth Amendment, 1 Const. Comm. 235, 242 ~ 245 (1984); Grey, 30 Stan. L. Rev. 862 ~ 863 (cited in note 3); Walter F. Murphy, The Art of Constitutional Interpretation: A Preliminary Showing, in M. Judd Harmon, ed., Essays on the Constitution of the United States 130, 139 ~ 140 (1978).

〔7〕 正如 Thomas Grey 所认可的，“制定宪法”直到1760年仍是一个非常新奇的概念。Grey, 30 Stan. L. Rev. at 864 (cited in note 3).

此类行为是符合基本法精神或者属于基本法的一部分的危险倾向。[1]18 世纪 60 年代中期之后，基本法高于其他制定法这一理念日渐深入人心，致使上述所描述的基本法立法链条开始丧失其重要性。[2]这一过渡直到 1787 年才完成。在 11 个州的宪法中，1776～1778 年间通过的 9 部宪法均是通过一般立法方式制定的，另外 2 部则由经特别选举成立的大会起草，且未经人民批准便予以实施。[3]11 部州宪法中，有 5 部对修正问题作了规定，其中又有 3 部宪法规定以议会立法的方式予以修订。[4]其中只有两部在 1787 年制宪会议之前通过的宪法是由人民所批准的——分别是 1780 年马萨诸塞州宪法以及 1784 年新罕布什尔州宪法。[5]因此，基本法不仅仅需要立法机关批准，还需要获得除此之外进一步的批准以凸显其根本性——但这一观点直到 1787 年仍处于争论之中。[6]

基本权利是不能被放弃的，这一观点丰富了美国的宪法观。[7]基本

---

〔1〕 See id. at 878～879. Grey 将潜藏于默许行为之中的危险解释为一种违法性主张被取消的可能性。但这种观点没有充分抓住问题的精髓。该问题在由被 Grey 所引用、John Dickinson 所著的文章中有所阐述。Dickson 担心这种默许的行为而非主张将会创造一个“令人厌恶的先例”，而与主张的精神相违背 Id.，quoting Paul L. Ford, ed.，1 The Writings of John Dickinson 202（1895）。

〔2〕 See Bernard Bailyn, The Ideological Origins of the American Revolution, 180～184（1967）.

〔3〕 See Willi Paul Adams, The First American Constitutions: Republican Ideology and the Making of the State Constitutions in the Revolutionary Era at 63～86（1980）; R. R. Palmer, The American Revolution: The People as Constituent Power, in Jack P. Greene, ed.，The Reinterpretation of the American Revolution, 1763～1789, 342～343（1979）.

〔4〕 See Francis Newton Thorpe, The Federal and State Constitutions, Colonial Charters, and Other Organic Laws of the States, Territories, and Colonies Now or Heretofore Forming the United States of America 568（Del. Const. of 1776 art. 30），1701（Md. Const. of 1776 art. LIX），3257（S. C. Const. of 1778 art. XLIV）（1909）. The Constitutions of Georgia and Pennsylvania required the calling of conventions for amendments. See id. at 785（Ga. Const. of 1777 art. LXIII），3091～3092（Pa. Const. of 1776 § 47）（1909）.

〔5〕 Adams, First American Constitutions at 68～70, 86～93（cited in note 17）; Forrest McDonald, Novus Ordo Seclorum: The Intellectual Origins of the Constitution 149（1985）. Both these constitutions also required conventions for amendments. See Thorpe, Federal and State Constitutions at 1911（Mass. Const. of 1780 ch. VI, art. X），2470（N. H. Const. of 1784）（cited in note 18）.

〔6〕 See discussion of July 23 debates below. But see Gordon Wood, The Creation of the American Republic 1776～1787, 306（1969）（“在阐述独立之后美国政治思想的发展走向时，议会之外仍存在人民大会这一观点较之更高位阶法律这一观念要重要得多，但这两种观念实际上具有紧密联系且共同发展”）.

〔7〕 See generally Bailyn, Ideological Origins at 184～189（cited in note 16）.

权利属天赋权利，“没有人能够赋予或有权剥夺”这种基本权利，[1]其在《独立宣言》中被表述为“不可剥夺的”。立法者不能重述物理定律，更不要说去重述法的本质。[2]柯克派以及欧陆对基本原则的理解与纯粹洛克式对基本权利的解读是一枚硬币的两面：[3]两者均建立在不成文自然法之上。两种视角早期被美国人所结合，[4]两种学术流派最大的区别则体现在共和社群主义与自由个人主义之间的差异，前者强调共同体中成员之间的联系，后者则关注政体之下的个体权利。[5]

既然这些权利是与生俱来的，那么，当“制定”这些结构复杂、列有基本权利及原则的清单时，立法机关到底在做什么？实际上，立法机关仅将现已存在的权利予以郑重宣布：“英国《自由大宪章》以及我们自己的宪章，都不是其中所述权利的授予者，而应被视为权利的宣告者，并对其所宣告的权利进行了确认。”[6]将自然权利从实在法中分割出来并不是一套华而不实的理论。7 个州的宪法明确地将“权利宣言”从“政府结构”中划分出来，[7]从而表明前者是被宣布、被确认的，而后者则是被制定、被设计出来的。只有 4 个州将保护个人权利的规定与构建政府结构的规定相混合。相比这种混合式规定，被划分出的权利

---

〔1〕 Silas Downer, A Discourse at the Dedication of the Tree of Liberty (1768), in Hyneman and Lutz, 1 American Political Writing at 97, 100 (cited in note 12).

〔2〕 See Henry Steele Commager, The Empire of Reason: How Europe Imagined and America Realized the Enlightenment 234 (1977).

〔3〕 See Murphy, Art at 140 (cited in note 13).

〔4〕 杰斐逊（Jefferson）曾对两种思想流派所产生的普遍影响做出过评论：他指出柯克（Coke）的成果是“法学学生需要阅读的基础书籍，可活跃的辉格党却从来没有写过”，而洛克的理论“目前来说仍是完美的”。Thomas Jefferson to James Madison (Feb. 17, 1826), in Adrienne Koch and William Peden, eds., The Life and Selected Writings of Thomas Jefferson 726 (1944); Thomas Jefferson to Thomas Randolph, May 30, 1790, in id. at 497.

〔5〕 See generally, Suzanna Sherry, Civic Virtue and the Feminine Voice in Constitutional Adjudication, 72 Va. L. Rev. 543, 544～562 (1986).

〔6〕 Downer, Discourse at 100 (cited in note 12); see also Wood, Creation at 271, 293～296 (cited in note 20); Murphy, Art at 140 (“政府的作用不是授予这些权利，而是对这些权利加以保护。”) (cited in note 13).

〔7〕 See Thorpe, Federal and State Constitutions at 562 (Del. Const. of 1776), 1686 & 1691 (Md. Declaration of Rights & Const. of 1776), 1889 & 1893 (Mass. Declaration of Rights & Const. of 1780), 2453 & 2458 (N. H. Declaration of Rights & Const. of 1784), 2787 & 2789 (N. C. Declaration of Rights & Const. of 1776), 3082 & 3084 (Pa. Declaration of Rights & Const. of 1776), 3812 & 3814 (Va. Declaration of Rights & Const. of 1776) (cited in note 18); Bernard Schwartz, The Bill of Rights: A Documentary History 234 (Va. Declaration of Rights of 1776), 276 (Del. Declaration of Rights of 1776) (1980).

宣言对个人权利的保护则更为广泛与全面。[1]既然没有证据表明这 4 部宪法起草者的最初目的是要放弃这些未被划分出的权利，那么混合式规定的失败便证明了大部分的权利确是独立于政府结构而存在的。

另外，通过各种权利宣言的语言表述——从英国 1689 年《权利法案》到美国《独立宣言》及 1776～1778 年间各州的权利宣言——可知这些文件的起草者都坚信他们只是在宣布确认这些既有的、不可剥夺的权利。英国 1689 年《权利法案》“公开宣布”了英国人所享有的“真实的、历史悠久的、明确的权利及自由”。6 个州的权利宣言或宪法中明确提到了“自然的”、“基本的”或“不可剥夺”的权利，[2]还有一部提到了“人类的普遍权利”。[3]3 部州宪法明确禁止了对其权利宣言的修改或违反。[4]

基本法不会以剥夺公民自然权利的方式演进。立法可能会丰富这些自然权利，或对它们进行进一步的解释，但绝不会完全否认自然权利。正如亚历山大·汉密尔顿（Alexander Hamilton）1775 年所写：“人类最神圣的权利不是从陈旧的羊皮纸或者发霉的记录中翻找出来的。而是像日光一样，由神灵亲手镌刻在整个人类的天性中的。它不会被任何世俗的权力所抹杀或遮蔽。”[5]基本法具有很强的包容性，是共同体的法律框架。而与生俱来的自然权利则构成了广义基本法中必不可少且不可改变的一部分。这样，在基本法与自然权利之间便呈现出一种互补关系。[6]

---

[1] Thorpe, Federal and State Constitutions at 784－85 (Ga. Const. of 1777 arts. LVI, LVIII-LXII), 2597～2598 (N. J. Const. of 1776 arts. XVI-XIX), 2635, 2636～2637 (N. Y. Const. of 1777 arts. XXXIV, XXXVIII-XLI), 3257 (S. C. Const. of 1778 arts. XL-XLIII) (cited in note 18).

[2] See id. at 1889 (Mass. Declaration of Rights of 1780 art. I), 2453～2454 (N. H. Declaration of Rights of 1784 arts. I-IV), 2625～2626 (N. Y. Const. of 1777 preamble, quoting Declaration of Independence), 3 082 (Pa. Const. of 1776 arts. I-II), 3813 (Va. Declaration of Rights of 1776 § 1); Schwartz, Bill of Rights at 277 (Del. Declaration of Rights of 1776 § 2) (cited in note 18).

[3] See Thorpe, Federal and State Constitutions at 777 (Ga. Const. of 1777 preamble) (cited in note 18).

[4] Id. at 568 (Del. Const. of 1776 art. 30), 2794 (N. C. Const. of 1776 art. XLIV), 3091 (Pa. Const. of 1776 § 46).

[5] The Farmer Refuted &c., in Harold C. Syrett, ed., 1 The Papers of Alexander Hamilton 81, 122 (1961).

[6] 这体现了柯克（Coke）与黑尔（Hale）在探索法律作为习俗这一观点过程中所产生的分歧：柯克将法律视为“固定的、不变的、悠久的”，黑尔则认为法律处于不断地适应过程中。See J. G. A. Pocock, Ancient Constitution at 173～174 (cited in note 4).

除不断演进的基本法与不可让与的权利之外，美国这个刚获得独立的国家又提出一种新的要素与原有两要素相结合——即作为政府宪章或政制形式的宪法。在现代政治学的极大影响下，各州宪法将政府宪章设想为一个民族与其统治者之间达成的契约。尽管如此，各州宪法仍坚持基本法及不可剥夺的权利等旧有传统，将三个特点集于一身。各州宣布了自然权利，详尽地阐述了州政府结构，并将英国及殖民地的传统与普通法相结合。[1]

（二）司法审查

到18世纪80年代，美国一州的“宪法”包括了它的基本法（既有实在法也有自然法）、人类与生俱来且不可剥夺的权利（无论宣布与否）以及政府为最好地保护并维持基本法及自然权利所设计出的方法。另外，这种理论上的、充满智慧的宪法框架也构成了现实中司法审查实践的基础。在马伯里诉麦迪逊案之前，州法院通过借助更高位阶的法律来确定制定法的有效性。1787年之前，司法审查实践尚处于萌芽阶段，对州级立法进行审查的例子仅在小范围内偶尔发生。[2]因此，探究1787年之前州法院审查州法律是否与基本法相一致的全部案例是完全可能的。

对美国最早的司法审查案例的研究确认了“宪法”的存在，呈现

---

〔1〕 See Thorpe, Federal and State Constitutions at 566 ~ 567 (Del. Const. of 1776 art. 25), 1686 ~ 1687 (Md. Const. of 1776 art. III), 1910 (Mass. Const. of 1780 ch. VI, art. VI), 2469 (N. H. Const. of 1784), 2598 (N. J. Const. of 1776 art. XXII), 2635 ~ 2636 (N. Y. Const. of 1777 art. XXXV) (cited in note 18). See generally Elizabeth Gaspar Brown, British Statutes in American Law, 1776 ~ 1836 (1964). 布朗（Brown）总结认为，早期一些州议会在进行立法时多少会不加选择地采纳英国的制定法（statutory law）或普通法，将法院自己去解决法律事实过程中所产生的问题。See id. at 23 ~ 33. 另一些州则选择了不同的路径，即议会在立法时通过修改/废止的方法来试图明确哪些法律将被采纳或不被采纳。See id. at 34 ~ 45.

〔2〕 See William Winslow Crosskey, 2 Politics and the Constitution in the History of the United States 944 ~ 975 (1953); Goebel, History at 126 ~ 141 (cited in note 3); Grey, 30 Stan. L. Rev. at 881 ~ 882 (cited in note 3); Powell, 98 Harv. L. Rev. at 887 n. 11 (cited in note 1). Crosskey 1952年通过研究文献发现，截止到1787年，仅有9例所谓的司法审查案例。而且Crosskey认为这9个例子均是虚假先例。除两个案件外，笔者均参与处理：一是弗吉尼亚州（Virginia）的案件，该案中，法令（剥夺公民权法案）的合宪性实际上并不存在争议，因为罪犯被逮捕之时法令尚未实施，故没必要对此进行讨论。马萨诸塞州（Massachusetts）的案件则明显不存在。See Crosskey, 2 Politics at 944 ~ 948, 961 ~ 962. 尽管Crosskey的解释仍有讨论的余地，但他所归纳总结的案例清单至今并未增添新的案例。所有被引用的资料都对先例进行了探究，并以此证明了司法审查的存在。唯独Powell触及了在使立法无效的过程中基本法所扮演的角色。

出“宪法”不同方面的特点，并肯定了其来源的多样性。仅在面对涉及权力划分问题时，法院才会特别且仔细地去关注成文宪法的用词、结构及其意义。若所争议的焦点不是政府部门之间的权力分配问题，那么法院则会无差别地诉诸宪法——或谓之宪章、自然法、古老的习俗及不可剥夺的权利等。**因此，在判断政府内部结构时，成文宪法或宪章便成为基本法的唯一法律来源，但并非描述政府与公民之间关系的基本法的唯一来源。**

发生在 1787 年前的全部 7 例司法审查案例中的 5 例，[1]无论是法官的意见，还是原、被告的请求，均呈现出某种程度上的共性——即并不在意到底是引用成文宪法还是不成文自然法作为基本法。第 6 个案例中，法官仅依据成文宪法作出了判决，[2]但詹姆斯·埃雷德尔（James Iredell）——北卡罗来纳州首屈一指的律师，后成为美国联邦最高法院的法官——在评论中建议对该案进行更为广泛的解读。最后一个案例仅涉及州政府内部的权力分配问题，[3]这一事实将引导法官在成文宪法的范畴内进行分析，对此，下文会进一步讨论。

对于 1784 年判决的纽约拉特格斯诉沃丁顿案（Rutgers v. Waddington），我们享有最为充分详实的资料。[4]伊丽莎白·拉特格斯依据 1783 年纽约州制定法，以侵犯他人财产为由向英国公民约书亚·沃丁顿提起诉讼。美国独立战争时，被告于英国占领纽约城期间占有她位于该城的财产。亚历山大·汉密尔顿（Alexander Hamilton）作为被告代理人，提出两点抗辩：裁决被告对侵犯他人财产的行为负责既违反了国家间的法律，也与美、英两国所签署的和平协议相违背。

---

〔1〕 Rutgers v. Waddington (N. Y. City Mayor's Ct. 1784), reprinted in Julius Goebel, Jr., The Law Practice of Alexander Hamilton: Documents and Commentary, 393 ~ 419 (1964); Trevett v. Weeden, described in James Mitchell Varnum, The Case, Trevett Against Wee-den: On Information and Complaint, for refusing Paper Bills in Payment for Butcher's Meat, in Market, at Par with Specie (1787); Holmes v. Walton, described in Austin Scott, Holmes v. Walton: The New Jersey Precedent, 4 Am. Hist. Rev. 456, 456 ~460 (1899); Sym-sbury Case, 1 Kirby 444 (Conn. Super. Ct. 1785); and the "Ten-Pound Act" cases in New Hampshire, described in Crosskey, 2 Politics at 969 ~971 (cited in note 36). Scott 和 Crosskey 的阐述表明，法院对以成文宪法还是不成文自然法为根本法并不十分在意，但法院对于这种冷漠态度的表达则较为模糊。

〔2〕 Bayard v. Singleton, 1 Martin 42 (N. C. 1787).

〔3〕 Commonwealth v. Caton, 4 Call 5 (Va. 1782).

〔4〕 The decision is unreported, but the decision and various briefs and other pleadings are reprinted in Goebel, Law Practice at 317 ~419 (cited in note 37). The opinion is also reprinted in Thayer, Cases at 63 ~72 (cited in note 3).

显然，违反国际法是主要的抗辩理由。[1]汉密尔顿基于国际法提出了两个不同且复杂的论点。从现存对论点的摘要及注释中不难发现，汉密尔顿总是将与国际法相关的抗辩事由放在第一位，条约抗辩事由似乎是后来某时添加补充进去的：

推论：敌人具备使用原告财产的权利且是通过被告来行使这种权利。根据对价原则，在没有不正义发生或违背普遍社会原则的时候，一个人是不能被要求对另一个人负责的。而且，在没有违反和平条约的时候，同样不能要求一个人对另一个人负责。[2]

此外，汉密尔顿对国际法的本质及如何将其适用于拉特格斯案的探讨，表明了一种普遍观点——即将国际法视为不成文基本法的一部分，而非带有司法强制性的基本法的一部分。作为“本地法律”一部分的国际法，“可能是从一些基本原则中收集而来的。这些原则或由起草者依据各国参战主旨所总结，或从战时被认可的惯例中抽象”。[3]在对有权进行授权的机关的研究基础上，汉密尔顿提出，因为被告侵犯他人财产的行为获得了军事机关适当的授权，所以该行为与战时法律惯例是相一致的。[4]最后，汉密尔顿指出，国际法在纽约是可以被适用的。首先因为其“源于一种普遍的社会关系”，其次则是因为“我们的宪法采纳普通法，而国家间所定之法又是普通法的一部分”。[5]相较于“普遍的社会关系”，汉密尔顿并未将被批准的成文条约视为更具有决定性的基本法来源，这充分说明了他认为基本法的多种来源具有同等效力和约束力。在约翰·马歇尔（John Marshall）深思熟虑的引导下，法院支持了制定法却拒绝向原告提供救济。法院总结认为，议会在立法时不可能有

---

〔1〕 Julius Goebel 认为，汉密尔顿的主要目标是“将遵守条约的义务从松软的土壤转移到法律规则的坚实大陆上来”。Goebel, Law Practice at 289（cited in note 37）. 如本文所述，汉密尔顿自始至终将强调的重点放在国际法上。他的主观动机——如果有一个的话——似乎并没有影响他法律观点的呈现。

〔2〕 Id. at 373（Defendant's Brief No. 6）. 在本文的此处及其他地方，笔者不仅仅吸纳了司法意见，同样借鉴了律师们的观点。尽管先驱者们的观点产生于对其不利的环境中，但却为当时被认为合法且在法律文化范畴之内的论据种类提供了证据。许多情况下，先驱者们的观点最终被法院所采纳；审查摘要及论点进一步阐释法院自身的推理过程。

〔3〕 Id. at 340（Defendant's Brief No. 2）.

〔4〕 Id. at 322（Defendant's Plea）; see also id. at 325.

〔5〕 Id. at 367 ~ 368（Defendant's Brief No. 6）（emphasis by Hamilton）; see also id. at 347 ~ 348（Defendant's Brief No. 3）.

意去制定与国际法相违背的法律，起码不能在缺少明确阐述其立法意图的条款下这样做。法院如此解读了法条从而驳回了原告的诉求，尽管从法条的字面意思上看，其是支持原告的主张的。[1]法院仅依据国际法，得出汉密尔顿并不是将条约的明文条款作为自己抗辩的依据，而是将国际法律对条约所进行的解释作为自己论证基础的结论。因此，法院认为，相比国际法，条约并没有提出其他的抗辩理由，事实上则与本案不相关。[2]作为基本法之一的国际法虽不成文，但法院的判决事实上起到了否认与国际法相违背之制定法效力的作用。

拉特格斯诉沃丁顿案的其他因素同样使该案与英国反抗传统具有紧密关系。法院认为，汉密尔顿抗辩的特点在于主张“与定律和理性相违背的制定法是无效的”。[3]该主张将国际法与自然法则等同视之，认为“与个体间互动行为一样，国家间的交往同样有义务遵守温和的自然法训诫”。[4]纽约州法案修正委员会（Council of Revision）——包括州长及法官，且他们的同意对于任何一个想成为法律的法案来说都是十分必要的——早期采取的一个行动与拉特格斯案中法院的决定十分类似。委员会使一部向居住在纽约州的英国公民施加法律限制的法律无效。原因就在于：“它所建立的原则与文明国家所建立的基本法相矛盾，与国际法相龃龉，也与‘同英国所签的临时协议的精神和字面内容相抵触’。”[5]随后引起的公众及立法机构的哗然并非指向法院对国家间法律的运用，而是针对法院所进行的司法审查实践。[6]在纽约州，英国反对党派对基本法精髓的解读与法院、委员会及公众的理解相契合。

特雷维特诉威登（Trevett v. Weeden），[7]一个 1786 年罗德岛州的

---

〔1〕 Rutgers v. Waddington, reprinted in Goebel, Law Practice at 393, 415 ~ 419 (cited in note 37).

〔2〕 Id. at 417. 显然，汉密尔顿并没有得出这种结论，因为他将他所有的抗辩理由予以明确的划分，基于国际法的抗辩独立于基于条约的抗辩。

〔3〕 Id. at 395.

〔4〕 Id. at 400; see also id. at 404（“国家间的基本法则……其实就是自然法则，因为自然法则同样可适用于国家之间。”）(emphasis in original).

〔5〕 Goebel, Law Practice at 288, quoting Alfred Billings Street, The Council of Revision of the State of New York 246 ~ 247 (1859) (cited in note 37).

〔6〕 See Goebel, Law Practice at 312 ~ 315.

〔7〕 这一案件——1768 年由纽波特城最高法院决定——未公开报道，但整个案件及其结果均被被告 Weeden 的法律顾问 James Mitchell Varnum 所详述，in Varnum, The Case (cited in note 37). 全部引证均可在他的小册子中找到。Varnum 的小册子在 1787 年费城制宪会议上出售这点非常值得关注。See Andrew C. McLaughlin, The Court the Constitution and Parties, 44 ~ 45 (1912).

案件，同样说明了18世纪美国对于基本法的多种法律来源的依赖。罗德岛州议会充分认识到，其制定法要求商人接受纸币的做法是非常不受欢迎的，这一规定有可能被陪审团认定为无效。考虑到这点，对于违反该法案的诉讼应由不配有陪审团的特别法庭审理。因威登拒绝接受纸币，特雷维特按照法条中所规定的程序正式向最高法院提起诉讼。法院在一次听取辩论之后，对本案没有作出判决而予以驳回，法官们一致认为“该信息对法庭来说是无法认知的”。[1]报纸报道称，三个法官声明这一法案违反宪法，一个法官认为，对于该案，法院并不享有司法管辖权，还有一个法官对于他的观点保持沉默。[2]尽管我们不能确定法院拒绝执行法令的动机——事实上，法官后来被要求向议会解释他们的行为，但法官们以其只对上帝负责为由予以回绝[3]——但我们拥有被告法律顾问在口头辩论时的详细记录。认为这一辩论在当时的法理分析中具有代表性是非常合理的，因为该案与发生在大革命之前的司法审查案件具有相似性。

詹姆斯·瓦纳姆（James Varnum）作为被告的法律顾问，提出三点理由以支持驳回该案：①根据其自身的条款，该法案应被终止；②由于特别法院并不受罗德岛州最高上诉法院控制，因此缺少对此案的司法管辖权；③根据涉诉法案，法院并没有被授权来组建一个陪审团去审理此案；因此，这样做是违宪的、无效的。[4]其中，最后一个抗辩理由被称作是“目前为止最为重要的”。[5]瓦纳姆在这点上所采用的策略即将陪审团审判论证为一项“基本权利，是宪法的一部分”，[6]立法机关并没有获得授权去改变宪法，而使任何与宪法相违背的法律无效，则是法院的职责。

为阐述瓦纳姆所说的宪法的特征及内容的概念，他的首要前提——陪审团审判受宪法保护——显然是非常重要的。现在依然有效的1663年罗德岛宪章中并没有确保陪审团审判。[7]因此，瓦纳姆通过历史回顾

---

〔1〕 Varnum, The Case at 1, 38 ~ 39 (cited in note 37).

〔2〕 See Theodore F. T. Plucknett, Bonham's Case and Judicial Review, 40 Harv. L. Rev. 30, 66 (1926).

〔3〕 Varnum, The Case at 38 ~ 43 (cited in note 37).

〔4〕 Id. at 2 ~ 3.

〔5〕 Id. at 11.

〔6〕 Id.

〔7〕 See Thorpe, Federal and State Constitutions at 3211 (cited in note 18).

来表明英国人在“很久以前”便享有陪审团审判这项权利，以此证明该权利的存在。[1]瓦纳姆从布莱克斯通对《自由大宪章》的讨论开始，大量地引用布莱克斯通在其所著的《英律疏议》中的观点，总结如下：

“从布莱克斯通法官所著《疏议》所收纳的文章中，从他所提到的各种权威人士及其他极负盛名的人士的观点中，可清楚地发现，陪审团审判在英国宪法中从来都被视为首要的、基础的以及最为本质的原则。这一神圣的权利从英国传到这个国家并生生不息地延续，它贯穿于所有的政府变迁，存在于我们稳定的自由根基及祖先所传播的最为公正的遗产之中。”

瓦纳姆几乎无差别地诉诸于“英格兰基本法”、[2]布莱克斯通所著《英律疏议》、[3]英国宪法、[4]罗德岛州宪章、[5]《自由大宪章》、[6]罗德岛州立法法案——瓦纳姆将其描述为“宣布了全体人民的权利，而非创造了新的法律”，[7]以及 1774 年第一次大陆会议制定的《殖民地权利宣言》。[8]他提出历史性证据来证明陪审团审判是一项基本权利，从而得出这样的结论：“有记载的第一部英国议会法案中含有国民特权这伟大的一章——这些特权很久前便已被实践——这个刚刚尘埃落定的新世界保护这些特权——国家与人民所定下的第一个庄严的契约——不同时期的立法部门在最为重要的场合都能神圣宣布——向美利坚合众国所发出的神圣请求——为捍卫这些被侵犯的权利所抛洒的热血，如果说这些都是证据的话，那么我们已在为人性而奋斗的事业中获得了胜利，那么我们便证明陪审团审判是人民与生俱来的权利！”[9]

瓦纳姆继续追问，立法机关是否被批准“剥夺公民的宪法性权利——即陪审团审判权”，[10]答案显然是否定的。在这部分的论证中，

---

[1] Varnum, The Case at 12 (cited in note 37), quoting William Blackstone, 1 Commentaries at 127 ~ 128.

[2] Id. at 11, 15.

[3] Id. at 11 ~ 13.

[4] Id. at 14.

[5] Id. at 14 ~ 15.

[6] Id. at 11, 15.

[7] Id. at 15 ~ 16.

[8] Id. at 16.

[9] Id. at 17 ~ 18.

[10] Id. at 20.

大量地引用了自然法，阐述了“一些对所有政府都具有同等拘束力的普遍的原则”，[1]并再次诉诸自然法则、“上帝之法”、“理性”以及“不可剥夺的权利”。[2]

瓦纳姆“通过试图说明陪审团审判从来都是一项被称为、被批准为最珍贵、最神圣的基本权利及宪法性权利”来总结他的论点。[3]显然，瓦纳姆仍是诉诸来自多种法源的不成文基本法，来论证其全部主要观点的。

1780 年新泽西州的霍姆斯诉沃尔顿案（Holmes v. Walton）则鲜为人知。[4]该案涉及对陪审团审判权的另一种侵犯。新泽西州的制定法允许只有 6 个人的陪审团对与敌贸易行为定罪。一个被判有罪的被告向州最高法院提出上诉，州最高法院撤销了原来的判决并要求重新进行审判。尽管没有找到法院对此案相关意见的记载，但最高法院的会议备忘录中却对被告法律顾问所做的抗辩进行了描述。他认为，由 6 人组成的陪审团所进行的审判“违背了法律”，“违背了新泽西州宪法”，也与“本土的宪章、司法实践及法律相违背”。[5]1776 年新泽西州宪法确实规定了陪审团审判，但没有对陪审团的性质做深入阐述。[6]“本土法”很有可能指代各种宪章及制定法。[7]仅根据来自霍姆斯诉沃尔顿案中一方的零星信息可能不能证明太多东西。但从该州其他案件中可知，新泽西州与其他州一样，其基本法的来源并不限于成文宪法。

一些相对次要的案件——一个发生在康涅狄格州，在新罕布什尔州也有一些相关案件——与发生在以上所提州的案件相似，因此做简要概括。1785 年康涅狄格州锡姆斯伯里（Symsbury）案，[8]解决了一个土地所有权纠纷，双方基于不同的立法授权提出自己的主张。法院裁决支持了较早的受让人，理由是“代表大会”所制定的法案（赋权给后来的受让人）不能剥夺之前受让人合法取得的土地权利，除非之前的受让人

---

〔1〕 Id. at 23.

〔2〕 Id. at 29 ~ 31, 35.

〔3〕 Id. at 35.

〔4〕 本案未经公开报道，且不存在该案决定的文字记录。法律顾问的辩论及其他相关内容均记载在 Scott, 4 Am. Hist. Rev. 456 (cited in note 37). All citations are to that work.

〔5〕 Quoted in id. at 458.

〔6〕 Thorpe, Federal and State Constitutions at 2598 (N. J. Const. of 1776 art. XXII) (cited in note 18).

〔7〕 Scott, 4 Am. Hist. Rev. at 458 ~ 459 (cited in note 37).

〔8〕 1 Kirby 444 (Conn. Super. Ct. 1785).

同意”。[1]提出异议方同意“先被授权者的权利本不应被包括代表大会在内的任何机构或人所剥夺、削减，除非先被授权者自己同意”，但异议方认为已经获得了必要的同意。[2]任一方都未提及基本法来支持这一结论。然而，在 1776 年再次获得确认的 1662 年康涅狄格州宪章中，[3]没有任何条款规定以这样的方式来保护财产权，[4]充分说明了锡姆斯伯里案的法官是依赖于不成文的普世权利作出最后的决定。

1786 年新罕布什尔州的案子其本身并未公开报道，但在费城的报纸上却有一些相关描述。[5]新罕布什尔州的法官们拒绝遵循一项剥夺了小额诉讼债权人陪审团审判权的制定法，因为 1784 年新罕布什尔州宪法保证了这项权利。[6]议会随后否决其动议并想弹劾罗金厄姆郡初级普通法院——即提出反对意见的法院之一——的法官们。然而，议会最终却投票废除了这项违背宪法的法律。《费城独立报》和《宾夕法尼亚邮电报》的报道将最后的结果视作“充分证明了初级法院的法官反对此项违宪且不公正的法律的做法是正当的”。[7]由此可见，无论是法官、议会，还是报纸上文章的作者，均会意识到一部法律的违宪性与不公正性之间存在明显的法律上的关系，这一点再次与自然权利传统相一致。

在这一时期的案例中，有两个案件中的法官们将视野局限于成文宪法之内。一件是 1787 年北卡罗来纳州的贝亚德诉辛格尔顿案（Bayard v. Singleton）。[8]此案涉及一项法案，法官经该法案授权，在一些情况下可不经陪审团，通过驳回原告的地产之诉来确定产权归属。贝亚德案中法院以非常简短的意见否认了被告依据此法案要求驳回原告之诉的动机，且法官们一致认为，“依据宪法，无疑每个公民都享有经由陪审团审判来决定其财产权归属的权利”，且“任何（立法部门）都不能通过

---

〔1〕 Id. at 447.

〔2〕 Id. at 452.

〔3〕 Adams, First American Constitutions at 66 and n. 7 (cited in note 17).

〔4〕 See Charter of Connecticut of 1662, reprinted in Thorpe, Federal and State Constitutions at 529 ~ 536 (cited in note 18).

〔5〕 尽管笔者不同意 Crosskey 的结论，但笔者依赖他对本案的描述。See Crosskey, 2 Politics at 969 ~ 971 (cited in note 36).

〔6〕 See N. H. Const. art. XX, in Thorpe, Federal and State Constitutions at 2456 (cited in note 18).

〔7〕 Quoted in Crosskey, 2 Politics at 970 ~ 971 (emphasis added) (cited in note 36).

〔8〕 1 Martin 42 (N. C. 1787).

与宪法不一致的或改变宪法的法案”。[1]

两个原因可说明贝亚德案特有的对成文宪法的明显依赖并未真正背离之前所观察的模式。其一，当成文法中并未包含保护此项权利的条款时，那么依赖于书面文字对权利加以保护便不能充分地说明保护此项权利的理由到底为何。其二，一个著名评论家提出当时的司法审查并仅限基于成文宪法的审查。1787 年 8 月 12 日，当时参加费城制宪会议的北卡罗来纳州代表理查德·多布斯·斯佩特（Richard Dobbs Spaight）写信给詹姆斯·埃雷德尔（James Iredell）批评贝亚德案。[2]埃雷德尔于 8 月 26 日回复一封长信，在其中为司法审查实践辩护。埃雷德尔在信中阐明，成文宪法绝不是基本法的唯一来源：“如果没有一部明确的宪法予以约束，议会的权力本应成为绝对的、不受任何限制的权力（如同英国议会被认为的那样）；任何被通过的法案，即便与自然正义相违背（即便在英国这种限制同样会被法官承认），也同样会对人民产生约束力，但事实并非如此。”[3]在 1787 年的回信中，埃雷德尔显然将成文宪法视作自然法的补充，而非取代。

1782 年弗吉尼亚州的 Commonwealth v. Caton 案明显背离了司法审查的通常模式，[4]该案是美利坚合众国首个被报道的法院对制定法进行合宪性审查的案件。1776 年的一项制定法中，除对叛国罪的定义进行规定之外，同时将赦免权从行政机关转移至立法机关。正是依据这一条款，Caton 及其他人被判处死刑。州众议院通过了赦免这些犯人的决议，但参议院拒绝同意该决议。

当检察官向法院提议将这些犯人处死时，Caton 及他的同伴提出，

---

〔1〕 Id. at 45. 1776 年，北卡罗来纳州宪法中确实含有保护经陪审团审判权利的内容。See N. C. Const. of 1776 art. XIV, in Thorpe, Federal and State Constitutions at 2788 (cited in note 18).

〔2〕 Richard Dobb Spaight to James Iredell (Aug. 12, 1787), in Griffith J. McRee, 2 Life and Correspondence of James Iredell 168 ~ 170 (1857)

〔3〕 Iredell to Spaight (Aug. 26, 1787), in id. at 172 (emphasis in original letter).

〔4〕 4 Call 5 (Va. 1782). 实际上，直到 1827 年司法审查机构逐渐被人们知晓时，该案才广为人知。该案在发生 45 年后被重现，导致了一些对其真实性的质疑与争论。Crosskey 认为记者 Daniel Call 伪造了部分内容，从而使该案成为司法审查的典型案例。See Crosskey, 2 Politics at 952 ~ 953 (cited in note 36)；另一方面，法官 Pendleton 的传记作者使用 Pendleton 针对该案所记的笔记来支持 Call 的报道。See David John Mays, 2 Edmund Pendleton 1721 ~ 1803: A Biography 187 ~ 202 (1952). 另外，如果说后期公开的数据表明了什么的话，那就是发现了对成文宪法的依赖日趋式微这一趋势。至于在说明报道到底有多不可信方面，后期公开的数据更多地起到强化而非削弱文章观点的作用，即证明了当时的法官对成文及不成文的基本法同等依赖。

1776 年的条文要么被解读为仅将赦免权授予州众议院，要么则应被视为违宪。[1]由于其新颖性及复杂性，该案被移送到弗吉尼亚上诉法院。上诉法院认为，该条文是合宪的，且议会中的任何一院单独行使赦免权均是无效的。按惯例，法官们发表了他们的法律意见，就以下两点达成了共识：其一，他们有权力对制定法进行违宪审查；其二，1776 年的制定法是合宪的。8 位法官中的 2 位对其中的宪法性问题进行了深入思考。见解最为丰富的威思（Wythe）法官将司法审查权的特点理解为，“当那些享有财权和军权的部门不按照应有的方式行使权力时”，通过该权力向其宣告法律。[2]他将自己的职责视为“通过捍卫立法机关的一个分支来保护整个共同体，以防止其他部门僭权”。[3]因此，他清楚地意识到，Caton 案中对于司法审查的质疑集中于一点：其是否有权在不同的政府分支之间进行调节。[4]在一个可能将成文宪法视为唯一有权对政体予以规定的社会中，威思法官仔细研究了弗吉尼亚州宪法中与分权相关条款的用语、结构以及目的，从而支持了 1776 年的法案。但从威思法官的观点中，无法知晓在不涉及政府结构的争议中，成文宪法是否仍会扮演最为重要的角色。

彭德尔顿（Pendleton）法官同样支持 1776 年的法案，在论证中，他较少地关注司法审查问题，在诠释与案件直接相关的宪法性条款上下了比较大的功夫。但他通过最有力的方法回应了前一个问题。他认为，法院面对着“两个有力的争议”，第一个是“如果政府宪章与 1776 年法案对叛国罪的定义存在分歧，那么哪个更具有说服力，可以成为法院判决的依据呢?”[5]“政府宪章”似乎特别指代一种文件，依据这个文件组成、构成或者说设立政府。因此他在旧有意义上使用“宪章”这个词，作为一个名词而非动词“构成”之意。这既与威思法官在回应

---

〔1〕 该论点认为，在诸如弹劾案件中，弗吉尼亚州宪法剥夺了行政机关的赦免权，将其单独授予众议院。Caton 据此抗辩，在全部行政机关不享有赦免权的情况下，赦免权均掌握且仅存在于众议院中。

〔2〕 Caton, 4 Call at 7.

〔3〕 Id. at 8.

〔4〕 显然，Wythe 法官也认识到了法院行使司法审查权的其他方面。他指出，如果议会（同时包括上、下两院）“试图越过人民为其所划定的界限，那么他会指着宪法告诉它，这就是你们权力的界限”。Id. 因为事实上他并不关心作为立法机关整体的议会的权力越界问题，而是关注上下两院之间的关系，所以无法从本案中了解 Wythe 法官将用何种观点来解读宪法性限制。

〔5〕 Id. at 17. 他提到的第二个问题是章程和宪法是否真的存在分歧。

这一问题时一致，也与独立战争时期对这一词语的使用相一致。并表明了彭德尔顿法官认为涉及统治结构的案件与成文宪法具有更大的关联性。[1]

以上这些案例表明，对于美国18世纪末期的法官们而言，基本法的来源同英国反抗理论所描述的一样具有开放性。北美殖民地所继承下来的传统不仅为司法审查提供了正当性，同时也为司法审查的实践提供了指导。博林布鲁克的理论构想被美国的法官们转为实践：在判断成文法的效力时，法官们将会在自然法、人类与生俱来的权利以及成文宪法中寻找根据。在与政府的组织结构相关的案件中，如Caton案，往往依赖于成文宪法寻求依据。但在贝亚德案中，成文宪法也为保护个人权利起到了决定性作用。但是在其余的案件中，法官则在宪法之外寻找依据。

三、创制宪法

1787年的美国人已经对宪法的本质属性有了清楚的认识，即将宪法视为基本法的一种。宪法与自古便存在的自然法、法律原则及传统一样，可以使实在法无效，同样也不会被视为一种实在的、制定出来的法律，而是对基本原则的宣示。另外，由于宪法的主要特性在于对毋庸置疑的真理及经历时间考验的习俗的公布，其根本性并不依赖于人民或获得人民的批准。当宪法作为政府宪章或在政府内部发挥分配权力的作用时，便会体现出实在法的性质——这是宪法的“非实在法”性的唯一例外情形。那些在1787年夏天参加费城会议的立宪者们，已对这一例外情形产生模糊的认识，这点将在这部分予以阐述。

制宪会议最初的草案及早期辩论表明，大部分代表仍对宪法的特点作如上理解。起初他们所起草的美利坚合众国宪法，既不是实在法，也不是以人民为基础的。随着会议的推进，代表们开始构思并理解两个概念，这两个概念对于将宪法理解为一种特殊形式实在法至关重要：“自我指涉的可执行性（self-referential enforceability）和超立法机构的起源（extra-legislative origin）。”所谓自我指涉的可执行性，指的是宪法宣布自身为基本法，表明实证的制定而不是内在的性质使得一部成文宪法成

〔1〕其余法官的观点写在一段中，并未增加新的观点，均赞同Wythe法官和Pendleton法官之前所表达的观点。Id. at 20.

为基本法。所谓超立法机构的起源，指的是立法机构不具备权力制定基本法。这两个概念使得国父们的宪法观区别于英国的宪法观。在英国的宪法观念中，宪法被认为具有与生俱来的根本性，而且逐渐地从自然法和不可挑战的立法行为中生长出来。[1]

比较会议之初及会议结束时代表们对这些概念的理解，就会发现制宪会议是如何创造出“美利坚合众国宪法”这一概念的。从最高条款的历史中可以明显发现，对美国宪法的实在性及自我指涉的可执行性的相反理解。制宪会议对批准宪法的方法的辩论则最为清晰地呈现出对美国宪法权威性来源的不同观点。笔者将按照顺序，比较关于以上这些问题的早期及后期观点。随后将详尽审视一场发生于仲夏的、至关重要的、标志着制宪会议发展转折点的一场讨论。

（一）作为实证法的美利坚合众国宪法

如同《邦联条例》一样，艾德蒙德·兰道夫（Edmund Randolph）提出的弗吉尼亚方案作为美国宪法的第一稿，缺少一个明确的机制可使其条款即便在反抗诸邦时依然具有司法强制力。为联邦政府抵抗各邦侵犯所提供的唯一方法在弗吉尼亚方案第六项决议中被阐述为：“各邦通过的立法，若全国议会认为违背联邦条款（Articles of Union），可以否定。”[2]麦迪逊承认在无政府状态之下，他不知道其他防止州权力扩张的机制；一旦第六项决议没通过，“唯一的救济办法可能就是诉诸武力”。[3]正如众多设计政府结构的方案之一所表达的那样，美国宪法本来并没有被看作是一种存在于自然法之外、具有司法强制性的基本法。与国家立法机关制定的其他法案不同，美国宪法尚未被理解为一种实在法。

亚历山大·汉密尔顿是第一个预想美国宪法潜在实证性的人。汉密

---

〔1〕 考文（Corwin）阐述过类似的观点，即对美利坚合众国宪法的现代解读主要有两点：“其一是所谓的‘实证主义法律观’，即法律仅仅是人类立法者特定命令的一般表述，是一系列体现人类意志的法令；其二是表明了作为命令的法律可以追溯到最高源泉的‘人民’，人类的意志可以由‘人民’来体现。” Corwin, 42 Harv. L. Rev. at 151（cited in note 9）.

〔2〕 Madison's Notes at 31（May 29）（cited in note 6）. 译者注：尹宣曾将麦迪逊在制宪会议上的记录译成中文并出版，故经译者对照、挑选，部分对麦迪记录的翻译直接引用了尹宣作品中的表达。麦迪逊：《辩论：美国制宪会议记录》，尹宣译，辽宁教育出版社 2003 年版，第 17 页。

〔3〕 Id. at 88（June 8）. 麦迪逊：《辩论：美国制宪会议记录》，尹宣译，辽宁教育出版社 2003 年版，第 88 页。

尔顿在6月18日的多次发言中提出了最高条款（supremacy clause）的这一构想，但该构想融合了多种理念。他认为“各邦所有法律，若与宪法或联邦法抵触，无条件作废”，同时，国家立法机构对各邦的法律享有否决权。[1]尽管汉密尔顿首次提出美国宪法可通过自身而非依赖于国家立法机关来明确其法律效果这一观点，但显然他并不愿相信宪法的强制性。在制宪会议召开将近一个月后，即便是汉密尔顿也未意识到，同成文法一样，美国宪法也可以为判断自身的权威性提供积极指引。汉密尔顿的观点在当时很大程度上被忽略了：一个评论者说制宪会议对汉密尔顿6月18日发言的反应是“相当于放了一天假去看戏”。[2]

一个月后，路德·马丁（Luther Martin）终于引入规定最高法律的条款。7月17日，制宪会议表决否定了国家立法机关有否决各州法律的权力。路德·马丁立刻转而提出“以联邦条款名义提出、以实现联邦条款为目的、由联邦作出的立法，以及所有联邦授权缔结的条约，为联邦的最高法律”。[3]会议一致通过路德·马丁的动议，[4]因此我们可以认为，这种设想代表了制宪会议当时的普遍观点。用宪法条款来取代国会权力的做法证明了美国宪法具有固有的权威，但当时的代表们对于美国宪法的实证性的认识仍非常有限。马丁对于最高法律的构想，仅仅使得具体的规定而非美国宪法本身至高无上，不会认为这部宪法与现存的成文宪法有什么不同：这部宪法并没有说明其自身的权威从何而来，只是明确了应如何划分国家中的各种权力。直到8月14日，代表们仍未将美国宪法设想为实证法。在一场关于联邦立法者是否有资格担任其他职务的讨论中，约翰·弗朗西斯·默塞（John Francis Mercer）在联邦立法机关与美国宪法之间做了明确划分：“认为美利坚合众国是由我们正在讨论的一纸文件所统治的想法真是大错特错。统治美国的是按宪法

---

〔1〕 Id. at 139 (June 18). 麦迪逊：《辩论：美国制宪会议记录》，尹宣译，辽宁教育出版社2003年版，第150页。

〔2〕 John P. Roche, The Founding Fathers: A Reform Caucus in Action, 55 Am. Pol. Sci. Rev. 799, 807 (1961).

〔3〕 Madison's Notes at 305 ~ 306 (July 17) (cited in note 6). 麦迪逊：《辩论：美国制宪会议记录》，尹宣译，辽宁教育出版社2003年版，第348页。

〔4〕 Id. at 306. 代表们清楚地知道马丁提出的“最高法律”实际上是“立法机关对州法律享有否决权”的替代品。当查尔斯·平克尼（Charles Pinckney）8月23日试图“复兴”国家立法机关的否决权时，罗杰·谢尔曼（Roger Sherman）回应道：这样的条款是不必要的，因为“现在的修改的结果，联邦议会的立法已经成为最高法律，压倒各邦立法”。Id. at 518 (Aug. 23).

的规定组成政府的那些人，这些人又受到政府利益的统治。宪法只是规划了一种构成方式。”[1]

默塞上校此处仅将美国宪法视为一个特殊的政府宪章。尽管威尔逊和古维诺尔·莫里斯（Gouverneur Morris）立即回应了默塞上校的观点，但也仅限于对任职资格这一实质性问题的回应；显然没有代表认为梅瑟对美国宪法性质的描述是站不住脚的。

在此需要指出一项进步。显然，代表们认为在联邦宪法被理解为制定法之前，对各州宪法可能也是做类似理解的。详情委员会（Committee of Detail）的草案为未完成的最高法律增加如下规定——国家的法律高于州宪法，也高于各州的制定法。[2]这一变化没有要求将州宪法预想为制定法，更没有将联邦宪法预想为制定法，但事实上却表明州宪法与制定法属于同一范畴。7 月 23 日是会议的重要转折，对此下文会予以阐述，而 4 天之后详情委员会召开的会议标志着制宪会议首次将他们正在起草的美国宪法视为人们所拥有的实在法。

直到制宪会议的最后几个星期，作为实在法的美国宪法的概念才足够清晰地呈现在草案中。首先，约翰·拉特里奇（John Rutledge）8 月 23 日提议将“这部美利坚合众国宪法”添加到最高法律的条款中，会议一致通过了拉特里奇的动议。[3]4 天之后，威廉·萨缪尔·约翰逊（William Samuel Johnson）提议将本宪法引起的所有案件划入最高法院的司法管辖范围。经过一番讨论，代表们同意将最高法院的司法管辖权限制在审理那些“具有司法性质的案件”，由此，约翰逊的动议也得以通过。[4]美国宪法可能通过制定的方式而非与生俱来的方式而成为法律

---

[1] Id. at 455 (Aug. 14).

[2] Id. at 390 (Aug. 6)（art. VIII of Committee of Detail draft）. 这项被提交到详情委员会的决议规定只有联邦的法律才能成为最高的法律，“个别邦立法不得违背最高法律”。Id. at 381 (July 17)（Resolution VII）. 委员会的草案对决议 VII 的大部分均予以保留（后经重新编号成为条款 VIII），但将联邦的法律为最高法律，“各邦宪法和法律不得违背最高法律”。并没有明显的推理的依据或论述来解释这一变化。

[3] Madison's Notes at 517 (Aug. 23).

[4] Id. at 538 ~ 539 (Aug. 27). Goebel 总结认为，文中所提的这些无争议的补充内容仅仅是确认了对法官角色的共识——即作为“宪法的守护者”。Goebel, History at 238, 241 (cited in note 3). 违宪的成文法从天然无效到由司法确认其无效这一转变实际上在各州已经发生，制宪会议从一开始也预设最高法院的法官们可以行使这种权力。因此，代表们不太可能直到会议的最后几个星期才将这早已被肯定的理念添加到美国宪法中。因此，正文中的解释更有可能。

总体的一部分的，并可通过基本法对自身的地位进行明确，上述这些无争议的修改均标志着对这一观点的认可。制宪会议的认识发生了变化：将美国宪法视为实在法的观点被确立下来。

（二）人民制定的美利坚合众国宪法

弗吉尼亚方案同样也没有对宪法与人民之间的关系进行理论上有力的解读。第十五项决议规定，对邦联条款的这些修改意见，应提交邦联议会，制宪会议取得邦联议会“认可”后，“用一次或几次适当时机，或一次提交一个全体各州代表大会，或分别提交各州代表大会，代表由各州议会推荐，由人民直接选举，认真讨论这些修改意见，作出决议”。〔1〕将制宪会议的产物标记为对现存邦联条款的“修订”，说明了制宪会议没有批准与现存条款不一致的决议的权力，即便贴上“修订”的标签，也无法掩盖这一事实。〔2〕更值得注意的是被提议的美国宪法的批准模式，这一模式表明了弗吉尼亚方案的起草者并不认为宪法的来源完全存在于立法机构之外：

第一，向邦联提交的这些条款的行为表明，这些州议会的代表们在决定新政府形式的过程中扮演了一定的角色。〔3〕

第二，也是更为重要的一点，辩论揭示了人民的认可比立法机构的批准在当时更为实际：我们不能期待州议会去认可那些将会剥夺它们权力的草案。为回应反联邦主义者们对人民的批准这一观点的异议，麦迪

〔1〕 Madison's Notes at 33 (May 29). 麦迪逊：《辩论：美国制宪会议记录》，尹宣译，辽宁教育出版社2003年版，第19页。

〔2〕 反联邦主义者代表们在伦道夫（Randolph）的提议被讨论之初，便对其托辞进行了评论，平克尼先生表达了他的“质疑”：“邦联的决议，各邦的授权书，是否允许我们避开邦联条款，另立与美国宪法不同的‘体制’。” Madison's Notes at 35 (May 30). 关于制宪会议权限不足的问题贯穿整个会议辩论。对美国宪法所隐含的不合法性的有趣讨论，see Richard S. Kay, The Illegality of the Constitution, 4 Const. Comm. 57 (1987).

〔3〕 See Kay, 4 Const. Comm. at 68. 代表们清楚地意识到，向邦联议会递交条款的行为相当于对条款的认可需要以各州立法者的批准为前提。See Madison's Notes at 611 ~ 614 (Sept. 10). 基于与反对国家立法机构批准的两个理由一样，民族主义者们也反对邦联议会批准这一条件：通过的可能性小及对权力的需要。See, e. g., id. at 611（费兹西蒙斯：“删去‘邦联议会认可’，目的是就出邦联议会，免得要他们通过一项违背邦联条款的提案，而邦联条款则是邦联议会的办事规则。”）；id. at 613（威尔逊：“一定要邦联一会认可，是否安全。”）。通过制宪会议中对这点的争论，主权原则被建立起来。首次要求取消邦联议会认可的决议于8月31日以8票赞成、3票反对的结果通过。第一次重新要求添加邦联议会认可的动议于9月10日以10票反对、1票赞成的结果被否定。第二次则被全票否决。

逊提出支持人民批准而非议会认可的两点主张。其一，在接下来与各州制定法有关的争议中，由议会认可这一观点将置美国宪法及联邦政府于非常不利的地位。其二，邦联条款中制定的规则已经被打破了，因此其中要求议会进行批准的条款事实上已经没有强制力了。〔1〕鲁弗斯·金更为直率地讨论了这个问题："各邦议会在批准过程中是权力的失去者，因此最有可能起而反对。"〔2〕

8 月 31 日，讨论的主旨已经明显发生了变化。当古文诺·莫里斯（Gouverneur Morris）提议删除国民代表大会批准这一要求时，包括金先生在内的代表重申了他们对议会批准的反对。麦迪逊和金先生提出了另外的理由以支持人民认可这一条件。麦迪逊指出："其实，人民才是权力的源泉，只有诉诸人民，才能克服所有困难。人民可以按他们喜欢的办法更改宪法。这是公民权利法案的原理，是可以求助的第一原理。"〔3〕金先生补充："各州选派代表参加制宪会议前，应先在第一原理方面达成共识。"〔4〕这些支持人民认可说的代表们利用了这个至关重要且最后获得成功的理论，来证明从开始便作为一种纯粹的实践机制的正当性。

（三）转折点

制宪会议前几周与后几周之间的观点对比，可谓是非常鲜明。对两组概念前后对比阐释得最为清楚的是 7 月 23 日对批准程序的那场讨论。会议的最后两名代表终于在那天早上从新罕布什尔抵达费城，同时，会议对伦道夫方案的详细讨论也将近尾声。代表们将讨论停留在要进行细微调整的基本机构上；只有行政机关的结构仍未成型。在基本上结束了对全体委员会提出的前 18 条决议的讨论后，会议继续讨论最后一条决议：

决议：对邦联条款的这些修改意见，应提交邦联，制宪会议取得邦联议会认可后，用一次或几次适当时机，或一次提交一个全体各州代表大会，或分别提交各州代表大会，代表由各州议会推荐，由人民直接选举，认真讨论这些修改意见，作出决定。

---

〔1〕 Madison's Notes at 70 (June 5).

〔2〕 Id. at 71 (June 5). See also Kay, 4 Const. Comm. at 66 ~ 67, 71 (cited in note 109). 麦迪逊：《辩论：美国制宪会议记录》，尹宣译，辽宁教育出版社 2003 年版，第 67 页。

〔3〕 Madison's Notes at 564 (Aug. 31). 麦迪逊：《辩论：美国制宪会议记录》，尹宣译，辽宁教育出版社 2003 年版，第 655 页。

〔4〕 Madison's Notes at 564 (Aug. 31). 麦迪逊：《辩论：美国制宪会议记录》，尹宣译，辽宁教育出版社 2003 年版，第 655 页。

奥立维·艾尔斯沃斯（Oliver Ellsworth）和威廉·佩特森（William Paterson）立即动议将新宪法向各州议会提交批准。[1]讽刺的是，最后拒绝在新宪法签名的弗吉尼亚的乔治·梅森（George Mason），首先反驳了联邦党人再次提出的由州议会进行批准的观点。他通过对宪法应由人民认可这种观点的捍卫，首次将美国宪法清晰地呈现为由人民所制定的法律。

梅森提出了三个互相关联的理由。他否认了各州议会有批准新宪法的权力，认为州议会不过是“各州宪法的产物”，其权力不能大于其创造者。另外，即使承认各州议会有这样的权力，“把方案提交给它们去批准也是错误的，因为今天的州议会既然有权批准，今后的州议会作为继任者，就有权对它们前任的决定加以否定”。最后，他将人民认定为一切权力的来源，并且认为人民保留未委托给州议会的权力，以及州政府“没有从人民那里获得明确的、无可争议的授权”，两者都将是新宪法不牢靠的根基。[2]

梅森的论述显然表明美国宪法是以其人民为基础的，但同时也巧妙地表明了美国宪法是一部制定法。通过将批准新宪法的立法权的可能来源等同于其他立法权的来源（从而阐述这样的权力不可能由州宪法所授予），梅森在合法的制定法与一部虽未成功制定的新宪法之间做了含蓄的类比。梅森又将州议会认可新宪法的效果等同于普通制定法的效果（从而阐述州议会的继任者可以对其前任的法案加以否定），进一步论证了他将新宪法视为一部制定法。

对州议会批准所面临的实际困难进行断断续续的讨论似乎并没有说服那些反联邦主义者，随后，其他代表开始继续讨论梅森的主题。古文诺·莫里斯认为，如果未得到全部13个州议会的认可，则新宪法“显然不是有效的”，并且“法官们也将视其为无效”。[3]在两天前的讨论中，几乎所有的代表都认为联邦法院有权使与联邦宪法不一致的制定法无效。[4]因此，莫里斯的观点同样是以将美国宪法与其他制定法等同视之为前提的。莫里斯也在无效的州议会认可与人民认可之间进行了对

---

〔1〕 Id. at 348 (July 23). 麦迪逊：《辩论：美国制宪会议记录》，尹宣译，辽宁教育出版社2003年版，第399页。

〔2〕 Id. at 348 (July 23). 麦迪逊：《辩论：美国制宪会议记录》，尹宣译，辽宁教育出版社2003年版，第399页。

〔3〕 Id. at 351 (July 23).

〔4〕 See id. at 336 ~ 343 (July 21).

比，认为由于人民是“最高权力，联邦契约能被他们中的大多数进行修改”。[1] 可能是被梅森的理由所说服，莫里斯支持梅森之前所阐述的观点，将美国宪法重新定义为人民制定的法律。

即便是一直单纯以实践为论据的麦迪逊，此时也开始使用理论来证明人民认可说的正当性。他回应梅森的议会无资格观点，指出“如果一个州的议会可以更改在它之上的宪法，这将会成为一种危险的信号”。[2] 麦迪逊很快概括并重申了他所认可的观点，他抓住了制宪会议新发现的本质：他考虑到了单纯建立在议会基础上的体制与建立在人民至上的体制之间的区别。这种区别就像结盟或缔约与宪法的区别一样。无论是结盟、条约，还是宪法，在道德责任上，都不可违反。但在政治运作上，如果一项法律违反了一项由过去的立法批准的条约，仍有可能被法官尊重为一项法律，尽管可能是一项不明智的或背信弃义的法律。但一项法律如果违反由人民所认可的宪法，则会被法官视为无效。[3]

麦迪逊的发言在以下两种观点之间做了对比：作为由人民所制定的具有司法强制性的基本法的一部分的成文宪法，以及被视作政府框架，仅当立宪者拥有必需的主权时才具有强制性的成文宪法。[4]

反联邦主义者对梅森观点作出了回应，也在梅森的理解与对宪法的旧有理解之间进行了对比。旧观点仅将宪法视为一种契约，是邦联政府的设计方案，而非一部法律。艾尔斯沃斯认为梅森担心继任议会将废止前届议会的立法是没有根据的，因为“各州通过议会所立的法，就成为一项契约，议会成为涉事一方，作为契约，涉事的任何一方都无法退出”。[5] 这样的认识之下，宪法并不是由于基本法退化而“成文”，而仅仅是通过达成协议而导致的一种结构。

理论论争是非常有说服力的：只有 3 票赞成艾尔斯沃斯将新宪法交

---

〔1〕 Id. at 351 (July 23) (emphasis in original).

〔2〕 Id. at 352 (July 23).

〔3〕 Id. at 352 ~ 353 (July 23) (emphasis in original).

〔4〕 举例来说，缺乏主权可能源自联邦与州之间的相互作用。在英国，议会未能将政府协商及执行的条例制定为实在法也可能会导致这一问题。

〔5〕 Madison's Notes at 350 (July 23). 艾尔斯沃斯论点在内部互相矛盾。除了列在正文中的那些观点，通过强调新宪法因一些州议会同意而具有“局部契约”的性质，他也反驳了州议会将拒绝批准剥夺它们众多权力的宪法这一观点。Id. at 351. 因为现存契约——邦联条款要求各州的一致同意才能修改，导致一些州从其中退出而另行达成一个新的“局部契约”。这点似乎与他之前提出的州议会不能单方面从契约中退出的观点不一致。麦迪逊：《辩论：美国制宪会议记录》，尹宣译，辽宁教育出版社 2003 年版，第 402 页。

由各州议会批准的想法；只有德拉瓦投票反对第19条，因为该条未经修改。[1] 代表们对其所正在制定的宪法的认识不断深化，而7月23日这场辩论则成为其认识深化过程中至关重要的一环。重申议会认可观点的尝试很快也很轻易地被回绝了。[2]对其余修改宪法的提议，均没有或少有异议。这些均证明了美国宪法是由人民制定的实证法。人们把以下功劳归功于立宪者：通过视“美国宪法”为一个规范性文件而非历史传统，从而使将宪法解释视为一种分析法律文件的传统法律实践活动成为可能。[3]

对历史背景及辩论的回顾本身表明，美国宪法给予了制宪者们太多又太少的确信。本文的I、II两部分说明：制宪者们不仅仅在一部文件中将基本法具体化；他们意识到，基本法可以是由人民制定的，而不只是单纯提出请愿。[4]第三部分将解释，国父们不打算将所有的基本法都具体化为“一个规范性文件”。这些创新对解释某种文明下基本法性质的影响，比分析普通法传统到解读书面法律文件这一转变更为复杂。

四、被创制宪法与继承而来的传统

为创造由人民制定的实在法意义上的美国宪法这一概念，制宪者们发明了一个完全符合其自由主义需求的理念。就像一位学者所指出的，旧有宪法与制宪者们所制定的新宪法之间的区别即是合意之下的政府与命令下的政府之间的区别。[5]由人民授权而来的美国宪法，这样就成为一种从上强加下来的法律来源，而不是依赖于全体居民的持续支持。这一转变相应地契合了这样的转变：从一个统一的“政体”（regime）变成了有限的“政府”（government），对于前者，法律与道德相互交织并

---

〔1〕 Id. at 353 (July 23).

〔2〕 See id. at 563 ~564 (Aug. 31).

〔3〕 Powell, 98 Harv. L. Rev. at 902 (cited at note 1); see also Oscar Handlin and Mary Handlin, The Dimensions of Liberty at 55 (1961) (“在‘新世界’中，宪法一词不再指代随着习俗、惯例和先例而发展出的真实权力组织。取而代之的是指一种成文的政府机构，为权力的使用设定固定的界限。”); Melvin Yazawa, From Colonies to Commonwealth: Familial Ideology and the Beginnings of the American Republic at 112 ~113 (1985) (美国宪法与“英国宪法不同，前者不是一个融合了习俗、法条和制度的鲜活且富有生机的整体，而是人民最高意愿的庄严化身”).

〔4〕 Gordon Wood 将此成就称作“一项非凡的发明”，以及“美国革命者们向西方政治学做出的最为与众不同的制度贡献”。Wood, Creation at 342 (cited in note 20).

〔5〕 Powell, 98 Harv. L. Rev. at 909 (cited in note 1).

经由共同体而生成；对于后者，法律（强加给共同体）与道德相互分离。[1]这其实就是传统共和主义观向现代自由主义观转变的经典标志。

如果立宪者们打算用他们的新宪法代替之前的基本法，那么这一转变本应该完成，事实却与之相反。[2]本文在这部分将阐述，美国宪法是由人民所制定的实在法这种观点，并未取代早期将基本法视为与生俱来的、被宣布而非被制定的这种理解，而仅仅是对旧有传统的补充。[3]宪政的设计师们设想，即便存在一部成文的美国宪法，诉诸自然法的行为也仍会继续。通过并列对照制宪者们朦胧的认识（本文第二部分）——如果立法主体是人民，那么基本法也是可被制定出来的——与同时期或后来对自然权利地位的讨论，这一假设是可以成立的。

如本文第二部分所讲，7 月 23 日美国宪法的创造工作仍在有条不紊地进行中，9 月临近会议尾声之时，其创造工作也将要完成。这一发明体现了对成文宪法看法的转变——从将其单纯地看作对原基本法的宣布，且与原基本法的背景相悖，到将设计美国宪法视为创造基本法的行为。如果美国宪法的发明被认为是对自然法的替代，那么上述转变似乎是暂时的。在制宪会议 7 月 21 日及 8 月 22 日两天的辩论上，制宪者们的观念似乎出现了倒退，回到了早期的自然法观念上。随后，在 1789 年制定《权利法案》的辩论中，也出现了这种明显的倒退。最终，通过 1789 ~ 1819 年间最高法院审理的一系列具有重大意义的案例，美国宪法再次被归入广义基本法的一部分。本文在这一部分中将依次审视这些例子。与其说这些例子代表了与制宪会议所制定的宪法不一致的观点，不如说它们表明制定出来的美国宪法仅仅是对之前传统的补充而非替代。1787 年夏天的这项发明将解释为什么成文宪法确是基本法的一部分，而非对整个基本法的重新定义。

---

〔1〕 Jacobsohn, Supreme Court at 31 ~ 32 (cited in note 5).

〔2〕 举个例子，有个学者认为，正是因为制宪者们打算在成文的美国宪法中吸收或体现自然法，那么将不再有“位阶更高的法律”或不成文宪法了。Jacobsohn, Supreme Court at chap. 5 generally, especially at 75（诉诸“位阶更高的法律”有助于解释文本）(cited in note 5); see also Thomas C. Grey, The Constitution as Scripture, 37 Stan. L. Rev. 1, 16 (1984)（美国宪法制定了“社会的基本机构网络及理想，其‘不成文宪法’”）; Murphy, Art at 140 ~ 155（美国宪法被解读为包含了自然权利，且自然权利是其“灵魂”的一部分）(cited in note 13).

〔3〕 直到 18 世纪 90 年代中期，人民主权与自然法之间的任何矛盾只是虚有其表的。因为大革命时期的那代人相信人民与生俱来的美德，简单地认为所有由人民创造的法律都是与基本权利相一致的。William E. Nelson, The Eighteenth-Century Background of John Marshall's Constitutional Jurisprudence, 76 Mich. L. Rev. 893, 928 (1978).

（一）制宪会议与基本法

讨论宪法认可方式那场至关重要的辩论的一个月后，也是最后确定最高法律条款的措词不会引起争议的前一天，8 月 22 日参与辩论的代表们似乎在破坏将美国宪法视为被制定出来的基本法这一观点。艾尔布里奇·格里（Elbridge Gerry）与詹姆斯·麦克亨利（James McHenry）动议禁止联邦议会通过剥夺公权的立法，不得通过追究既往的立法。前一个禁止通过剥夺公权的立法的动议，大会未经辩论或异议一致同意。[1]因为剥夺公权的法案在当时很常见，[2]代表们可能认为这些条款能对现状起到明显改善的作用，认为这一条款制定了实在的权利而非对自然权利的宣布。

然而，对“不得通过追究既往的立法”这项动议的讨论，则揭示了对自然权利的有趣假定。所有代表均明确或含蓄地认为溯及既往的法律违反了自然法，大部分代表因此表示将这样一项基本自然法原则写入成文宪法是不必要的：

> 古文诺·莫里斯先生：禁止制定追究既往的立法这样的谨慎措施，实无必要；但是，有必要禁止制定剥夺公权的立法。
>
> 艾尔斯沃斯：任何律师、任何平民都不会承认追究既往的立法。因此，没必要禁止。
>
> 威尔逊：反对把禁止制定追究既往法一类的内容放到宪法里面去。这会给宪法蒙上一层色彩，好像我们对立法的基本原则一无所知，或者正在构建一个会做这样的事情的政府。
>
> 约翰逊：这一条款没有必要，其中隐藏着对联邦议会的不当怀疑。

那些为这一条款辩护的人——事实上只有三个代表这样做，其中一个麦迪逊仅称其为“支持这一条款的”——这样做的原因在于，该条款可能会带来一些好处，因为州议会事实上制定过一些溯及既往的法律，将这一条款写在宪法里让法官“有法可依”。[3]他们似乎也肯定了这一条款对使溯及既往的法律无效来说并不是完全必要的。因此，在这

---

〔1〕 Madison's Notes at 510 ~ 511 (Aug. 22).

〔2〕 See, e. g. , Cooper v. Telfair, 4 U. S. (4 Dall.) 14 (1800).

〔3〕 Id. at 511 (Aug. 22).

一问题上便达成了明显的共识，无论是联邦主义者，还是反联邦主义者，均认为这一条款不必要。

这一意见交换说明，制宪会议的代表们在当时完全理解他们正在制定基本法，但他们没有打算将现存的全部基本法都制定出来，反而依赖于不成文的自然权利作为制定美国宪法的补充。显然，他们了解，即便有些法律没有被宪法所禁止，但仍可能因与自然法抵触而无效。[1]这些观点与在本文第一部分提到那些同期司法审查的案例具有很强的一致性。尽管立宪者们可能发现将宪法与基本法置于同等地位的新理由，但他们并没有改变宪法与基本法其他法律来源之间的关系。成文与不成文的基本法来源仍同等重要。

会议早期的一项讨论可被大概解读为阐述了相同的道理。在一场是否要将最高法院划入复审委员（Council of Revision）并赋予其否决其他立法权力的讨论中，一些代表主张复审委员会是不明智的，也是不必要的，因为法官们可依其司法职能审核法律的合宪性。

对该观点的回应揭示了一个非常传统的观点，这个观点回答了到底什么使得法律违宪。詹姆斯·威尔逊指出，复审委员是不必要的，因为“议会所立之法，可能不公正，可能不明智，可能造成危险，可能带来破坏作用；法官据理力争，拒绝使这样的立法生效，不应该被视为违反宪法”。[2]这样的话在现代听来可能有些奇怪（成文法怎么能稍许违反宪法?），但其表明了违宪的连续性与不公正的连续性同时发生，缺少智

---

〔1〕 溯及既往法律的固有的、所能感知到的缺陷，可能在于对个人自然权利的侵犯，也可能是对更为普遍的基本法的侵犯，如“普通权利和理性”原则。无论哪种侵犯，正文中的阐述表明，即便是一些未被成文宪法所禁止的法律，同样可被一些不成文法宣布为无效。另外，制定溯及既往的法律可能被认为突破了立法权的适当范围。如果将溯及既往的法律视为额外立法权的产物，那么问题将产生在分权原则上，进而模糊了本文通过分析 1787 年之前各州的案例及最高法院案例所得出的两分法。其他证明两分法普遍存在及广泛性的证据可以证明，制宪者将溯及既往的法律视为对个人权利的侵犯而非对分权原则的违反，在那些分权原则尚未形成的州更是如此。换句话说，两分法将阐明如何解读这些对溯及既往法律的讨论。对个人权利与分权原则之间的界限如此模糊不必感到惊讶，因为后者的目的很大程度上在于捍卫前者。基于对其自身的考虑，与溯及既往法律相关的讨论也反映了如何解释成文宪法的争论。自然权利在分析成文宪法时的地位，与诚信原则和贸易惯例在分析合同时的地位一样：它们不必然是义务的独立来源，但在解释文件的过程中提供了有力的指引。但是，如此解读制宪者对自然法的理解与其他的证据并不十分吻合，特别是那些司法意见——明显地将自然法作为法律的独立来源，而非仅是观察成文宪法的镜头。

〔2〕 Madison's Notes at 337（July 21）. 麦迪逊：《辩论：美国制宪会议记录》，尹宣译，辽宁教育出版社 2003 年版，第 385 页。

慧、十分危险且具有破坏性。这显然能够说明：威尔逊认为成文法除与成文宪法冲突之外，其本身的瑕疵也可导致其“违宪”，而不管他认为法官在确认法律无效之前能在多大程度上容忍其违宪性。他似乎在传统意义上使用“宪法”一词，即包括全部的基本法。〔1〕

麦迪逊也提出了不公正与不合宪法之间的关系。麦迪逊辩称，复审委员会的作用是“增加一重制约，阻止议会追求那些不公正、不明智的措施，这类措施构成我们灾难中的主要部分”。〔2〕麦迪逊是否会同意威尔逊关于违宪性与不公正之间的关系的看法，取决于他认为委员会的审查将会“附加于”什么之上。如果麦迪逊认为委员会的审查将附加于司法审查，那么委员会因法律违宪而使其无效，违宪性与不公正性的联系在此十分清晰。如果麦迪逊仅在一般的分权制衡的体系中提及委员会的角色，那么在违宪性与不公正性之间没有必然的联系。考虑到整个讨论都围绕着司法审查以及法官在确保国家在不偏离宪政航线中所扮演的角色，麦迪逊很可能认为复审权是附加在司法审查之上的。〔3〕因此，麦迪逊希望法官无论是通过其司法能力还是作为复审委员会的一员，能去判断法律的合宪性，起码部分通过观察其是否公正。这再次证明了，与

---

〔1〕 Goebel从威尔逊的措辞中得出了相反的结论，主张威尔逊的评论中体现了一个共识，即“评判法律政策并不存在于司法审查权中”。Goebel, History at 238 (cited in note 3). 如果威尔逊说一个法律可能是不明智，但并不违背宪法，那么Goebel的解释可能是准确的。但实际上，威尔逊说的是一个不明智的法律可能并没有违反宪法到被认定为无效的程度。一个人在说某物有A、B、C、D四个特点，从未说过该物有任何E特点，但却直接提问为什么该物有如此多的E特点，这样的表述意味着什么？这样的跳跃明显证明了现存的一些E特点与呈现出的A、B、C、D特点相关。

〔2〕 Madison's Notes at 337 (July 21). 麦迪逊：《辩论：美国制宪会议记录》，尹宣译，辽宁教育出版社2003年版，第387页。

〔3〕 这一陈述的原文对解读其概念没有太大帮助，因为麦迪逊似乎在说一些并不相关的内容，引用了部分他的演讲组成单独的句子。“麦迪逊先生认为，为制定出经过深思熟虑的宪法，这项动议极其重要。对法官而言，再给他们一份机会，让他们捍卫自己，阻止议会侵蚀他们的权力，是有用的；对行政官而言，用处是，行使复审权时，能激发行政官的信心和鉴定；对议会而言，其用处是得到法官有价值的帮助，从而使立法保持前后一贯、富有良知、措辞清晰、技术精当，对提高立法质量非常必要，我们的法典在这些方面真是欠缺到令人羞耻的地步。另外，对社会来说，多一重限制来防止议会中那些追求不公正、不明智的措施，这类措施，构成我们灾难中的主要部分。如果说对这一动议提出什么扎实的反对意见，那就是一种推测，认为这样做，会给行政官或法官过多的力量。他不认为这一理解有什么依据（随后他解释了为什么这一理解缺乏依据。”）Madison's Notes at 337 ~ 338 (July 21). 麦迪逊：《辩论：美国制宪会议记录》，尹宣译，辽宁教育出版社2003年版，第386 ~ 387页。

成文宪法一致但与其他基本法来源相抵触的法律可能被认为是无效的。[1]这两个讨论证明，至少有一部分代表认为，制宪会议并未将其任务简单地视为制定整部基本法。相反，他们希望其所制定的宪法将与其他基本法来源共存，并作为其他基本法来源的补充。对宪法的这种理解，在两年后众议院考虑宪法第一修正案的辩论中显得更为清楚。[2]

（二）议会与基本法

对在联邦宪法中增添一份成文的人权法案的呼吁始于制宪会议后期，[3]从批准宪法的辩论中集聚了一定气势之后，五个州递交了已为他们所认可的宪法修正议案。[4]联邦主义者一贯坚持，联邦人权法案不必规定在对政府权力的制约中，这可能是十分危险的，因为其将为对联邦权力做更宽泛的解释提供支持。[5]他们同时辩称，那些没有人权法案的州的公民，与那些有人权法案的州的公民相比，并没有因此而享有更少

---

〔1〕 梅森也可能既在一系列违宪性的存在上，又在违宪性与不公正的关系上认可威尔逊的观点。梅森的观点更具有倾向性，可以从任意角度进行解读："法官可以宣布一个违宪的法律无效。但对于那些与案件审理不直接相关却同样不公正、有害的条款，法官们就只能听任其发展了，但实际上法官对于这些条款的审查是很必要的。" Madison's Notes at 341（July 21）. 他本来的意思是不公正的法律不能被认定为无效，除非它们与宪法相冲突。或者他本来想说明，法律可能违宪，但并不明显，即便它们是不公正的。因为他在支持威尔逊的观点，所以，将他的观点单纯设想为重述威尔逊自己的观点是合理的。

〔2〕 对新宪法批准的辩论与这一问题本质上无关。就反联邦主义者是反国家主义者而言，首要问题是联邦与各州政府的权力分配问题。限制两类政府权力的资源并不在争议中。就反联邦主义者是古典共和主义者而言，他们被认为可能拒绝个人权利而支持个人做出牺牲。See generally Donald S. Lutz, Popular Consent and Popular Control: Whig Political Theory in the Early State Constitutions 1 ~ 50, 201 ~ 212（1980）; J. G. A. Pocock, The Machiavellian Moment: Florentine Political Thought and the Atlantic Republican Tradition, 462 ~ 552（1975）. 但他们对一部联邦权利法案的呼吁却与上述结论不符，并表明了他们与联邦主义者就基本权利来源这一问题达成共识。

〔3〕 See, e. g., Madison's Notes at 486（Aug. 20）, 630（Sept. 12）, 640（Sept. 14）, 652（Sept. 15）（cited in note 6）.

〔4〕 See Clinton Rossiter, 1787: The Grand Convention at 274 – 98（1966）. For the text of the various proposed amendments, see Schwartz, Bill of Rights at 679 – 80（Massachusetts）, 756 ~ 757（South Carolina）, 760 ~ 761（New Hampshire）, 842 ~ 845（Virginia）, 911 ~ 914（New York）（cited in note 28）.

〔5〕 See, e. g., Madison's Notes at 640（Sept. 14）（liberty of the press）; Federalist 84（Hamilton）; James Wilson, An Address To a Meeting of the Citizens of Philadelphia, 1787, in Schwartz, Bill of Rights at 528, 528 ~ 529（cited in note 28）; Robert Allen Rutland, The Birth of the Bill of Rights, 1776 ~ 1791, 142（1955）.

的自由。因此，联邦没有人权法案也不是一件多严重的事情。[1]但当罗德岛及北卡罗莱纳拒绝认可新宪法，弗吉尼亚与纽约先后提议要召开第二次会议时，联邦主义者们被迫开始重视呼吁人权法案的需求。詹姆斯·麦迪逊承担起了通过邦联议会推进人权法案的任务。[2]

麦迪逊面前的主要障碍有二：

第一，一些反联邦主义者当时反对在宪法中补充一个人权法案，而希望再行召开一次制宪会议。[3]因此，众议院在讨论其是否有时间来考虑麦迪逊的修正案以及通过何种程序来考虑修正案上所花费的时间时，远超过对修正案本身的考虑。[4]

第二，更为重要的是，起初一些人权法案的反对者——包括麦迪逊自己在内——的部分理由在于，他们认为列举人类的所有权利是不可能的。列举不全将导致错误的暗示——所列举的权利就是人类的全部权利。因此，詹姆斯·威尔逊在宾夕法尼亚批准宪法的国民代表大会之前，据理反对人权法案：

> 各个社会中都会有许多权力和权利不能被明确地列举出来。所附于宪法的权利法案，是对所保留权力的列举。如果我们试图进行列举，那么没有被列举到的所有内容将被推测为已被授予的。因此，不完全的列举会将所有默示的权力扔到政府的权力范畴之内，而对人民权利的描绘则是不完整的。

---

〔1〕 See, e. g., James Wilson, Speech to Pennsylvania Ratifying Convention, in Schwartz, Bill of Rights at 630, 631 (cited in note 28). 只有七个州事实上有人权法案。

〔2〕 麦迪逊实际上在收到弗吉尼亚提议的前一天，收到纽约提议的前两天，就在众议院宣布了他打算推动修正案的意图。Rutland, Birth of the Bill of Rights at 198 ~ 199 (cited in note 146).

〔3〕 Edward Dumbauld, The Bill of Rights and What It Means Today 34 (1957); Rossiter, Grand Convention at 304 (cited in note 145); Rutland, Birth of the Bill of Rights at 199 ~ 200 (cited in note 146).

〔4〕 See 1 Annals of Cong. 441 ~ 448 [424 ~ 431], 460 ~ 466 [442 ~ 449] (June 8, 1789), 686 ~ 691 [660 ~ 665] (July 21, 1789), 732 ~ 746 [705 ~ 719] (Aug. 13 ~ 14, 1789). 国会年鉴的前两卷的印刷品还存在。除小标题和 back title 之外都一样。以"国会的历史"为小标题的那卷与其他卷的内容相符合，但小标题为"Gale 与 Seaton 在国会的辩论史"则与之不同。Checklist of United States Public Documents 1789 ~ 1909, 1463 (3d ed. 1911). 本文中一开始的引用参照了"Gale 与 Seaton 在国会的辩论史"这一版本；但括号中的引用参照的是"国会的历史"这一版本。国会年鉴最近被证明，其对众议院辩论的解释并不是特别准确。See James H. Hutson, The Creation of the Constitution: The Integrity of the Documentary Record, 65 Tex. L. Rev. 1, 35 ~ 39 (1986). 这些年鉴是那些辩论仅有的现存记录；考虑到那些起草人权法案者的意图会引导现代对修正案的解释，这些年鉴仍是考察那些意图最为重要的资料来源。

詹姆斯·艾尔德尔（JamesIredell）在北卡罗来纳批准宪法的国民代表大会上主张同样的观点，但事实证明并不成功：

列举那些本来就没打算放弃的权利不仅是无用的，而且是危险的。因为它将以最强烈的方式暗示，所有未在例外情形中提到的权利都有可能被政府不经夺取便加以侵害，而列举全部权利是不可能的。让随便一个人按照他的想法收集或列举一些权利，我都可以立刻提出 20 或 30 个不在其中的权利。

麦迪逊向弗吉尼亚批准宪法的国民代表大会作了同样的陈述，认为对权利的宣布将是“危险的，因为穷尽的列举是不安全的”。[1]他在向众议院介绍他的修正议案时，再次强调了他的异议：

在人权法案中详细列举授权的例外情形的观点同样遭到反对。这对那些未被列举到的权利是一种蔑视，也暗示了那些没被单独挑选出来的权利将进入总体政府的权限范围之内，从而变得不安全。

麦迪逊承认这是“他所听到的反对在体系内添加人权法案的看似最有道理的理由之一”。[2]

如麦迪逊所指出的，列举权利的方式暗示未予列举的权利不受保护。众议院通过后成为修正案第九条中的内容解决了这一问题：“宪法列举的若干明确权利，不得被解释为否认或蔑视人民所保留的其他权

---

〔1〕 3 Elliot's Debates at 626 (June 24, 1788) (cited in note 151). 将对列举权利的担忧解读为限制未被列举的权利，与将其解读为将未被列举的权利授予联邦政府是不一样的。See Alfred H. Kelly, Clio and the Court: An Illicit Love Affair, 1965 Sup. Ct. Rev. 119, 151 ~ 154 (1965)（尽管 Kelly 错误地认为威尔逊仅关注后者）。

〔2〕 Id. 他在 1778 年给托马斯·杰斐逊的信中更具倾向性地阐述了这一内容。麦迪逊认为，有很多因素导致我们不能在必要的范围内获得那些积极地宣布的基本权利。James Madison to Thomas Jefferson, October 17, 1788, in Saul K. Padover, ed., The Forging of American Federalism: Selected Writings of James Madison 253 (1953). 他以对宗教自由的容忍界限为例，说明他当时对表达特定权利的语言的有限性问题的担忧，超过列举权利的限制性因素问题。1789 年，他显然也得出了更为广泛的结论。有趣的是，杰斐逊的回应并未承认麦迪逊的基本前提，并提出“半块面包总比没有面包好。如果不能捍卫全部权利，让我们来保护我们所能保护的这些”。Thomas Jefferson to James Madison, March 15, 1789, in Life and Selected Writings of Thomas Jefferson at 463 (cited in note 25). 任何杰弗逊的观点均未透露他认为那些未被保护的权利将会丢失。相反，他设想某些权利将比其他的权利更具有稳定的根基。

利。"[1]该条的目的显然是避免列举权利可能带来的负面暗示。麦迪逊强调这一目标时的原话是：

宪法中用于支持个别权利的各项例外条款，不应被理解为削弱人民所保留的其他权利的重要性，或被解读为扩大宪法所授予的权力。而应被解读为对这些权力的实在限制或对更为谨慎态度的强调。

对于麦迪逊的原话和特别委员会（the Select Committee）的草案，几乎均没有讨论。格里以"蔑视"并未"清晰地表达含义"为由，提议以"否认与削弱"取代"否认与蔑视"，但该提议无人附和，因此并不成功。[2]对于这一修改，众议院与参议院都未进一步讨论。

然而，人民与生俱来的权利并不是一成不变的。埃德蒙·彭德尔顿（Edmund Pendleton）1788年提出，列举权利的"危险"在于，"随着事物的发展，我们可能发现一些之前不曾想到的伟大而重要的权利"。[3]威尔逊在他的法律演讲中写道：

处于不断的进步中是人类的辉煌命运……因此我们推断，自然法则在其根本原则上也许是不变的，但在运行方式和效果上将会不断地进步……法律——这一获准为人类所用的神圣智慧，其存在的每个阶段，都不只是着眼于当下，而致力于在未来创造出更高的完美程度。

以上这些人清楚地意识到，一些权利不管是否被宣布，它们都是存在的。国父中一些具有影响力的人因此构想出一种超越成文法的基本法来源，再次表明美国宪法并未打算要撰写全部基本法。

基本权利并非从属于成文法这一认识同样存在于众议院对麦迪逊修正议案的讨论中。起草委员会（the drafting committee）遵循"这些权利属于人民且与生俱来"这一原则。[4]这一原则不断地被附和。许多众议院代表要么说明那些陈述不容置疑真理的具体条款是不必要的，要么认为那些所保护的并非自然权利的条款应被排除出去。在讨论修改序言，

---

〔1〕 U. S. Const. amend. IX. 特别委员会（The Select Committee）原来使用的语言基本上是一样的，仅在提到"这部宪法"（this constitution）而不是"美利坚合众国宪法"（the Constitution）时有所差别。1 Annals of Cong. at 783［754］（Aug. 17，1789）（cited in note 150）.

〔2〕 Id. at 783［754］（Aug. 17，1789）.

〔3〕 Edmund Pendleton to Richard Henry Lee，June 14，1788，in David John Mays，ed.，2 The Letters and Papers of Edmund Pendleton，1734～1803，532～533（1967）.

〔4〕 1 Annals of Cong. at 759［732］（Aug. 15，1789）（cited in note 150）.

声明“政府是为人民的利益而存在的，因此其合法性只能来自于人民的授权”的过程中，[1]弗吉尼亚的约翰·佩奇（John Page）认为，“（他）不质疑委员会提议的真实性，但质疑在此处该提议的必要性”。[2]在否认保护集会自由这一条款必要性的过程中，马萨诸塞州的西奥多·赛奇维克（Theodore Sedgwick）指出，集会权利是“人民所拥有的不证自明的、不可剥夺的权利，这点毋庸置疑”。[3]纽约州的埃格伯特·本森（Egbert Benson）反对一项保护有宗教顾虑的人不被强制服兵役的权利的条款，因为这种赦免“可能具有宗教上的说服力，但其并不是自然权利，因此应留给政府裁量解决”。[4]

众议院并没有发现清楚列举那些不容置疑的权利的必要，因为无论被列举与否，它们都事实上存在着。赛奇维克调侃认为，能够做到穷尽的列举，表明各种未被列举的权利仍是存在的，辩称如果委员会坚持权利穷尽列举这一原则，他们可能会陷入一个非常冗长的权利列举中；他们可能要宣布一个人应该享有按其所好戴帽子的权利；他可以自己选择起床时间的权利以及在他认为适当的时间上床睡觉的权利；但是他会询问这位绅士，将这些鸡毛蒜皮的琐事写入人权宣言中是否必要。[5]

众议院显然将人权法案主要视为一个调节公共关系的装置：代表们自身认为，权利的列举实际上对其法律效果没什么影响，但如艾尔布里奇·格里所说，代表们希望人民“能在对其基本权利的宁静享受中安居乐业”。[6]

众议院不仅担心那些未被列举的权利，同时也担心列举行为会限制所列举的权利或使其变得极其琐碎。讨论集会自由时，赛奇维克清楚地指出，暗含的权利同样是存在的：

---

〔1〕 Id. at 734 [707] (Aug. 13, 1789).

〔2〕 Id. at 746 [718] (Aug. 14, 1789).

〔3〕 Id. at 759 [731] (Aug. 15, 1789).

〔4〕 Id. at 780 [751] (Aug. 17, 1789).

〔5〕 Id. at 759 ~ 760 [732] (Aug. 15, 1789).

〔6〕 Id.; see also id. at 444 [427] (Madison); 445 [428] (White); 446 [429] (Page); 448 [431] (Madison) (June 8, 1789); 760 [732] (Vining); 760 [732 ~ 733] (Hartley) (August 15, 1789); 786 ~ 787 [758 ~ 759] (Tucker) (August 18, 1789)（均强调要通过修正案来安抚共同体成员）。

他担心修正案会使共同体成员认为这些权利是微不足道的；我们应如何在捍卫言论自由且承认其必要性的同时允许集会权利的存在？如果人们在一起畅所欲言，那么他们必须聚集起来以达到那个目的；……着眼于这些细枝末节真是对参议会尊严的贬损。

因此，联邦议会显然既未将人权法案视为穷尽地列举了人类固有权利的清单，亦不是对固有权利的限定性描述。

通过回顾第九修正案稀疏的立法史及对人权法案其余部分的辩论，笔者得出两个相互关联的结论：其一，第九修正案及对其他部分的辩论均证实了国父们视自然权利高于在前八个修正案中所保护的权利。其二，人权法案的起草者们并未设想将美国宪法作为基本法的唯一法律来源。以上两个结论均与1787年之前的自然法传统相一致，也与早期最高法院对美国宪法的解释相一致——这点将在下一部分中加以解释。

（三）法院与基本法

即便忽视其自然法传统，在正常的理解方式之下，也会发现第九修正案有助于对传统固有权利的解读。因此，那些对保护与生俱来的权利感兴趣的法官，可能会将第九修正案作为他们决定的文本依据。实际上，在美国宪法实施后的前30年，大部分最高法院的法官依据自然法及相关原则认定一些制定法是无效的，却并未诉诸第九修正案中那些调解式语言。尽管一些学者发现了被描述为“孤立地引用自然法”的案件，但实际上“正统的法律观点”认为，“法院不会因其抵触自然法而认为某一法令无效或拒绝执行某项法律，除非这样的法律与某一明确的宪法条款相冲突”。[1]这部分本文将阐述，也许将这种传

〔1〕 Haines, Revival at 75 (cited in note 13). Haines 简单指出，自然权利在早期的决定中还是起到比较大的作用的。at 86~94. 近代学者坚持“正统观点”，即否认自然法学说的重要性，see, e. g., David P. Currie, The Constitution in the Supreme Court: State and Congressional Power, 1801~1835, 4 9 U. Chi. L. Rev. 887, 892~894, 902 (1982) (“CurrieI I”); David P. Currie, The Constitution in the Supreme Court: 1789~1801, 48 U. Chi. L. Rev. 819, 832~833 (1981) (“Currie I”). But see William E. Nelson, The Impact of the Antislavery Movement Upon Styles of Judicial Reasoning in Nineteenth Century America, 87 Harv. L. Rev. 513, 530~532 (1974).

统智慧反过来理解更为合适：在这一时期，没有任何一个案子表明，法院因为某法律未与任何宪法条款相冲突，而支持与自然法相冲突的法案。[1]

对美国最高法院前 30 年的宪政理论研究证明，其深层模式与所观察的美国 1787 年之前司法审查案例的模式是一致的。尽管每个法官在引用自然法原则的频率上存在差异，但大部分法官倾向于在决定权力分配有关的问题时援引成文宪法，而依赖不成文法律作出与个人权利相关的决定。[2]

首席大法官马歇尔可能提供了早期最著名的以自然法为基础的例子。即便在他成为法官之前，马歇尔也不愿将议会束缚在成文宪法之内。在维尔诉希尔顿（Ware v. Hylton）案中，[3]涉及杰伊条约（Jay Treaty）是否违反了弗吉尼亚法律对没收财产以及偿清债务的规定。马歇尔在此案中力图支持弗吉尼亚的法律来为被告即债务人辩护。在阐述弗吉尼亚有资格没收债权人财产时，马歇尔自然而然地主张“任何国家的立法权仅受其自治宪法的限制”。[4]但他拒绝停留在这种明确抛弃自然法的层面，并指出，如果制定法明显“违背了任何神的法律”，或许会被区别对待，但“财产权是公民社会的产物”，因此应受到公民所定

---

〔1〕 现代宪政主义恰恰与之相反，对法院审视法条潜在的不正义性都持否定态度，除非法条与成文宪法不一致。See, e. g. , Bowers v. Hardwick, 106 S. Ct. 2841, 2846 (1986)（“对实质扩张正当程序条款所赋予的边界的行为，应进行极力抵制，特别当这一行为要求重新界定基本权利的范围时，更应如此。否则，司法机关会在没有明确宪法性授权的情况下，延伸其权威来统治国家”）; John Hart Ely, The Wages of Crying Wolf: A Comment On Roe v. Wade, 82 Yale L. J. 920, 949 (1973)（“一项中立且持久的原则或许是永远美丽又令人愉快的。但如果其缺乏与为宪法所认定的特别价值之间的联系，那么它便不是一项宪法性原则，法院没有实施它的职责”）。

〔2〕 William Nelson 在首席大法官约翰·马歇尔的观点中找到了类似的模式：Nelson 指出，马歇尔将法律从政治中分离出来，通过合意来解决法律问题，将政治问题交由人民的意志来处理。Nelson, 76 Mich. L. Rev. at 935 ~ 947 (cited in note 133). 尽管不完全一致，Nelson 对涉及政治问题案件的描述与笔者对与分权有关问题的解读相似。See also Jennifer Nedelsky, Confining Democratic Politics: Anti-Federalists, Federalists, and the Constitution, 96 Harv. L. Rev. 340 (1982)（指出了一个类似的二分法）.

〔3〕 3 U. S. (3 Dall.) 199 (1796). 这显然是唯一一个在最高法院之前，马歇尔为之辩护的案子。Charles Warren, 1 The Supreme Court In United States History 145 (1922).

〔4〕 Ware v. Hylton, 3 U. S. (3 Dall.) 199, 211 (1796).

之法的控制。[1]纵观这些论点可知，马歇尔并未提及任何自然权利，将该案子视为一个孤立的联邦制问题（美利坚合众国是否可以依据条约限制弗吉尼亚的行为）。这样，若不涉及个人权利问题，那么成文宪法就是立法权的唯一限制——这种方法与 1787 年之前处理州案件的方法相似。

马歇尔早期的宪法性意见一部分依赖自然法原则，一部分依赖于成文宪法中的原则。马伯里诉麦迪逊案（Marbury v. Madison）[2]为说明成文宪法在不同性质的问题中所发挥作用的程度不同提供了最好的例证。在马歇尔看来，该案主要涉及三个问题：其一，马伯里对他的委任状是否享有权利；其二，如果享有权利，那么是否存在对他有效的法律救济；其三，如果存在有效的法律救济，是否应由最高法院来下达执行令？第一个问题仅涉及任命、内阁职能等与普通法及成文法令相关的事项，因此马歇尔自然而然以普通法与成文法为依据。

马歇尔在处理第二个及第三个问题时所体现的不同态度，最为明显地呈现出个体权利问题与权力分配问题之间的差异。马歇尔认为每一个被侵犯的权利都存在法律救济，这是毋庸置疑的。更有趣的是，他仅提出两点依据支撑他的裁决：自然法的基本原则及布莱克斯通所著《英律疏议》。他详尽论述侵犯权利后所提供的法律救济是"公民权利的构成要件"，提供这种救济是"政府首要职责之一"。[3]随后他简短引用了《英律疏议》中的内容确认了他的观点。[4]他并没有提到能为马伯里权利进行抗辩的两个潜在实在法依据——美国宪法与《1789 年司法条例》。在马歇尔看来，个人权利并不仅仅源于实在法，同时来源于不成

〔1〕 Id. 马歇尔将一些财产权排除在自然权利范畴之外，这与 18 世纪的前自由主义观对个人与共同体的关系的理解相一致。前自由主义观在接下来的几个世纪，对马歇尔的观点及这个国家都有影响。See Note, The Origins and Original Significance of the Just Compensation Clause of the Fifth Amendment, 94 Yale L. J. 694 (1985). 早期就有迹象表明马歇尔对自然法原则的坚持。在弗吉尼亚批准美国宪法的国民代表大会上，马歇尔为宪法辩护（仅发言三次），他对亨利和梅森的观点进行了长时间反驳，以其"最喜欢的民主"格言开头："严格尊重公正、公信与美德。"（A strict observance of justice and public faith, and a steady adherence to virtue）3 Elliot's Debates at 223 (June 10, 1788) (cited in note 151). 因为其所支持的宪法未明确提及这些原则，又因为其开场所引用的格言与他反驳反联邦党人观点的内容并没有紧密结合起来，因此，这一有倾向的引用实际上是不太容易理解的。将马歇尔的评论解读为宪法与自然正义原则相一致貌似是可行的。

〔2〕 5 U. S. (1 Cranch) 137 (1803).

〔3〕 Id. at 162 ~ 163.

〔4〕 Id. at 163.

文的基本法。[1]在考虑第三个问题，即立法机关能否驱使司法机关以特定的方式行动时，马歇尔仅依赖美国宪法以说明成文宪法的性质。这再一次证明了美国宪法与不成文基本法之间的显著差别，前者是政府的设计蓝本，而后者则是个人权利的保证。

两年后，在美国诉费雪案（United States v. Fisher）中，马歇尔通过稍有不同的表述再次透露出其对自然法原则的倾向。[2]该案涉及与个人权利有关的另一个问题：在破产法律程序中，联邦的法律是否应该被解读为赋予国家优先于其他债权人被清偿的权利？作为被告的债权人提出两点抗辩：①联邦法律并未设想这样的结果；②如果真的设想此后果，那么该法律是违宪的。联邦政府则认为，法院因其“不适宜、不合理、不正当”而不能宣布法律违宪。[3]马歇尔最终认可了法条中的规定，依赖于必要且适当的条款将其解释为确认了联邦政府的优先权。他认为该条款是正当的，因此并未回应对该条款不适当的争论。但在解读法律的过程中，他暗示了自然法：“当权利被侵犯，基本原则被推翻，一般制度被偏离之时，立法的意图必须被明确清晰地予以阐释。”[4]早期对“法律应被解释从而让其自身合宪”观点的理解中，马歇尔显然将合宪性等同于符合基本原则。

无论是马歇尔、法院，还是国家，其对自然法原则的依赖逐渐让位于成文宪法，将美国宪法视为基本法的唯一来源。[5]马歇尔的转变始于1812年，于1819年的达特茅斯学院案中达到顶点。大卫·柯里（David Currie）——自然法在最高法院决定中所发挥作用的公开怀疑者[6]——将马歇尔在弗莱彻诉佩克案（Fletcher v. Peck）中的观点描述为，[7]“充

---

〔1〕 这一观点与现代学说相反，后者认为立法机关如果不提供诉讼权利，那么权利在没有救济的情况下也是存在的相反。See, e. g., Middlesex County Sewer-age Auth. v. National Sea Clammers Ass'n, 453 U. S. 1 (1981).

〔2〕 6 U. S. (2 Cranch) 358 (1805).

〔3〕 Id. at 384.

〔4〕 Id. at 390. 马歇尔没有说明在议会清楚解释其侵犯这些基本权利的意图时会发生什么。

〔5〕 对该转变的一般性回顾及可能原因，see, e. g., Haines, Revival at 97 (cited in note 13); Wright, American Interpretations at 174 ~ 179 (cited in note 13); Nelson, 87 Harv. L. Rev. at 528 ~ 532 (cited in note 169).

〔6〕 10 U. S. (6 Cranch) 87 (1810).

〔7〕 See note 169 (Currie 持“正统”观)。

满了对源于自然法的不成文限制的引用”。[1]马歇尔最终依赖于不成文法律与成文的美国宪法之间深奥的结合。学者们可能对何者更具决定性持有不同意见，[2]而笔者认为，早期及后来的案例呈现出的两派争论均标志着一种思想转型。类似的现象也存在于麦克洛奇诉马里兰案（McCulloch v. Maryland），[3]受弗莱彻诉佩克案[4]的影响，9 年之后发生的麦克洛奇诉马里兰案中，天平倾向于文本宪政主义（textual constitutionalism）。[5]但在 1819 年的麦克洛奇案中，马歇尔在发现美国宪法中包含与待处理问题直接相关的具体条款，并未给一般推理留有空间之前，仍

---

〔1〕 Currie II at 892 (cited in note 169). For a full description of these references, see id. at 892 ~894.

〔2〕 Compare Currie II at 892 ~894 (cited in note 169), and Warren, 1 The Supreme Court at 396 (cited in note 172) with Laurence Tribe, Constitutional Law § 8 –1 (1978).

〔3〕 17 U.S. (4 Wheat.) 316 (1819).

〔4〕 笔者使用“文本宪政主义者（textual constitutionalist）”来描述任一将美国成文宪法作为基本法唯一来源的法官，而不管他们采取什么方法来解释那些不能通过的文件。因此，这一表述包含了最多现代宪法性解释理论。如 Thomas Grey 指出，最有趣的问题不在于是否使用，或在什么程度使用成文法之外的来源解释成文法，而在于这些来源是否补充了成文法。Grey, 37 Stan. L. Rev. 1 (cited in note 131). 解释主义者与非解释主义者（除一些偶尔的具有偏向性的解释主义者外）均认为成文法之外的资源与解释是相关的，并认为（除一些偶尔的具有偏向性的非解释主义者外）成文法是基本法的仅有来源。因此，他们被 Grey 称为“宪政文本主义者（constitutional textualist）”，笔者则称其为“文本宪政主义者（textual constitutionalists）”。笔者故意颠倒“文本的（textual）”与“宪政主义的（constitutional）”的顺序，从而强调有两种形式的基本法：一种仅源于文本自身（故称“文本宪政主义”），另一种来自多种来源（如果“自然法”不存在或不发挥作用，则可能被称作“自然或文本之外的宪政主义”）。Gray 将支持后一种对基本法进行解读方式的人称作“补充者（supplementers）”：即那些坚持认为“传统不仅仅起到解释的作用，同时构成了基本法的一部分的人”。Id. at 6.

〔5〕 1815 年，一个不太出名的巡回法院持同样模棱两可的态度。In Meade v. Deputy Marshal, 16 Fed. Cases 1291 (C. C. D. Va. 1815)，马歇尔宣告弗吉尼亚军事法庭的一个判决是无效的。他提出三个相互独立的理由：①在缺乏联邦立法机关的情况下，军事法庭是在联邦而非州的控制之下；②即便是在州的控制之下，军事法庭的行为从弗吉尼亚法律看来也是不合适的；③不管州的法律是否授权，就算联邦立法机关授权了这一行为（对一个实际上并未在军中服兵役处以罚款），法院也是未事先告知便提起诉讼。前两个问题是纯粹的成文法问题。至于最后一个，马歇尔认为：这是一项法院永远都不可以随意剥夺的自然正义原则，除非有实证法的授权，否则任何人都不能在不知情的情况下被宣判，或者被剥夺陈述理由的机会。没有任何法律授权军事法院可以在未进行事前告知的情况下起诉任何人。因此，这样的起诉完全是违反法律的。Id. at 1293. 这似乎是一个由柯克式观点向布莱克斯通式观点转变的运动，即从认为自然法取代实在法的观点转而认为立法至上。但于实在法真空之处，自然法仍在发挥一定的作用。

两次首先依赖于一般推理原则。[1]到达特茅斯学院受托人诉伍德沃案（Trustees of Dartmouth College v. Woodward）的开庭后期，[2]除丹尼尔·韦伯斯特（Daniel Webster）在口头辩论中为基本权利进行了有力的辩护外，从马歇尔的意见书中找不到任何引用自然法的踪迹。[3]

由于马歇尔的任期较长，他对从基本法的多种来源到现代文本宪政主义对单一成文法依赖这种转变进行了最好的阐释。但在其他法官的意见书中，同样可以发现早期对不成文基本法的依赖的痕迹，特别是在那些涉及个人权利的案例中表现得更为明显。蔡斯（Chase）法官恰当地称赞了考尔德诉布尔（Calder v. Bull）案意见书，[4]其中大量引用了自然法原则。蔡斯最终认为考尔德案中存在争议的法条，有溯及力地改变了遗嘱的效果。虽然其决定的依据不甚明确，但显然基于两个独立的理由，一个自然法理由与一个文本宪政主义式的理由：该法条并没有侵犯原告的既有权利，即便一项民事法律具有追溯效力，其也没有被联邦宪法中的禁止事后法条款所禁止。[5]尽管他否认了原告的诉求，蔡斯的观点中，除成文法所规定的限制之外，充满了自然权利对立法机关的限制。他认为："他不能认可州议会的无限力量，否则它将变得专制和不受约束；尽管州议会的权力应受到宪法或州基本法的明确限制。"[6]他主张："在我们自由的共和国政府中，存在一些确切且至关重要的原则，当实在法的授权显失公正之时，这些原则将判断并否决滥用立法权的情形。"[7]以一种令人回想起柯克的表达方式，蔡斯总结认为："一个法令（因为我不能称其为法律）若与社会契约中那些首要原则相抵触，则不能被视作立法权的正当行使。"[8]最后，法官艾尔德尔明显将蔡斯的观点解读为将自然法作为一种不成文的限制施加于立法机关之上，因

---

〔1〕 McCulloch v. Maryland, 17 U. S. at 405 ~ 406 (supremacy clause), 411 ~ 412 (necessary and proper clause).

〔2〕 17 U. S. (4 Wheat.) 518 (1819).

〔3〕 Id. at 558.

〔4〕 3 U. S. (3 Dall.) 386 (1798). Currie 也同意 Chase 的观点，即维护宣布法律与自然正义不一致的权力。Currie I at 871 ~ 874 (cited in note 169). 然而 Goebel 坚持认为，Calder 案中的意见只不过是对"本地法及不成文法用法"的附属探究，而这一探索对基本问题——美国宪法的"字面意义"而言是必要的。Goebel, History at 792 (cited in note 3).

〔5〕 Chase 的意见书向多种读物开放。See Currie I at 866 ~ 875 (cited in note 169).

〔6〕 Calder v. Bull, 3 U. S. at 387 ~ 388.

〔7〕 Id. at 388.

〔8〕 Id.

此，他依赖于布莱克斯通的不同观点写了一份附随意见，否认自然法的司法强制性。[1]

像解读1787年之前的司法审查传统那样解释考尔德案中蔡斯的观点，发现与两年前他在维尔诉希尔案中的观点是一致的。[2]如上文所属，该案涉及一个问题——不受杰伊条约的影响，弗吉尼亚是否有资格没收英籍人士的财产。首先，蔡斯认为，弗吉尼亚在不存在条约的情况下有资格没收财产，他仅指出议会可以制定任何“不与宪法或基本法相冲突”的法律。[3]不确定此处的“宪法或基本法”是否指代相同的东西。弗吉尼亚的没收行为是否违反了国家间的法律——早期曾被简单视为自然法的一个版本，蔡斯对这一问题的讨论更具有说明性。与汉密尔顿在拉特格斯诉沃丁顿案中相似，蔡斯将国家间的法律分成三类：一般性的、惯例性的与习惯性的。后两种类型的法律建立在同意的基础上（惯例性法律中为明示同意，习惯性法律中为默示同意），且仅拘束达成同意的各方。国家间的一般法律是“全体的或通过人类的普遍同意达成的，且约束所有的国家”。[4]这样，在解释自然法则的“近亲”——国家间的法律时，蔡斯意识到，成文的最高位阶法律（或者被同意的法）与不成文的最高位阶法律之间是有共存可能性的。然而，艾尔德尔再一次选择了相反的立场，认为立法机关可以通过任何与成文宪法不矛盾的法律。[5]

与考尔德和维尔案不同，蔡斯对同时期希尔顿诉美国（Hylton v. United States）案的意见仅仅以对联邦宪法措辞的仔细注释和立法目的为依据。[6]然而，希尔顿坚持1787年之前的模式：区别于考尔德和维尔，希尔顿仅对联邦主义提出一项质疑。美利坚合众国是否可不经在州之间按比例分配而直接收取运输税？弗吉尼亚州对这个问题的关心程

---

〔1〕 Id. at 398～399. 相比于Iredell在Calder案中的意见，在本案中，他的观点并不是严格文本宪政主义的。可能他的本意是只有“自然正义”不能被强制实施，因为对自然正义的内容尚存争议。并没有暗指其他形式的不成文限制（诸如惯例、习俗、不可剥夺的权利等）同样不可强制实施。另外，在他就Bayard v. Singleton案写的信中，以及在北卡罗来纳认可美国宪法的国民代表大会上，所表达的立场均证明他已经意识到成文法之外同样存在对立法权的限制。笔者对Jeff Powell所建议的对Iredell措辞的另一种解读方式表示感激。

〔2〕 3 U.S.（3 Dall.）199（1796）.

〔3〕 Id. at 223.

〔4〕 Id. at 227.

〔5〕 Id. at 227.

〔6〕 3 U.S.（3 Dall.）171（1796）.

度显然胜过丹尼尔·希尔顿。事实上，后者在该案到达最高法院之前就从诉讼中退出了（这很可能是个共谋），弗吉尼亚接替了其位置，最后由美国政府支付诉讼费。[1]

比蔡斯、马歇尔两位法官更为坚持非成文法基础，约翰逊（Johnson）与帕特森（Paterson）直接以成文法之外的内容为依据。维尔案中，帕特森将国家在战争期间没收财产的行为描述为与“正义和政策”、“道德观念的命令”及“理性与自然公正”不符。[2]在考尔德案中，帕特森本质上同意蔡斯的观点，但补充认为，因为“康涅狄格州的宪法由惯例构成”，因此判断成文法效力的方法即回顾其过去的实践。[3]这点同样与英国传统相一致，即通过对法律规范进行事实性调查来确定宪法的内容。约翰逊直到1804年考尔德案与维尔案之后才被任命到法院工作。他在弗莱彻诉佩克案（Fletcher v. Peck）与马丁诉亨特的承租人案（Martin v. Hunter's Lessee）的法律意见书中均对自然法表示认可。[4]弗莱彻案中，约翰逊依赖于“一个普遍的原则，依赖于事物理性和本质：一条甚至能将法律施加于神的原则”。[5]另外，为了让这条意见“明确地被理解”，他特意写了一条独立的意见，“该意见并非建立在美国宪法中那些与削弱契约义务相关的具体法律条款之上”。[6]在亨特的承租人案中，为回答联邦制相关问题，即美国最高法院的决定对弗吉尼亚法院是否具有效力与拘束力，斯托里（Story）法官仅在成文的联邦宪法中寻找答案。对此，约翰逊表示认同，并采取了比斯托里更为国家主义的立场，在这一过程中，约翰逊将联邦宪法定义为人民、各州与国家订立的契约。这点再次与旧有传统相契合。

1811年被任命的斯托里法官是19世纪前50年文本宪政主义思潮的主要代表，[7]但依然在最初构想通过自然法来限制立法权。1815年泰

---

〔1〕 See Suzanna Sherry, Perspectives: Law in the Grand Manner, 2 Const. Comm. 9 (1984).

〔2〕 Ware v. Hylton, 3 U. S. at 255.

〔3〕 Calder v. Bull, 3 U. S. at 395.

〔4〕 14 U. S. (1 Wheat.) 304 (1816).

〔5〕 10 U. S. at 143.

〔6〕 Id. at 144.

〔7〕 See, e. g., R. Kent Newmyer, Supreme Court Justice Joseph Story: Statesman of the Old Republic 191 ~ 192 (1985); H. Jefferson Powell, Book Review, 94 Yale L. J. 1285, 1307 ~ 1314 (1985). See also Joseph Story, Commentaries on the Constitution of the United States 388 ~ 389 (1833) (“人民仅接受了成文法”)。

瑞特诉泰勒案（Terrett v. Taylor）中，[1]斯托里宣告弗吉尼亚依法撤回议会授予原告的土地为无效。在他的意见书中，斯托里不加区别地引用了联邦宪法、州宪法、“公共原则”、[2]“习惯法”、[3]“人类的常识与永恒正义的格言”、[4]“伟大且根本的共和政体原则”[5]以及“民事权利原则”。[6]他将宣布成文法无效的决定“建立在自然正义原则的基础上，建立在每个自由政体的基本法之上，建立在美国宪法的语言及精神之上，建立在最有威望的审判庭的决定之上”。[7]这种诉诸多种基本法来源的方法与30年前对泰瑞特诉威登（Trevett v. Weeden）案进行司法审查的方法基本上是一致的。

从1789～1820年前后，最高法院都延续着博林布鲁克及早期州法院的传统：同时兼顾自然正义与成文宪法。[8]除艾尔德尔法官之外，其他有影响力或重要的最高法院法官在其意见书中均或多或少地提到了成文法之外的原则，不仅将这些原则用于解释成文法，同时也有助于判断涉案法条或政府行为的合法性。[9]例如，在1787年之前各州的案例中，自然法原则经常在涉及个人权利的案件中被引用，而对成文宪法的仔细审查往往存在于涉及权力分配的案件中。[10]

---

〔1〕 13 U. S. (9 Cranch) 43 (1815).

〔2〕 Id. at 50.

〔3〕 Id.

〔4〕 Id.

〔5〕 Id. at 50～51.

〔6〕 Id. at 51

〔7〕 Id. at 52. Currie 总结认为 Story 对成文宪法之外原则的依赖至多是基本宪法性裁决的一种“替代性裁决”；从而谴责 Story 未对认定成文法违宪给出任何理由。

〔8〕 这一有趣的转变同样可在 Chisolm v. Georgia 案的实践中发现，Chisolm v. Georgia，2 U. S. (2 Dall.) 419 (1793)，其中一些法官引用美国宪法序言作为具有权威性的根本法。

〔9〕 Wilson 和 Jay 两位法官在 Chisolm v. Georgia 案中均写到了自然法意见，Chisolm v. Georgia，2 U. S. (2 Dall.) 419 (1793). Cushing 与 Blair 均是不出名的小人物，似乎是文本宪政主义者。他们对两种观点均由提及，但对哪类观点的阐述都不多。See Chisolm，2 U. S. at 450～453，466～469；Ware v. Hylton，3 U. S. at 282～284；Calder v. Bull，3 U. S. at 400. John Rutledge (1789～1791；1795)；Thomas Johnson (1791～1793)，Oliver Ellsworth (1796～1800)，Alfred Moore (1799～1804)，Henry Brockholst Livingston (1806～1823)，Thomas Todd (1807～1826) 和 Gabriel Duvall (1811～1835) 这些人在1820年之前的司法审查案件中没有写任何意见书。Bushrod Washington (1798～1829) 在一个案子中表达了文本宪政主义式的观点，Dartmouth College v. Woodward，17 U. S. 518 (1819)，但未在早期司法审查案件中写过任何意见书。

〔10〕 州法院仍继续依赖于不成文根本法。See Bryant Smith，Retroactive Laws and Vested Limits，5 Tex. L. Rev. 231，237 (1927).

然而，到 1820 年前后，对于自然法的依赖逐渐消减，几年后甚至完全消失了。19 世纪对自然权利观的抛弃极大地影响了现代宪法学。产生过两次短暂的以自然法为决定基础的念头之后，[1] 1937 年之后最高法院成功地（起码是部分成功地）试图将其所有的决定与明确的宪法条款联系起来，甚至将宪法进行最大限度的解释至可信性的边缘。

五、结论

对现代宪法学的形式分析受到了法律实证主义的影响，其主张要摆脱宪法与自然法之间的关系。[2] 最高法院无论如何都要将每个宪法性决定建立在成文的联邦宪法基础之上。特别是在那些与立宪语言相去甚远的案子中，这种偏爱成文宪政主义胜过自然法理念的做法，逐渐在瓦解法院的决定，因为这种做法实际上使批评者可以用法院自己的标准对法院的决定进行攻击。[3]

通过详细解读联邦宪法的历史背景，说明其从来都没有打算取代自然法，因此，现代法院坚持将文本宪政主义作为司法审查的唯一手段，是与立宪者们的意图不符的。从独立战争之前几年到联邦政府成立后 30 年左右，国父们一直期望法官们能阻止立法机关侵犯人类的自然权利，而无论这些权利是否出现在联邦宪法之中。

---

〔1〕 第一次回归自然法方法出现在内战之前。See generally Haines, Revival at 97 ~ 101 (cited in note 13); Nelson, 87 Harv. L. Rev. at 514 ~ 523, 528, 532 (cited in note 169); Farber and Muench, 1 Const. Comm. at 235 (cited in note 13). 第二次出现在洛克纳时期（Lochner era），大约在 20 世纪前 30 年左右。

〔2〕 See Murphy, Art at 138 ~ 139 (cited in note 13).

〔3〕 由于缺少宪法性基础而最容易受到批评的现代案件可能是 Roe v. Wade, 410 U. S. 113 (1973). See, e. g., Ely, 82 Yale L. J. at 920 (cited in note 170); Richard A. Epstein, Substantive Due Process by Any Other Name: The Abor-tion Cases, 1973 Sup. Ct. Rev. 159.

宪法之外的宪法*

厄内斯特·A. 扬 著 费 娜 译**

在不具备一部单独成文宪法典的国家，“宪法”囊括一切发挥构建性功能的法，这些功能旨在创设政府机构并赋予个人权利。以英国为例，其宪法就涵盖了形形色色的构建性法律，如《大宪章》和国会法案。本文提议进行一场思维实验：若从功能角度而非形式角度来定义美国宪法，将会如何？这样一来，“宪法”将不仅包括法典文件，还涉及一系列形塑了美国政府结构的国会立法、行政文件以及宪政实践。这类素材缺少的特征可以在另一些（但并非所有）宪法身上找到——使自身内容不受肆意修改的形式保障。如果能把宪法的保障性功能和构建性功能分离开，便可以较为简单明了地解答最为重要的宪法理论问题之一：自建国以来，美国的政府结构和个人权利显然产生了广泛而深远的变化，但这些变化并未经由宪法第5条规定的修正案程序反映于法典文本之上，对此该作何解释？本文答曰，宪政秩序能有此般变化，是因为相当数量的宪政要素自始便未出现于宪法典之中并因此受到保障。大多显而易见的变迁——比如行政国的兴起和个人权益的扩张——都发生在“宪法典之外的宪法”上，不为宪法典所要求，亦不为其所禁止。从这样的功能角度来描述宪政主义，对宪法领域的司法实践和学术研究都会产生影响。有的司法原则根植于对宪法诉求和法律诉求的截然二分，而上述方法能够撼动此类理念之根基，同时也表明，联邦主义及权利关怀

---

* 本文原载于《耶鲁法学期刊》2007年第117卷，第408~473页。

** 厄内斯特·A. 扬，获联邦法院查尔斯·阿兰·怀特席位，现任德克萨斯大学法学院教授。致谢 Stuart Benjamin, Carina Cuellar, Phil Frickey, Mark Gergen, Heather Gerken, ScottKeller, Doug Laycock, H. W. Perry, Scot Powe, Eric Soskin, 伯克利法学院和杜克大学的参与者，斯坦福大学的教员学术讨论会，感谢 Dick Markovits's 法律研究讨论会对于原稿提出的建设性意见；感谢 Robert Bruner, Lance Currie, Jennifer Ferni, Jane O'Connell, and Will Routt 在研究上给予的援助；感谢 AllegraYoung 在总体原则问题上给予的帮助。费娜，美国杜兰大学法学院博士研究生在读。因初涉译事，译文难免有舛误之处，请读者诸君不吝批评指正。

等基本的宪法性价值应与法律解释息息相关。对宪法的功能主义解读最后还提倡更广泛地关注宪法领域的教学与研究。

一、引 言

常言道，预知美国宪法之真面目，仅从 1789 年那份特定文件中的只字片语，以及其后那些精挑细选、名曰修正案的段落中，便能窥得全貌。岂不怪哉？[1]

本文主要观点是，美国“宪法”所涵盖的法律素材之范围远远超出 1789 年批准生效的那份文件及其修正案。为澄清我的主张，我需要以一个借鉴了比较法经验的思维实验作为开篇。一直以来，人们都认为英国宪法是“不成文”的。很显然，事实并非如此。正如亚当·汤姆金斯（Adam Tomkins）所言：“虽然英国宪法被称为不成文宪法，但其中很大一部分（其实几乎是全部）都呈书面化，散落在各种法律文件中。”[2]《大宪章》、1689 年《权利法案》、1911 年和 1949 年《国会法案》、1972 年《欧共体法案》、1998 年《人权法案》[3]——这些文件均属英国宪法组成部分，并且都是成文的。汤姆金斯教授解释道：“‘成文宪法’这种说法不过是不尽人意的误导，其真正含义等同于‘编纂成典的宪法’。因此，一部成文的或者说编纂成典的宪法其实是一份被冠名为‘宪法’的文件，主要宪法规则均被写入其中，且每个国家仅此一部。”[4]英国缺少的正是这样一部单独的典籍化文件。

有些国家的宪法并未编纂成典，“宪法”的内容必须从功能角度进行定义，而非形式角度。马修·帕尔玛（Matthew Palmer）将这一视角形容为“宪政现实主义”，“试图通过观察宪法在现实中的运作来对其

---

〔1〕 K. N. Llewellyn, *The Constitution as an Institution*, 34 Colum. L. Rev. 1, 3 (1934).

〔2〕 Adam Tomkins, Public Law 7 (2003). 我不打算在此提及英国传统中“习惯”起到的作用。See, e. g. , A. V. Dicey, Introduction to the Study of the Law of the Constitution, at xxii-xxxi (8th ed. 1915)（讨论了“宪法性法律”与“宪法习惯”的区别）。习惯确实重要，但是它们并不是英国宪法被视作不成文的主要原因。

〔3〕 See Human Rights Act, 1998, c. 42 (Eng.); European Communities Act, 1972, c. 68 (Eng.); Parliament Act, 1949, 12, 13 & 14 Geo. 6, c. 103 (Eng.); Parliament Act, 1911, 1 & 2 Geo. 5, c. 35 (Eng.); Bill of Rights, 1689, 1 W. & M. , c. 2 (Eng.), reprinted in 10 Halsbury's Statutes of England and Wales 42 (4th ed. 2007); Magna Carta, reprinted in 10 Halsbury's Statutes of England and Wales, supra, at 18.

〔4〕 Tomkins, supra note 2, at 7.

进行定性"。[1] 但是，这种功能主义视角早在现实主义运动发生之前就出现了。追溯到1908年，A. V. 戴西就已经把英国宪法定义为"一切直接或间接影响着主权在一国之内的分配或实施的规则"。[2] 由此，我们把规定上议院立法权的1911年和1949年《国会法案》视为英国宪法的组成部分，是因为它们的具体规定和实际作用，而不是那些使它们不同于普通立法的形式化标签。[3]

我意欲进行的思维实验要求运用同样的方式来思考美国宪法，尽管美国以宪法典国家自居。我们可以在抽象意义上识别宪法发挥的特定功能。在英国，任何法律只要发挥着这些功能，就被视作"宪法"的组成部分。[4] 如果我们也这般思考美国宪法，会发生什么？我们的"宪法"会变成什么样？[5]

请容我描述一下我的观点：在美国法律体系中，众多——或许甚至是大多数——"宪法性"工作其实是由存在于我们传统观念中的"宪法"之外的法律规范来完成的。[6] 宪法大抵需要完成三项工作：一是构

---

〔1〕 Matthew S. R. Palmer, Using Constitutional Realism To Identify the Complete Constitution: Lessons from an Unwritten Constitution, 54 Am. J. Comp. L. 587, 592 ~ 593 (2006).

〔2〕 Dicey, supra note 2, at 22.

〔3〕 See, e. g., id. at 6（阐述一个英国学者"可能会从头到尾检索法律汇编本，但却找不到任何法律标榜自己包含宪法条款；他没有任何标准用来鉴别宪法性法律或基本法以及其他一般法，因此也不会对二者区别对待"）; Joseph Raz, On the Authority and Interpretation of Constitutions: Some Preliminaries, in Constitutionalism: Philosophical Foundations 152, 153 (Larry Alexander ed., 1998)（"每个法律系统都包含一部宪法这种说法稍显冗赘。因为从这个意义上讲，宪法不过是建立并规范了政府主要机构、其章程和权力，而宪法本身的含义就是指那些规定了整体原则的法，我们依据这些原则来治理国家"）。这两个国会法案都大大限制了上议院投票反对下议院立法或者对其采取拖延战术的权力。

〔4〕 这至少是英国公法的传统概念。英国的近期发展——例如加入欧盟——使"高级"法和"普通"法律的区别进一步加深。Cf. Martin Loughlin, Sword and Scales: An Examination of the Relationship Between Law and Politics 4 (2000)（指出英国正在背离与一般法律平起平坐的"政治型宪法"）; Paul Craig, Constitutional and Non-Constitutional Review, 54 Current Legal Probs. 147 (2001)（讨论了初现端倪的英国司法审查形式——审查英国国内立法是否与欧盟法相冲突）.

〔5〕 马修·帕尔玛提出了类似疑问，将美国宪法与其母国新西兰的"不成文"宪法作比较。See Palmer, supra note 5; see also Matthew S. R. Palmer, What Is New Zealand's Constitution and Who Interprets It? Constitutional Realism and the Importance of Public Office-Holders, 17 Pub. L. Rev. 133 (2006).

〔6〕 Cf. Daniel A. Farber, Legislative Constitutionalism in a System of Judicial Supremacy, in The Least Examined Branch: The Role of Legislatures in the Constitutional State 431, 431 (Richard W. Bauman & Tsvi Kahana eds., 2006)（指出与美国基本政府结构相关的法律在英国会被当作"宪法"看待）.

建政府，即设立各式政府机构并规定它们的权限。二是界定个人权利以防政府侵犯。三是（有时候）宪法还保障上述两项设置不被随意变更，除非遵循严苛的修正案程序。然而，稍作思量即可明白，在当代政府机制结构中，前两项功能已不再为宪法规范所垄断，甚至不用以宪法作为主要实施途径（关于第三项功能——保障性功能，将于下文详细展开）。出于各种实际考虑，联邦与各州权力的分界由联邦立法确定；同样，在规范联邦层面的权力分立问题上，法律和规章起到的作用远超宪法规则。有很多最为关键的个人权利——例如不因年龄或身体状况受到歧视的权利、社会福利权、医疗保健权和社会保障权——都来自法律而非宪法。甚至美国民主社会基本的选举制度，也由一系列联邦和州的非宪法规则所创设并加以规范。

试想以《联邦通讯法》为例。[1]该法将特定职能授权给行政机关，从而划下了国会与行政部门之间的权力界线；[2]进一步又把些许任务交给州政府完成，同时将其他任务留给联邦政府。[3]此外，还对受管制的组织与个人赋予实体权和程序权。[4]从功能性角度看来，《联邦通讯法》因其自身作用确实可称得上是一部“宪法”。诚然，该法并非只能用宪法修正案进行修改，因此并未受到这个意义上的“保障”。但在另一方面，此法权衡且保护的重要个人和商业利益，其范围之广，欲对之进行根本改变在实际操作上绝非易事。[5]

许多构筑了美国政府并且确立了个人权利的法律均来自宪法以外

---

〔1〕 47 U. S. C. § §151 –614 (2000).

〔2〕 E. g., id. §154 (i) (“如为实施其功能所必需，委员会可以实施任何以及一切行为，可以制定规章和章程，并发布命令。”).

〔3〕 E. g., id. §152 (b) (将针对州际和州内通话服务的管制权分别交给联邦通讯委员会以及各州公共设施委员会).

〔4〕 关于实体权利，参见 id. §202 (赋予用户权利以防止受到普通运营商“在收费、业务、分类、管理、设施和服务方面的不公正或不公平区别对待”); id. §222 (赋权用户确保他们消费信息上的隐私权); id. §251 (赋权给打算进入本地通话业务的公司，使其能够与现任本地交换局的线路相连接); id. §254 (b) (创设一个至少有望达成的权利，使用户有权获得普遍的电讯服务，并设立公共机构机制完成此目标); and id. §255 (使残障人士有权获得电讯服务)。关于程序权利，参见 id. §208 (设立了委员会投诉程序)。

〔5〕 例如 1996 年《通讯法》, Telecommunications Act of 1996, Pub. L. No. 104, 110 Stat. 56 (codified in scattered sections of 47 U. S. C.). 1996 年对该法进行的那些里程碑式的修改，都是在有利害关系的政府支持者和行业支持者旷日持久且尤为复杂的激辩之后才产生的。For a short overview of the changes, see Thomas G. Krattenmaker, “The Telecommunications Act of 1996”, 29 Conn. L. Rev. 123 (1996).

的文件，我们是时候该全面意识到这一事实并对之进行系统的思考了。当法律人提到宪法是“开放性的”，他们的意思大概是，宪法规范本身可以被扩展到涵盖那些无法预知的科学技术革新和道德观念变迁：第十四修正案目前已被适用于政府监听行为；[1]堕胎行为如今受到正当程序条款保护。[2]然而，开放性更重要的含义在于，在何种程度上允许位阶低于宪法自身的规范对基本的体系构建问题进行规定。我绝不是要说宪法与当今法律问题毫无干系。只不过这种联系呈现为宪法作为一套外部限制和宪政价值的来源而存在。那些被庄严地载入宪法文本的规则本身，将鲜有机会对最紧要的宪法议题产生关键影响。[3]

因此，若能分离宪法的构建性功能与其保障性功能，我们就能更为透彻地解读宪政秩序。从 20 世纪 30 年代的卡尔·卢埃林（Karl Llewellyn），到今天的布鲁斯·阿克曼（Bruce Ackerman）、威廉·艾斯克里奇（William Eskridge）、约翰·费雷约翰（John Ferejohn）和许多其他学者，都意识到我们的政治秩序其实由存在于宪法典之外的规范构成。[4]但他们执意将这些规范看作“更高的法”，这使他们的理论与宪法第 5 条相冲突，也更迫切地需要发掘新的承认规则来识别出这些位阶更高的法。如果有人想要不通过宪法第 5 条的批准程序就将受保障的宪法位阶加诸一条规范之上——以新政时期的政府机构革新为例——那么，一个高度精确的辨识方法就必不可少，因为必须先能识别出那些位阶更高的法，并明晰其确切内容。在批判与宪法变迁相关的其他理论，以及在讨论基于“活宪法”理念进行宪法解释的大致方法时，承认规则存在的问题就更加明显。[5]

我的目标没有那么宏大。我只想指出，实际上，“构建起”美国政府的规范，远不止那些记载于宪法典中而受到保障的只字片语。1943

---

〔1〕 Katz v. United States, 389 U. S. 347 (1967)（将第十四修正案扩展适用于政府监听行为）.

〔2〕 See Roe v. Wade, 410 U. S. 113 (1973)（认可堕胎权）.

〔3〕 部分原因在于，宪法典中那些最重要条款的关键作用——例如那些勾勒了政府部门大致结构的条款——未引发争议，也很少有人就此起诉。See Frederick Schauer, Easy Cases, 58S. Cal. L. Rev. 399 (1985). 但我想再强调一点，即使是这些条款，也把许多甚至是大部分关于宏观政府结构以及部门细节设计的问题留给宪法之下的规则来解。

〔4〕 See Bruce Ackerman, We the People: Foundations (1991) [hereinafter Ackerman, Foundations]; William N. Eskridge, Jr., & John Ferejohn, Super-Statutes, 50 Duke L. J. 1215, 1215 (2001); Llewellyn, supra note 1.

〔5〕 See infra notes 218 ~ 232 and accompanying text.

年的一部法律创建了联邦通讯委员会，该法可能没有“高级法”地位，因而能被轻易修改，但它依旧创设了一个联邦政府机构。[1]若能区分开宪法的构建性功能与它是否受到特殊程序保障，便无需将构建性立法限缩为一类范围狭窄且边界精准的规范来看待。诚然，大多数法律都在创设政府岗位，授权政府机构，或者赋予个人权利，从这个角度看来，说它们都有构建性的一面是有道理的。普通法律发挥着这些功能，这一点很关键，却并不会使它们变得不再普通。

分离构建性功能和保障性功能对于宪法而言具有重要意义。其一，它能较为简单地解释发生在修正案程序之外的那些宪法变迁。其二，在源自宪法的诉求和源自法律法规的诉求之间存在显著区别，该区别目前在法律解释、联邦管辖、权利救济等领域被认可或者被提倡。而本文提出的方法的司法意义就在于能够弱化这种区分。其三，将“构建性”规范的外延进行拓展，使其涉足那些受到程序保障的规范之外，便能于我们所教所学之上扩张宪法学学者的研究领域。

本文第一部分讨论宪法的三项主要功能——构建政府机构、赋予个人权利、保障前两项制度设计免遭肆意修改——并展示其实普通法律经常扮演这些角色。第二部分呼吁分离宪法的构建性功能和保障性功能，并探求此举对于宪法变迁理论意义何在。第三部分说明这一方法对于宪法领域的司法实践和学术研究会产生何种影响。

二、宪法典之外的宪法

在开始论述前，我需要用一些特定概念，来区别被称为“宪法”的文件和虽不在该文件内却发挥着宪政功能的其他法律规范——“宪法”于此指代 1789 年批准生效的那份文本，此后历经修改，并由联邦主义者协会（Federalist Society）印成袖珍本分发。“成文”和“不成文”的区分远不足以形容上述两套并行体系，因为（例如在英国）大量“传统意义上的宪法之外的宪法性规则”其实都被写入法律和法规中，呈书面状态。从功能角度而言，有人大概认为，宪法仅能通过第 5 条规定的严苛程序进行修改，可谓是“受保障”的“刚性”规范（en-

〔1〕 实际上，有的构建性法律和实践也受到严格程序保障，因为它们发挥的功能使其尤难被废除：试想《社会保障法》。See infra Subsection I. A. 3. 我不否认事实理应如此，而且发挥构建性作用的规则和实践之范围，要广于那些获得某种准宪法稳定性的规则。

trenched)，而其余各种规范可以通过包括一般立法程序在内的其他程序进行修改，故属于不受保障的柔性（unentrenched）规范，借此便可区分二者。但我想指出，为防止法律轻易变更的方式各种各样，并非只有宪法第5条程序与否之分，就算是普通立法，也能让自己不被肆意更改。因未找到更合适的术语，我且将1787年宪法及其修正案称为“宪法典”（canonical Constitution)，而把与宪法典并行的其他规范称为“宪法典之外的宪法”（extracanonical constitution)。[1]我将首先概述在我们的法律体系中，宪法典之外的宪法如何发挥关键的宪政功能。然后更详细地分析一些案例，尤其是联邦最高法院在2005年作出的三个判决。最后，我将对宪法典之外的宪法发挥的宪政功能进行分类，以结束本章。

（一）宪法典之外的宪法与宪政功能

我们首先需要一份载明宪政功能的清单，用以说明在我们的法律体系中，众多宪政任务是通过宪法典之外的宪法来完成的。我在此重点关注三种功能：其一，通过创设政府机构、规定其运作程序并在不同机构之间分配权责，宪法“构建”了政府。[2]其二，宪法将特定权利赋予

---

〔1〕 此处作者使用的“canonical”是“canon”的形容词形式。“canon”原有“准则、标准”的意思，后被用于宗教领域——基督教的经典分为正典（Canon/Biblical Canon)、次经（Deuterocanonical Books）与伪经（Pseudepigraphos）三个层次：“正典”（Canon）是那些被基督教众公认为最具权威的宗教典籍，也是信仰的最高准则；“次经”指未被基督教众普遍认可、地位尚不明确的著作；而“伪经”的内容或与基督教义相违背，或真伪不明。在法学语境下，根据本文作者思路，一些文件因约定俗成或具有终极权威、受保障程度等原因而在形式上被广泛接受为“宪法”看待，相当于庞杂的宪法性规范世界中的“正典”，被作者称为“canonical Constitution”，但其实宪政功能是由此类文件与诸多其他宪法性规范共同完成的，真正的宪法应当是两者之和。具体到美国，“canonical Constitution”指的是1787年宪法及其修正案，因其被广泛认可且最具权威性，可谓美国宪法性规范中的“正典”。是故，此处且将“canonical Constitution”译为“宪法典”，多指代美国1787年宪法及其修正案。译作“宪法典”虽不甚精确，但易于理解，也不至于造成严重误解。相应地，“extracanonical constitution”译为“宪法典之外的宪法”，指虽不属于1787年宪法及其修正案，但是发挥宪政功能的其他法律规范、材料和实践等。原著中有时表达同一语义所采用的具体措辞会发生变化，译文在尽量统一的基础上，为了遵循原文并避免混淆，也会偶尔出现“宪法典之外的法律”、“宪法典之外的规范”、“构建性法律”等不同表述，但都用于指代“extracanonical constitution”。(译者注)

〔2〕 See, e.g., Frank I. Michelman, Constitutional Authorship, in Constitutionalism, supra note7, at 64, 65（将“政治实体的规划安排——包括职位、部门、级别、程序、权利划分和权限范围，都定义为‘宪政要素’。”）; cf. Keith E. Whittington, Constitutional Construction: Divided Powers and Constitutional Meaning 1 (1999)（“宪法典占有统治地位，它规定并且限制美国政府的运作方式以及政治的实施途径。”）.

个人，以对抗政府行为。[1]其三，很多宪法使制度设计难以修改，以保障特定政府机构组成和个人权利。[2]

我并不恪守宪政功能的上述分类，其他学者对此也进行了略有不同的描述。[3]希望我的观点可被推及至任何一种功能，只要它源于宪法。例如，如果说宪法应该体现社会的基本期许和价值观，那么很简单就能例证这些要素其实在法律中体现得更为透彻。相较于宪法典本身，我们更容易在《洁净水法》、[4]《社会保障法》、老年和残障健康保险（Medicare）制度[5]以及《谢尔曼法案》[6]中发现，政府承诺要保护自然环境、平衡代际责任并维系自由市场经济。总之，我并非要对宪政功能作出一个详尽的定义，只不过想点出其中关键的几项，足以检测我的假设即可。而我假设就是：这些功能常由普通法律来完成。

1. 构建政府

宪法的第一项功能是“构建”政府。包括创设政府机构、明晰其组成和官员选拔方式、授予其权力、建立运行程序以及确定其职权边界。最明显的例子是宪法第1条，它将“全部立法权授予……国会”[7]，并将国会分成两院，明确各院组成结构及各州代表的任命，列举这些新机构享有的权利，并预设立法程序。第2条和第3条发挥了类似功能，分别创设了行政部门和司法部门，尽管具体内容远不如第1条那般详实。

这些规定都非常基本。但我的观点是，美国这类大规模的复杂法律体系涉及大量的构建工作，而只有很小的一部分是由宪法典完成的。截

---

〔1〕 See Michelman, supra note 22, at 65（也将那些“既存政权‘必须尊重’的“一系列个人权利和自由”定义为“宪政要素”）.

〔2〕 See, e. g., Michael J. Perry, What Is “the Constitution”? (and Other Fundamental Questions), in Constitutionalism, supra note 7, at 99, 103; Raz, supra note 7, at 153. 违背宪法的法律规则无效，有人可能会认为这体现了一种“优先”功能，但我只把这看作是宪法的保障性，防止通过修改位阶低于宪法的法律来变更宪法本身。

〔3〕 例如，亚当·汤姆金森的观点颇有意义，他将构建性功能分为“创设政府部门”、“规定部门之间的关系”、“界定部门与被统治人民（公民）的关系”。Tomkins, supra note 2, at 3. 因为汤姆金斯教授在列举关键的宪法作用时，关注的是英国的系统，所以他的分类漏掉了保障功能就不足为奇。

〔4〕 33 U. S. C. § §1251 - 1387 (2000).

〔5〕 42 U. S. C. § §301 - 1397jj (2000).

〔6〕 15 U. S. C. § §1 - 7 (2000).

〔7〕 U. S. Const. art. I, § 1.

至2006年，联邦政府工作人员共有2677999人，[1]其中，总统、副总统、联邦最高法院大法官以及国会成员合计只有546人。其余政府工作岗位并非由宪法典，而是由联邦法律和规章所设。[2]国会立法创设了现代公职系统，大部分官员的选任和监督都以此为据。[3]联邦政府许多重要部门——例如国家环境保护局（EPA）、联邦通信委员会（FCC）以及社会保障总署（Social Security Administration）——在宪法典中都无迹可寻。这些权力机构制定了大量联邦法，[4]但它们都由各自的组织法设立，听从总统指令，遵循《行政程序法》以及一系列法由法官创制的“普通法”（common law）要求。[5]

试想一下，美国联邦储备系统（Federal Reserve，以下简称美联储），它制定了美国的货币政策，因此与个人生活息息相关。如一位前任委员所言，“美联储……常被称作美国最有权力的机构”。[6]有些人可能会认为这种机构权力之大，应由宪法典加以规定。以欧盟为例，其宪法提案中大费周章地规定了欧洲中央银行的权力和结构。[7]但是，美联储是在1913年依据法律而设立的，其运作规则主要由美联储委员会颁布的规章加以规定。[8]虽然它是由完全不属于宪法典的法律规范“构建”的，但是我们很难想象如果没有美联储，美国的经济政策会如何。

---

〔1〕 U. S. Office of Pers. Mgmt. , Employment and Trends: January 2006 tbl. 1 (2006), http://www.opm.gov/feddata/html/2006/january/table1.asp.

〔2〕 对于九位最高法院大法官中的八位来说也是如此，因为宪法只要求国会必须设立一个最高法院，但并未提及大法官的数量要求。

〔3〕 See Pendleton Act, ch. 27, 22 Stat. 403 (1883)（创设了联邦公职系统）; Farber, supra note 10, at 446.

〔4〕 See INS v. Chadha, 462 U. S. 919, 985 ~986 (1983)（怀特大法官的反对意见）（“有时候仅仅是行政机关制定的规章数量——规制私人行为并引导政府运作的实体性规章——就远超国会经传统程序产生的立法总额。”）.

〔5〕 See, e. g. , Administrative Procedure Act, Pub. L. No. 79 ~ 404, 60 Stat. 237 (1946) (codified as amended in scattered sections of 5 U. S. C.); SEC v. Chenery Corp. , 318 U. S. 80, 87 ~88 (1943)（行政机关首次作出行政行为时，需要以已有记录表明的理由为依据，只有在基于相同的理由可以对其行为确认合法时，审查法院才能作出确认该行为合法的决定）.

〔6〕 Laurence H. Meyer, A Term at the Fed: An Insider's View, at xi (2004); see also Martin Mayer, The Fed: The Inside Story of How the World's Most Powerful Financial Institution Drives the Markets, at xi (2001)（评论说“联邦贮备系统是美国经济管控中最为有力的参与者”）.

〔7〕 See Treaty Establishing a Constitution for Europe art. I – 30 & protocol 4, Oct. 29, 2004, 2004 O. J. (C 310) 1, 25, 225 ~246.

〔8〕 See Federal Reserve Act of 1913, ch. 6, 38 Stat. 251 (codified as amended in scattered sections of 12 U. S. C.); 12 C. F. R. § §201 ~281. 1 (2007).

又如，尽管宪法典对于国会的规定最为详尽，但仍有疏漏。关于谁能在国会任职的一系列问题中，最紧要的两个都涉及选民构成：谁，以及通过何种方式，可以在国会议员的选举中投票？各州众议员代表的数量如何在地理上进行分配？宪法第 1 条将前一个问题推给州解决，[1]尽管各州决策空间受第十四和第十五修正案（尤其是《选举法案》[2]）的限制。结果，选民资格主要由州和联邦制定的法律加以规定；更重要的是，选举众议员时采用的“得票最多者当选”制度（the“first past the post”system）完全是法律和习惯的产物。[3]当然，还应该遵循一人一票的宪法性规则，[4]但是该规则与宪法典联系之弱，倒不如说它是法官主导的宪法演进之产物。[5]当前与议员任命有关的最重要议题——不正当划分选区使己方政党获得不公平优势（political gerrymandering）现象的合法性和正当性——远不受宪法典控制。[6]评论家们指出，州立法机构能够使大多数议席趋于“稳定”（safe），这对形塑美国政治生活大有裨益。[7]但是，这一至关重要的构建性力量却不大受宪法典约束。

国会一旦选举产生，其运行同样受到宪法典之外的规范所影响。宪法第 1 条第 7 款详细地规定了两院商议及呈递总统批准这一“精心设计”的程序，且联邦最高法院也不同意通过立法对该程序作任何修改，[8]但是，立法过程绝不仅限于这两个环节，只不过宪法典对其他程

---

〔1〕 See U. S. Const. art. I，§2，cl. 1（“每个州的选举人须具备该州州议会中人数最多一院选举人所需的资格。”）.

〔2〕 Voting Rights Act，42 U. S. C. § §1971，1973 to 1973aa－6（2000）（amended 2006）.

〔3〕 See Farber，supra note 10，at 447（评述说“美国政治系统中这一基本特色……只有在被国会容忍的情况下才能存在”）.

〔4〕 See Reynolds v. Sims，377 U. S. 533（1964）.

〔5〕 See infra notes 248～250 and accompanying text（讨论了从宪法文本中引申出来的司法原则）.

〔6〕 See League of United Latin Am. Citizens v. Perry，126 S. Ct. 2594（2006）（因无法在一个可行的原则方案上达成共识，法院拒绝了一个由不公正划分选区引起的诉讼请求）；Vieth v. Jubelirer，541 U. S. 267（2004）（案件内容相同）.

〔7〕 See，e. g.，Samuel Issacharoff，Gerrymandering and Political Cartels，116 Harv. L. Rev. 593，627～628（2002）（讨论了两党不公正划分选区的行为使国会中的代表团呈两极分化）.

〔8〕 See Clinton v. City of New York，524 U. S. 417（1998）（判决总统在立法过程中的单项否决行为违宪）；INS v. Chadha，462 U. S. 919（1983）（判决国会违反两院商议和呈递总统等程序规定的立法否决行为违宪）.

序都只字未提。国父们几乎从未预见到国会结构会由两大政党主导，因而在宪法典中也未提及。[1]此外，立法过程还受控于委员会制度。这些委员会甚至不是法律的产物，只不过出现在参议两院的内部规则中。进言之，连立法需要两院过半数通过这样的基本原则在宪法典中都毫无踪影，更何况参议院采用的例外规则。这些例外仅作为立法惯例存在。[2]只要想象一下要求国会只依据由宪法典确立的规则来运行的情景，就可以更彻底地领悟到我的观点。因为实在无法想象国会在这种情况下如何还能照常运作。

在探讨这些事实的时候，我并非声称上述非由宪法典创设的机构和构建性规则是“违宪的”。宪法典明确规定，非由宪法典创设的其他官员将辅佐那些在宪法典中列明的官员：国会被授权依据宪法第3条创设最高法院以外的其他联邦法院，制定行政长官及下级官员的任命规则，批准总统要求“部门首长”上交书面意见。[3]国父们不可能会拒绝授权给国会，使其组织自身结构或为立法程序选择适合的投票规则。宪法典不是一套自取灭亡的协定，[4]也不是一堆不切实际的空想。我的观点不过是，它将大量重要的任务留给其他法律规范去完成。

我们可以从更狭义的角度描述宪法如何“构建”政府——它提供了一套“承认规则”（rule of recognition），借此可以判断在我们的法律体系中，什么样的规范属于“法”。如同H. L. A. 哈特阐述的那样，承认规则“提供了一套有效性标准，可以直接或间接地决定其他所有规则

---

〔1〕 See, e. g., Farber, supra note 10, at 446（“当代政治制度中最显著的特征当属政党通过立法取得法律认同这一现象。”）; Larry D. Kramer, Putting the Politics Back into the Political Safeguards of Federalism, 100 Colum. L. Rev. 215, 269～270（2000）（“国父们并未预料到、甚至从未想象过当代意义的政党的形成，虽然毫无疑问地，一旦他们对此景象有所预见，一定会吃惊不已……没有人设想过具有概括性的意识形态的大规模组织会出现，既协调政治竞选，又组织政府推进广得民心的项目得以实施；这是前所未见的。”）.

〔2〕 See John O. McGinnis & Michael B. Rappaport, The Constitutionality of Legislative Supermajority Requirements: A Defense, 105 Yale L. J. 483, 486（1995）（“宪法典未指明通过一项法律所必需的票数比例，再加上程序规则条款授权各院规定自身程序要求，这两点一并意味着宪法典允许各院自行决定通过一项立法需要的票数。”）.

〔3〕 See U. S. Const. art. I, §8, cl. 9（有权建立最高法院以外的法院）; id. art. II, §2, cl. 2（“下级官员”的任命）; id. cl. 1（部门首长的意见）.

〔4〕 See Kennedy v. Mendoza-Martinez, 372 U. S. 144, 160（1963）; Terminiello v. Chicago, 337 U. S. 1, 37（1949）（杰克逊大法官的反对意见）.

的法律地位”。[1] 这不禁让人以为，提供这种承认规则是宪法应当具备的一项关键功能。在美国的法律体系中，法律规则的有效性取决于是否依宪法第1条所述的立法程序而颁布，以及是否与宪法保护个人权利的内容相一致。即使宪法典本身没有对所有的政府机构加以规定，至少也会确立某些标准，以评判这些机构（及其活动）的有效性。

直觉告诉我们，宪法具有某种特殊的庄严性，而承认规则的优势恰恰在于它使辨别规范的有效性这一功能显得非常基本，与我们的上述直觉相符。但承认规则其实经不起推敲。多数学者倾向于将承认规则视作一种社会事实，因为它甄别出的标准令有关官员不得不将某种规范看作法律原则（a rule of law），在具体适用过程中以此为准，不允许进行自由裁量。[2] 显然，我们很难仅援引宪法第1条，或者最高效力条款（Supremacy Clause）的直白描述——“本宪法……应为全国效力最高之法律”[3]——就足以说明宪法典确有最高效力；毕竟，任何一份文件（甚至是本文），都可以谎称自己是最高法。现有法典起草于1787年，在判断这一份——而非其他——文件才是最高法律时，如果必须求助于1787年之前就存在的标准，那么该标准才是终极承认规则——而法典本身并不是。[4]

行文至此，或许都有人赞同，并且会认为，尽管在一开始，一部宪法确实需要先验的有效性作为基础，但宪法一旦颁布施行，便在法律体系内为其后产生的所有法律规范提供了有效性标准。[5] 这种观点有一定

---

〔1〕 Matthew D. Adler, “Popular Constitutionalism and the Rule of Recognition: Whose Practices Ground U. S. Law?” 100 Nw. U. L. Rev. 719, 731 (2006). See generally H. L. A. Hart, The Concept of Law, 90 ~94 (1961).

〔2〕 See, e. g., Raz, supra note 7, at 161; Frederick Schauer, “Amending the Presuppositions of a Constitution”, in Responding to Imperfection: The Theory and Practice of Constitutional Amendment 145, 150 (Sanford Levinson ed., 1995).

〔3〕 U. S. Const. art. VI, cl. 2.

〔4〕 关于同样拒绝将宪法典看作承认规则的讨论，see Raz, supra note 7, at 160 ~161. See also Laurence H. Tribe, Taking Text and Structure Seriously: Reflections on Free-Form Method in Constitutional Interpretation, 108 Harv. L. Rev. 1221, 1291 (1995) (阐述道：“最终，都必须跨出宪法典本身——对于其他法律文本亦如此——来为那些法律寻求合法性标准。”).

〔5〕 See, e. g., Jed Rubenfeld, Rights of Passage: Majority Rule in Congress, 46 Duke L. J. 73, 78 (1996) (“宪法之所以成为宪法，是因为它为一国提供了承认规则，用以识别其他所有法律。”); James G. Wilson, Surveying the Forms of Doctrine on the Bright Line-Balancing Test Continuum, 27 Ariz. St. L. J. 773, 781 ~782 (1995) (争论说宪法第1条的呈递总统和两院商议规定为有效联邦法律提供了“识别规则”).

的准确性：我们都习惯于说，一条本该有效的法律规则，一旦僭越宪法典规定的原则，即为无效。但在美国法律体系内，遵循宪法典的标准并非总是法律有效的必要条件，经常也不是充分条件。[1]如布鲁斯·阿克曼（Bruce Ackerman）所言，很难解释为何重建修正案（Reconstruction Amendments）尚未满足宪法第5条程序要求即获通过。[2]是故，这些修正案所体现的价值观要么是在传统上被接纳，要么是在当代受到认同，以此作为其效力来源。因此，源自社会认可（social acceptance）的终极承认规则虽诞生于宪法典之前，却在其完成初步奠基后持续发挥余热。换言之，在我们的法律体系中，符合宪法典的要求并非总是法律有效的必要条件。[3]

更常见的是，满足宪法典确立的标准不是法律有效的充分条件。例如，任何一部州法都必须同时满足本州宪法确立的有效性标准。[4]即便仅考虑联邦层面的规则，也是行政规章占其中绝大多数，而非法律。这些规章既要遵循《行政程序法》的要求，也须达到相关组织法的标准。更重要的是，即使是联邦法律，除了宪法典标准，也还要满足其他文件中的有效性标准。归根到底，这是因为宪法典并未提及立法过程中需要遵循的投票规则。法案的通过需要两院过半数同意，这一基本标准源自习惯，而非宪法典。

我们不难得出结论：尽管达到宪法典标准是法律规则有效的重要要件之一，但绝非规则有效需要满足的全部条件。在美国法律体系中——抑或在他国体系中——终极承认规则都作为根本，甚至超越宪法典而存在。当宪法典确实作为承认规则对法律有效与否进行判定时，这种构建性功能与上述其他功能相同，需要由法典以及大量其他规则一同完成。

2. 赋权于个人

赋予权利与我已经讨论的其他宪政功能略有不同。其他功能中都涉

---

〔1〕 See generally Kent Greenawalt, The Rule of Recognition and the Constitution, 85 Mich. L. Rev. 621 (1987)（讨论了宪法典与承认规则之间的复杂关系）.

〔2〕 Bruce Ackerman, We the People: Transformations, 99~119 (1998) [hereinafter Ackerman, Transformations].

〔3〕 同样地，如路易斯·费舍尔所展示的，立法否决还继续受到尊重，虽然早在移民归化局诉查德哈案中，法院就判决立法否决行为违宪。INS v. Chadha, 462 U.S. 919 (1983). See Louis Fisher, The Legislative Veto: Invalidated, It Survives, Law & Contemp. Probs., Autumn 1993, at 273, 288.

〔4〕 See Greenawalt, supra note 55, at 645~647.

及“构建性”规则——也可以将其看作是规则制定过程中需要遵循的规则。构建性规则不同于“实体性”规则，后者会规定禁止谋杀，或者设定饮用水可含化学杂质上限等事项。相反，权利在其定位上通常更偏实体性——例如持枪权或堕胎权。然而，若真要言及赋权和构建的区别，二者实乃“貌离”而“神合”。通过划定政府权力边界并钳制其自由裁量，个人权利发挥了关键的建构性功能。[1]我们拥有的大量权利保障在本质上是程序性的，[2]同时，例如言论自由、出版自由、宗教自由等条款均可被视作“建构”了一套公开透明的政治程序，开辟了一个公共空间，承载着政治、社会、宗教等议题，免遭政府曲解。即便是持枪权，亦有其构建性的一面，因为起初此权旨在为对抗潜在的暴政而设置武力上的抗衡。[3]

在当代宪政观念中，个人权利所占权重之大，使得我们在理性思考宪政功能之时，不可能不涉及于此。但是，不难发现，很多最重要的人权并没有出现在宪法典中。首先要说的就是，有些宪法典赋予的权利依赖于其他规范中创设的权利来实现。在共和国成立之初，契约免受州政府侵害的权利至关重要，[4]但该权利也只有先被州法承认后才能发挥作用。[5]此外，财产权的情况也与之类似：尽管宪法典规定无合理补偿不得“征收”财产，但此权基本上是由州法首创的。[6]

---

〔1〕 理查德·凯曾解释道：“各种宪法通过恰当地细化国家可为与不可为之事项，得以对其进行限制。它们可以界定对某项公权力的排他性授权，以及/或者不再控制受其青睐的某些私人行为。” Richard S. Kay, American Constitutionalism, in Constitutionalism, supra note 7, at 16, 22.

〔2〕 See John Hart Ely, Democracy and Distrust 92 (1980); Ernest A. Young, The Trouble with Global Constitutionalism, 38 Tex. Int'l L. J. 527, 531 (2003).

〔3〕 See, e. g., Sanford Levinson, The Embarrassing Second Amendment, 99 Yale L. J. 637, 651 (1989)（阐释了“用 18 世纪的眼光来看，权力制衡原则的一个方面在于有武装的人民”）.

〔4〕 See, e. g., Richard A. Epstein, “Obligation of Contract”, in The Heritage Guide to the Constitution 171, 172 (Edwin Meese III et al. eds., 2005)（注意到在美国内战以前，“有人起诉试图保护其经济自由不受州政府干涉”，而合同条款是“这类诉讼的核心问题”）.

〔5〕 See, e. g., Indiana ex rel. Anderson v. Brand, 303 U. S. 95 (1938)（要以合同条款起诉，首先得有合同存在，这一先决条件是一个州法问题）; Ogden v. Saunders, 25 U. S. (12 Wheat.) 213, 259 (1827).

〔6〕 See, e. g., Philips v. Wash. Legal Found., 524 U. S. 156, 164 (1998)（“因为宪法只保护而非创设财产权益，所以，财产权益是否存在取决于‘来自州法等其他渊源中的现有规则或解读’。” quoting Bd. of Regents of State Colls. v. Roth, 408 U. S. 564, 577 [1972]）.

但是，更为基本的问题在于，被当代美国人视为根本的众多权利完全是法律的产物。尽管最高法院在德克萨斯州诉约翰逊案（Texas v. Johnson）[1]中将第一修正案解释为包含焚烧国旗的权利在内，我也不太可能——本想说绝对不会，但我打算留点余地——真的行使权利去烧国旗。但我确实担心有一天我或我的亲友因种族、性别、年龄、身体状况而受到歧视，在这种情况下，我会先查阅1964年《民权法案》（Civil Rights Act of 1964）[2]、《雇员年龄歧视法》（Age Discrimination in Employment Act）[3]或者《美国残疾人法》（Americans with Disabilities Act）[4]来寻求保护和救济，而不是诉诸宪法典中的平等保护条款，哪怕侵权人是州政府。[5]更有说服力的例子是，即使美国的宪法理念并不乐于承认住房、食物、医疗保健、经济保障等积极权利，但我们还是在社会保障制度（Social Security）、老年和残障健康保险制度（Medicare）、医疗援助制度（Medicaid）、未成年子女家庭补助计划（Aid to Families with Dependent Children）、失业救济等制度[6]下创设了详尽的个人权益网。不难猜测，比起许多甚至大部分宪法典权利，万千民众更加看重这些权益。但无论如何，关键都不在于争论法律权利比宪法典权利更重要——只不过，大量重要的个人权利都来源于宪法典之外的其他

---

〔1〕 491 U. S. 397 (1989).

〔2〕 Civil Rights Act of 1964, Pub. L. No. 88 ~ 352, 78 Stat. 241 (codified in scattered sections of 42 U. S. C.).

〔3〕 Age Discrimination in Employment Act of 1967, 29 U. S. C. § § 621 ~ 634 (2000).

〔4〕 Americans with Disabilities Act of 1990, 42 U. S. C. § § 12, 101 ~ 112, 213 (2000).

〔5〕 在此，我的讨论仅限于个人对抗政府的“纵向”权利，而不是个人对抗他人的“横向”权利。探求私法发挥的构建性功能应该也尤为有趣，不过得待将来再议。

〔6〕 出于各种缘由，在这个讨论中，我想拒绝区分积极和消极权利或权益。See Isaiah Berlin, Four Essays on Liberty, 122 ~ 123 (1969). 积极权益在个案中（通过施加政府义务）以及制度层面（通过承诺大量资金援助来限制政府行为自由）都制约了政府裁量权。此外，有的宪法权利很难归结为积极或消极权利。例如，当某种政府权益为他人享有时，平等保护通常也得将获得这些权益的积极权利赋予个人，在此领域的权利救济也常常遇到只有在实现积极权利时才会遇到的问题。See, e. g. , Missouri v. Jenkins, 515 U. S. 70 (1995)（平等保护条款作为种族隔离的救济手段时，在何种程度上需要对学校条件进行积极改善）。许多法律体系认为积极权益与消极自由在人权概念中同等重要。See, e. g. , S. Afr. Const. 1996 ch. 2, § 24（获得健康的生活环境的自由）；id. § 26（住房权）；id. § 27（获得医疗保健和饮食的权利）；id. § 29（受教育权）。在选择哪些权利应获得程序保障时，可能会考虑区分消极和积极权利，在描述法律规范的构建性功能时，也可能会对二者作出区分，虽然在此无法进一步论述，但我认为，这种区分在前一种语境下更有意义。

渊源。〔1〕

最后，更争执不休的问题是那些由国际法创设的权利。《北美自由贸易协定》（North American Free Trade Agreement（NAFTA））与《维也纳外交关系公约》（Vienna Convention on Diplomatic Relations）这类协议赋权给我们周遭的外国公民，以抵御来自美国政府的侵害。〔2〕而对于本国公民，传统观念一般认为，既然已有本国宪法保护，再谈国际人权难免多余。而且参议院常对人权条约提出保留，以确保国际人权的保护范围不过分超出国内法律体系下的宪法权利范围。但是，随着关于人权的讨论逐渐全球化，这些观念还能存在多久实在令人怀疑。国际法和他国实践早已在某些领域塑造了我们对宪法的理解，〔3〕且个中限制性规定也时不时被并入联邦法。〔4〕看来，国际条约与国际习惯法即将成为日益重要的个人权利来源，用来对抗政府侵犯。

如果赋权于个人以对抗政府侵犯是宪法的基本功能之一，那么这些权利的法律渊源在本质上就都是“宪法性”的。但我们也不该妄自菲薄地认为，在美国法律体系中，宪法典规定的权利在个体所珍视和依赖的权利之中不过尔尔。当然，二者之间的区别依旧明显：若权利由宪法典所赋予，即受到修正案程序所保障，不宜更改；若权利只源自法律，则无此待遇。只不过，在下一节，我需要针对这个区别稍作辩驳。

---

〔1〕 See, e. g. , Cass R. Sunstein, After the Rights Revolution: Reconceiving the Regulatory State 21 ~29 (1990)（认为罗斯福总统的“第二权利法案”以及二十世纪六七十年代的“权利革命”以立法和规制行为为主，对个人赋予了广泛权益）.

〔2〕 North American Free Trade Agreement ch. 11, U. S. – Can. – Mex. , Dec. 17, 1992, 107 Stat. 2057（赋权给投资者，使其免受各种形式的歧视和征收）; Vienna Convention on Consular Relations art. 36, Apr. 24, 1963, 21 U. S. T. 77, 596 U. N. T. S. 261（赋权给在缔约国境内被捕的外国公民，使其有权对其所属国家的领馆提出咨询）。这些条约同样发挥着构建性功能，因为它们将美国并入了一个国际审判系统。See generally Ernest A. Young, Institutional Settlement in a Globalizing Judicial System, 54 Duke L. J. 1143, 1163 ~1170 (2005)（讨论了国际和国内法院在《北美自由贸易协定》和《维也纳公约》之下产生的相互影响）.

〔3〕 See, e. g. , Roper v. Simmons, 543 U. S. 551 (2005)（参考外国法来解释第八修正案所谓“残忍及非一般刑罚”的含义）.

〔4〕 See, e. g. , Act of Mar. 3, 1819, ch. 77, §5, 3 Stat. 510, 513 –14 (current version codified at 18 U. S. C. §1651 (2000))（惩罚“国际法意义上的海盗罪”）; Hamdan v. Rumsfeld, 126 S. Ct. 2749 (2006)（法院认为《统一军法典》已将《关于战俘待遇的日内瓦公约》总则第 3 条的要求并入了国内法）.

3. 保障政府结构和私人权利免遭更改

对大多数宪法而言，其第三项功能是保障特定的法律制度安排不轻易变更，尽管并非每部宪法都如此。这些受保障的刚性规范在效力上“高于”其后产生的与之冲突的法律和行为，除非后者自身满足某些严苛的要求。在美国人对“宪法性”法律（“constitutional” law）的理解中，这种保障作用居于核心地位；一如亚当·汤姆金斯（Adam Tomkins）所言：英国宪法缺少保障性，对于英国人而言，“宪法性法律”这一表述中的“‘宪法性’一词并无任何特殊含义”，而且“宪法性法律与其他领域的法律之间也无显著区别”。[1]相反，在美国，由宪法典设立的制度安排明显区别于其他制度安排，因为宪法典很难被修改，而通过“一般”途径即可改变其他法律。这种保障性授予某些规范以“更高的法”之地位，从而促成了美国特有的司法审查制度，法院得以推翻那些与受到保障的规范相冲突的政府行为和法律。[2]这种保障性也能解释宪法典对多数美国民众施加的近乎神秘的影响：由于无法通过一般的政治途径得以修改，这法典就像是自我们先辈处继承而来的，不因时间流逝而改变，超脱于当下诸般争议。事实上，我认为任何一种法律规范都具有宪法性的构建功能和权利创设功能；如果我的观点是正确的，那么，在美国法律体系中，保障性就是唯一能令宪法典从其他法律规范中脱颖而出的特征。

保障性与法典化（canonicity）之间的关系远复杂于此，此处按下不表，待下文分解。[3]在这里，我不过想点明：一个机构或者法律原则受到保障的程度并不单单取决于其是否为宪法典所规定。设想一下未来十年内这 3 条规范被彻底修改或者废除的可能性：

（a）依据宪法第一修正案，有权焚烧美国国旗；

（b）依据正当程序条款，有权进行堕胎；

（c）依据《社会保障法》，老年人有权从政府获得救助。

如果说这三者是依据被彻底修改的可能性从高到低进行排序的，会有人提出异议吗？即使将各自的修改途径考虑进去，这种排序也是有道

---

〔1〕 Tomkins, supra note 2, at 16.

〔2〕 See, e. g., Marbury v. Madison, 5 U. S. (1 Cranch) 137, 177 ~ 179 (1803). 这并不是说没有司法审查就不可能有宪法的保障作用，see, e. g., William W. Van Alstyne, A Critical Guide to Marbury v. Madison, 1969 Duke L. J. 1, 18 ~ 25, 只是说，没有某种程度的程序保障，就不会产生司法审查。

〔3〕 See infra Part II.

理的：严格遵守宪法第5条正式制定宪法修正案，以修改焚烧国旗的权利；通过改变联邦最高法院的法官构成，来影响堕胎的权利；以及简单地依照法定程序废止《社保法》，剥夺获得救助的权利。虽然《社保法》的例子不具有普遍性，但是它提醒我们：保障性功能可以呈现出多种形式，而不仅仅是修改规则所需的正式立法程序。修改宪法典需要克服其第5条设下的重重障碍，但是，当一项长期存在的法律制度得到选民的大力支持时，想要对之加以修改或者废除，在政治层面上其实更难实现。

又例如，参议院对被提名法官的批准程序近来争议连连。尽管通常只要过半数同意，法官提名即获批准，但是，根据参议院的规则，反对法官提名的参议员可以通过冗长发言（filibuster）来阻挠一场只表决"是"或"否"的直接投票（up-or-down vote），且要得到参议院60或以上票数支持才能终止发言并强制继续投票程序。[1]当年，乔治·W.布什总统提名了数名法官候选人，那时民主党在参议院并未占据多数席位，便以冗长发言阻挠批准进程。共和党籍参议员威胁要修改参议院规则，而仅需要过半数赞成票，即可将规则修改为禁止针对法官提名进行冗长发言。这项提议很快被称作"核选择"（nuclear option），因为它会对参议院的正常运行过程造成非常严重的破坏，以至于尽管很多共和党籍参议员反对冗长发言，他们也不愿投票赞成此次修改。[2]参议院规则远非法律、更非由宪法典所规定的，却依然难以撼动。虽然两党议员经常修改国会立法，但是他们在惯例面前却退缩了，因为允许冗长发言的惯例已经深深植根于参议院的日常运作中。[3]

---

〔1〕 See S. Comm. on Rules and Admin., Standing Rules of the Senate, S. Doc. No. 107-1, at 20~22 (2002).

〔2〕 See, e.g., Richard Morin & Dan Balz, Filibuster Rule Change Opposed, Wash. Post, Apr. 26, 2005, at A1.

〔3〕 更改参议院冗长发言惯例的提议激发了普遍的反感；但2000年总统选举期间，德克萨斯的选举人投票支持均来自本州的总统和副总统候选人，此举违反了第12条修正案的明确规定，可人们普遍对此毫不关心。将这两种态度进行比较大概有助于说明问题。See U. S. Const. amend. XII, §1（"选举人……投票选举总统和副总统，其中至少有一人不是选举人本州的居民……"）. 副总统切尼届时是否的确是特克萨斯州居民是个复杂的问题；但是绝对清楚是，根本没人关心结果到底如何。See generally Sanford Levinson & Ernest A. Young, Who's Afraid of the Twelfth Amendment?, 29 Fla. St. U. L. Rev. 925 (2001)（十分详尽地讨论了这个问题并且也推测了为何此问题未引起任何关注）. 大多数人（明显）觉得第20条修正案的"居住地条款"已无关紧要，即便它由宪法典所规定，也无法改变这一印象。

所以，要保障某一规范免受肆意更改，将其纳入宪法典并非惟一途径。尽管这种正式的保障并未使众多一度至关重要的宪法原则幸免于难，但这绝不意味着法典化毫无意义。[1]此处的重点在于，宪法典实际上并没有垄断任何一个在传统上与宪法相联的功能。

（二）三个案例

法典外的宪法在2005年联邦最高法院开庭期间大显身手。本节将探讨其间三个判决：冈萨雷斯诉俄勒冈州案（Gonzales v. Oregon，以下简称冈萨雷斯案，区别于里奇案）[2]探寻了联邦与州之间在颇具争议的医师协助自杀（physician-assisted suicide）问题上权力界限；在拉帕诺斯诉美国案（Rapanos v. United States）[3]中，私人土地被划为受保护湿地，该土地所有人依据《洁净水法》[4]创设的权利，而非宪法典中征收条款的规定，要求对该地进行开发；而哈姆丹诉拉姆斯菲尔德案（Hamdan v. Rumsfeld）[5]可能是近期与分权原则有关的案件中最重要的一个，它强调了在与恐怖主义作战的过程中，行政权力和个人自由的范围在何种程度上是由宪法典之外的宪法加以确定的。

1. 联邦制的法律保障：冈萨雷斯诉俄勒冈州案

在华盛顿州诉格拉斯博格案（Washington v. Glucksberg）[6]中，联邦最高法院判决在医师协助下自杀不属于正当程序条款所保护的基本权利。多数法官注意到，“美国社会在道德、法律以及可行性层面上，就医师协助自杀问题展开了一场轰轰烈烈而影响深远的激烈辩论”。[7]作为辩论的产物之一，俄勒冈州于1994年通过了《俄勒冈州尊严死亡法》（Oregon Death with Dignity Act，简称ODWDA），使医师协助自杀在州内

---

〔1〕 See, e. g., Gary Lawson, The Rise and Rise of the Administrative State, 107 Harv. L. Rev. 1231 (1994)（宪法典的几个基本结构特征都消亡了——例如权力明确列举原则以及禁止授权原则——虽然相应文本并未发生任何修改）.

〔2〕 546 U. S. 243 (2006). 考虑到全面披露信息的重要性，笔者需要指出笔者在此案中签署了支持俄勒冈州的法庭之友辩论摘要，并参与了起草过程。See Brief for Professors of Law Briffault et al. as Amici Curiae Supporting Respondents, Gonzales, 546 U. S. 243 (No. 04 – 623), 2005 WL 1707466. 虽然有点反常，但不管怎么说，俄勒冈州还是赢了。

〔3〕 126 S. Ct. 2208 (2006).

〔4〕 Federal Water Pollution Control Act, 33 U. S. C. § §1251 ~1387 (2000).

〔5〕 126 S. Ct. 2749 (2006).

〔6〕 521 U. S. 702 (1997).

〔7〕 Id. at 735.

合法化。[1]问题在于，医生根据该法向患者提供的致死药物同时属于《受管制物品法》（Controlled Substances Act，简称 CSA）授权联邦管制的类别。[2]1998 至 1999 年，反对医师协助自杀权的群体试图通过修改《受管制物品法》以明确禁止州将医师协助自杀行为合法化，但是均无功而返。[3]这种情况在 2001 年出现转机，时任司法部长（Attorney General）约翰·阿什克罗夫特（John Ashcroft）公布了一条解释性规章，将《受管制物品法》解读为禁止在医师实施协助自杀的过程中使用任何受该法管制的药物。[4]冈萨雷斯案解决的问题是，作为对《受管制物品法》的解释，该规章是否有效。

一开始，冈萨雷斯案的案件事实——晚期患者及其医师挑战联邦对于协助自杀的限制[5]——将人们的注意力聚焦到两道边界上。第一道是个人自治与政府管制之间的界线；第二道是联邦与州在立法权分配上的界线。这两条界线牵扯到政府机构构成和对抗这些机构的个人权利问题，因而均属于“宪法性”问题。但是，在冈萨雷斯案中，二者却无法作为宪法性诉讼的诉由。一方面，格拉斯博格案的判决拒绝承认获得协助自杀为一项基本的正当程序权利，因而断绝了权利之诉的可能性；另一方面，由于法院在冈萨雷斯诉里奇案（Gonzales v. Raich，以下简称里奇案，区别于冈萨雷斯案）中判决国会有权基于商业条款而否定加州对医用大麻合法化的尝试，[6]所以，基于联邦制的诉由也同样希望渺茫。结果，本案的争论焦点其实是第三条界线：即国会是自己保留依《受管制物品法》制定全国性药品管理政策的权力，还是将执行该法的自由裁量权授予司法部长。冈萨雷斯案的判决并非基于正当程序或者商业条款，相反，其内容涉及行政机关对国会立法的解释在什么程度上享受谢弗朗式尊重（Chevron deference），又受到何种限制。

冈萨雷斯案阐明了“普通”（ordinary）法律在何种程度上涉及个人最为关心的政府结构与法律权利问题。当国会在 1970 年制定《受管制

---

〔1〕 Or. Rev. Stat. § §127. 800 ~127. 995（2003）.

〔2〕 21 U. S. C. § §801 ~904（2000）.

〔3〕 See H. R. 2260，106th Cong. （1999）；H. R. 4006，105th Cong. （1998）. See generally Gonzales v. Oregon，546 U. S. 243，252 ~253（2006）（描述了这些立法动议）.

〔4〕 66 Fed. Reg. 56，608（Nov. 9，2001）.

〔5〕 俄勒冈州自己也加入了对该联邦法律的讨伐战。Gonzales，546 U. S. at 254.

〔6〕 545 U. S. 1（2005）. For an assessment of Raich，see Ernest A. Young，Just Blowing Smoke? Politics，Doctrine，and the Federalist Revival After Gonzales v. Raich，2005 Sup. Ct. Rev. 1.

物品法》时，它不仅对药品的使用加以严格限制，“更创造了一套监管生产、销售和持有‘受管制物品’的完整结构”。[1]由于众多受管制类物品具有合法医用目的，法案也监管医疗活动：医生必须在联邦有权机构注册；一旦违反联邦有关规则，其开具受管制类药物的资格将被暂停或者撤销。[2]尽管《受管制物品法》本身已经列明部分要求，它还授予司法部长大量的规章制定权，并规定了行使该权应当遵守的程序性要求。[3]事实上，冈萨雷斯案争议的焦点不仅在于相关法律条文的含义如何，还涉及前任司法部长颁布的解释性规章恰当与否，该规章要求全部处方必须“服务于合法医用目的，签发于从业者在其领域的常规业务活动中”。[4]最后，《受管制物品法》否决了在药物监管领域联邦法律优先（preempt）的观点，从而划分了州与联邦的权力。[5]俄勒冈州据此认为，由于格拉斯博格案拒绝将获得医师协助自杀作为联邦层面的权利，因此，这项权利来源于州法，属于联邦法律划定的州自治范围。

冈萨雷斯案的首要问题是，司法部长发布的解释性规章宣布，医师在协助自杀的过程中使用受管制类药物不属于合法医疗行为，这一解释性规章是否享受谢弗朗公司诉自然资源保护委员会案（Chevron U. S. A. Inc. v. Natural Resources Defense Council, Inc.）确立的尊重原则。[6]而该问题取决于国会是否“笼统地授权给行政机关制定与法律具有同等效力的规范”，以及涉案规章“是否为行使该权力的产物”。[7]最终，联邦最高法院认为《受管制物品法》并没有授权行政机关制定规章以管制医师协助自杀事项。[8]司法部长主张自己“享有管理药物使用的广泛联邦权力”，而不需要“顾及是否遵从立法的明确表述，亦

---

〔1〕 Raich, 545 U. S at 24.

〔2〕 21 U. S. C. § §822 (a) (2), 824 (a) (4) (2000).

〔3〕 Id. §811.

〔4〕 21 C. F. R. §1306. 04 (2007).

〔5〕 21 U. S. C. §903 (2000) (“本编之下的条款不得被解释为国会有意独占该条款相关领域的立法……以排除州在相同事项上的立法，而该事项本在州权力范围。除非该条款……与州立法产生了积极冲突，导致二者无法并存。”).

〔6〕 467 U. S. 837 (1984). 该原则规定，如果法律本身含义模糊，且行政机关对该法律作出的解释堪称合理时，法院应该尊重行政机关的解释。See id. at 842 ~ 845. 谢弗朗尊重原则自身也是一个构建性的原则，因为它定义了行政部门与司法部门之间的立法权划分。当然，此原则并未出现于宪法典之中。

〔7〕 United States v. Mead Corp., 533 U. S. 218, 226 ~ 227 (2001).

〔8〕 Gonzales v. Oregon, 546 U. S. 243, 257 ~ 268 (2006).

或反对联邦法优先的推定”，但是，法院拒绝了此主张，未对司法部长的解释予以谢弗朗式尊重。[1]不过，法院的确考虑了另一项基本假设——管理医疗行业的主要责任应由各州承担，这一假设影响了法院对该法的理解。[2]

尤其是在里奇案之后，州与联邦之间的权力分界不再关注国会依自身喜好有权管理哪些领域，而是国会通过自己制定的法律已经管理了哪些领域。[3]“联邦制的政治保障”[4]已颇为充分，故国会鲜有机会将其潜在的管制权发挥得淋漓尽致。相反，它向来将大量政策自主权留给各州。当然，国会究竟保留了多少权力，还取决于对相关法律和法规的解释。[5]此处我想强调的是，冈萨雷斯案所确立的界线对于“构建”政府的重要性，不亚于里奇案确立的界线。由于宪法典里的商业条款被法院解释为与此类案件无关，所以，普通法律确立的界限得以主导美国联邦制的结构形态。

那么，冈萨雷斯案涉及的个人权利问题又如何解决？格拉斯博格案拒绝承认获医师协助自杀属于正当程序条款赋予的一项基本权利，这就迫使试图主张该权利的个人求助于宪法典之外的宪法。由于相关的联邦立法，俄勒冈州人民声称其“死亡权”来自州法规定。[6]但是，州法赋予的权利并不稳固，可以被任何有效的联邦立法剥夺。因此，这类州

---

〔1〕 Id. at 273 – 74 (citing Rush Prudential HMO, Inc. v. Moran, 536 U. S. 355, 387 [2002]; United States v. Bass, 404 U. S. 336, 349 [1971]).

〔2〕 Id. at 270 (“《受管制物品法》的结构和操作假设出且依赖于一个在各州警察权规制下正常运作的医药行业。”).

〔3〕 See id. at 302 n. 2 (托马斯大法官的反对意见)(托马斯大法官认为，基于里奇案的判决，依据商业条款对司法部长颁布的规章发起的任何质疑都“必定失败”)。这个案子早于里奇案很多年。See generally Martha Derthick, Keeping the Compound Republic: Essays on American Federalism 6 (2001) (总结说，伦奎斯特法庭的判决在国家权力之上强加了很多宪法性制约，但“未能改变政府之间的日常关系，例如，国会立法有权优先于州法，国会能在对州发放资金援助时附加诸多繁琐条件，这些都未受到影响”); Barry Friedman & Scott B. Smith, The Sedimentary Constitution, 147 U. Pa. L. Rev. 1, 64 ~65 (1998) (“商业条款通过无数国会立法实现了进一步发展，而最高法院的决定在这方面的作用要小得多……”).

〔4〕 See generally Herbert Wechsler, The Political Safeguards of Federalism: The Role of the States in the Composition and Selection of the National Government, 54 Colum. L. Rev. 543 (1954) (争论说，州自主权主要通过它们在国会的代表进行保护，而不是依赖于法院强制实施加诸联邦权力上的宪法限制).

〔5〕 关于法律解释在当代联邦主义争论中的主要地位，进一步议论请参考 Ernest A. Young, The Rehnquist Court's Two Federalisms, 83 Tex. L. Rev. 1 (2004).

〔6〕 Oregon Death with Dignity Act, Or. Rev. Stat. § § 127. 800 – 127. 995 (2003).

法赋予的权利如何能抵御联邦的干涉，取决于什么类型的联邦立法有权就有关问题进行干涉。反对医师协助自杀的群体曾试图通过联邦立法来取代《俄勒冈州尊严死亡法》，尽管以失败告终，他们却成功说服时任司法部长阿什克罗夫特，由后者颁布一项解释性规章来达到同一目的。所以，虽然冈萨雷斯案的原告主张州法赋予了他死亡权，但该权利命运如何，转而取决于立法权在国会与行政机关之间的分配情况。由于宪法典中缺乏对法律授权的实质性限制，[1]这也就变成了一个法律问题。

宪法的基本功能之一是划定不同机构之间的界限——联邦与州，立法机关与行政机关，乃至政府与个人。在冈萨雷斯诉俄勒冈州案中，对上述每一条界线进行确认的是法律和规章，而不是宪法典本身。从这一层面而言，冈萨雷斯案并非绝无仅有的特例。就像下一节将要谈到的，环境保护领域的情况与此并无二致。

2. 宪法意义上的《洁净水法》：拉帕诺斯诉美国案

约翰·拉帕诺斯（John Rapanos）打算开发其在密歇根州米德兰市郊所有的三块土地，联邦政府部门对他提起诉讼，指控他在未取得美国陆军工程兵团（Army Corps of Engineers，以下简称兵团）许可的情况下回填了54英亩政府界定的湿地。[2]拉帕诺斯的行为违反了《洁净水法》第301节："任何人排放任何污染物的行为均属违法。"[3]法条中对"污染物"的定义极广，包括像拉帕诺斯的泥土这样的普通固体，[4]而"排放污染物"涵盖了"从任一源头向可通航水域倾倒各种污染物的一切行为"。[5]颁发排放许可在兵团日常工作占有很大比重，另外，环境保护局也有权作出许可决定。[6]由于拉帕诺斯未获许可，问题聚焦在其土地上的湿地是否属于《洁净水法》的管辖范围。

斯卡利亚大法官的相对多数意见（plurality opinion）中写道，在决定是否颁发湿地开发许可的问题上，"美国陆军工程兵团享有的自由裁

---

〔1〕 See Whitman v. Am. Trucking Ass'ns, 531 U. S. 457 (2001)（禁止法院再适用禁止授权原则）.

〔2〕 法院将拉帕诺斯案与其他密歇根州的案件合并审理。Rapanos v. United States, 126 S. Ct. 2208 (2006). See Carabell v. U. S. Army Corps of Eng'rs, 546 U. S. 932 (2005) (mem.). 此处仅作示例用途，只需提供拉帕诺斯案的案情即可。

〔3〕 Clean Water Act §301 (a), 33 U. S. C. §1311 (a) (2000).

〔4〕 33 U. S. C. §1362 (6) (2000).

〔5〕 Id. §1362 (12).

〔6〕 See id. §1342 (a)（环保局的许可发放权）; id. §1344 (a)（兵团的许可发放权）.

量权等同于一位开明的专制主义者”。[1]与专制不同的是，执行《洁净水法》的官僚机构近乎拥有一个合宪政府的全部特征。[2]例如，环境保护局下辖制定规章的机构、检察部门及审理环境法案件的行政法院（administrative law court）。行使这些职能需要遵守细致的程序规则，同时，联邦法院可根据《行政程序法》对行政机关的行为进行审查。[3]兵团的特征和功能与环境保护局类似，只是前者自建国之初即肩负着开发和保护国家自然资源的职责。[4]诚然，此处的关键是，宪法典对其组成结构只字未提。整个兵团体系都由法律、法规以及行政命令构筑而成。[5]

《洁净水法》规定兵团的管辖权及于“美利坚合众国的水域”，[6]联邦最高法院通过三个判决解决了兵团管辖范围的问题，而拉帕诺斯案正是该“三部曲”的最后一出。《洁净水法》授权兵团自行颁布规章，进一步明确自身权力范围。而这些规章对《洁净水法》的解释愈加宽泛。在美国诉湾景家园公司案（United States v. Riverside Bayview Homes, Inc.）中，兵团将“美利坚合众国的水域”解释为，包括与传统上可通航水域“确实”相毗邻的湿地，[7]此解释受到法院赞同。接下来，固体废物代理商诉美国陆军工程兵团案（Solid Waste Agency v. U. S. Army Corps of Engineers）[8]探讨了兵团制定的“候鸟规则”（Migratory Bird Rule）的有效性，该规则将兵团管辖权延伸至州内作为候鸟栖息地的水域。[9]联邦最高法院判决该规则无效，认为《洁净水法》并未将兵团的管辖权扩大到“不可通航的、孤立的州内水域”[10]——如果该水域不与“传

---

〔1〕 Rapanos, 126 S. Ct. at 2214（相对多数意见）.

〔2〕 Cf. Robin Kundis Craig, The Clean Water Act and the Constitution: Legal Structure and the Public's Right to a Clean and Healthy Environment 4 (2004)（“如同宪法一般，《洁净水法》构筑了联邦、各州、私人主体之间的关系。”）.

〔3〕 Pub. L. No. 79 – 404, 60 Stat. 237 (1946) (codified as amended in scattered sections of 5 U. S. C.).

〔4〕 See U. S. Army Corps of Engineers, Brief History, http: // www. hq. usace. army. mil/history/brief. htm#1beg (last visited Aug. 30, 2007).

〔5〕 至于《洁净水法》的发展概述，参见 Craig, supra note 115, at 10 ~ 27.

〔6〕 33 U. S. C. § 1362 (7) (2000).

〔7〕 474 U. S. 121, 135 (1985).

〔8〕 531 U. S. 159 (2001).

〔9〕 Migratory Bird Rule, 51 Fed. Reg. 41, 217 (Nov. 13, 1986).

〔10〕 531 U. S. at 171.

统上可通航的水域相毗邻”。[1]介于前两个案子之间，拉帕诺斯案涉及那些尽管不毗邻但可经间歇性河流注入可通航水域的湿地。[2]斯卡利亚大法官的相对多数意见认为，《洁净水法》所谓“美利坚合众国的水域”仅授权联邦管辖“相对持久的、静止或者流动的水域”，而只有当湿地与前述水域之间由“持续的地表水流相连”时，方能满足该法案对“毗邻”的要求。[3]虽然肯尼迪大法官赞同判决结果，在说理上却略有不同，他仅要求行政机关证明湿地与可通航水域之间存在“显著联系”(significant nexus)，即可获得对该湿地的管辖权。[4]

如果拉帕诺斯案发生在19世纪，绝对会成为一个根据商业条款和征收条款得到解决的宪法案件。一如冈萨雷斯案，拉帕诺斯案同样涉及联邦与州管制权之间的界限，以及个人权利与公共利益之间的划分。但是，无论是根据商业条款质疑兵团的管辖权，还是基于财产贬值针对管制型征收而起诉，胜诉的希望都不及依《洁净水法》起诉。[5]相关界限目前均由《洁净水法》划定。联邦与州之间的界限取决于立法对“美利坚合众国的水域”的定义，而此定义由环保局与兵团来解释。同理，个人开发自有财产的权利也主要藉由颁发许可所需满足的法律要求得以明晰。[6]

同冈萨雷斯案一样，拉帕诺斯案背后的真正问题是权力分立问题，涉及兵团对国会在《洁净水法》中所划边界享有的解释权。立法低效

---

〔1〕 Id. at 167.

〔2〕 See Rapanos v. United States, 126 S. Ct. 2208, 2218 (2006)(相对多数意见).

〔3〕 Id. at 2225～2226.

〔4〕 Id. at 2236(肯尼迪大法官的协同意见)。肯尼迪大法官投下了第五票，又因为他提出了更狭义的理由来支持判决结果，所以，他的意见几乎享有法院判决的效力。关于“显著联系”的要求，参考《海底总动员》(皮克斯动画，2003年)，其中描述了被困于鱼缸里的鱼试图逃脱时，发现“所有排水管道都通向海洋”。

〔5〕 固体废物代理商案的确认为需要对兵团权力作狭义解释，以避免因商业条款产生的宪法难题。531 U. S. at 172～174. 但是，在里奇案之后，法院不太可能推翻类似“候鸟规则”之类的法令。不过，这并不是说，固体废物代理商案的结果或者推理是错误的。我在其他著作里也提到，回避商业条款是一种手段，使那些未得到充分适用的宪法规范得以实施，即使在宪法问题得以讨论和解决后，相关司法原则也不会使该法令无效。Ernest A. Young, Constitutional Avoidance, Resistance Norms, and the Preservation of Judicial Review, 78 Tex. L. Rev. 1549 (2000).

〔6〕 See, e. g. , 33 U. S. C. §1344 (2000). 因此，针对拉帕诺斯案的评论，采用了宪法语调来描述其判决，实在意料之中。See, e. g. , M. Reed Hopper & Damien M. Schiff, Rapanos v. United States, Engage, Oct. 2006, at 64, 67(“拉帕诺斯案的基本原则是，联邦权力以及用于达到全国性目标的手段都需受到限制。”).

带来的负担与环境政策的政治敏感性导致《洁净水法》中确定的边界难以修改，在一定程度上令这些边界受到保障——除非对兵团作出充分让步并予以尊重，使它能重新解释在权力行使过程中产生的各种界限。[1]我并不主张一部法律应当得到和宪法典一样的保障，但是我坚持认为，与制度和权力构建相关的一条界线是否可以通过行政活动来改写，抑或只能通过立法进行修缮，此问题与通过正式宪法修正案改变权力边界一样，同属于保障性问题。此外，在眼下这个规制国的宪法世界里，因行政活动以及普通立法而产生的变化更像是一个有生命力的话题。

斯卡利亚大法官在拉帕诺斯案的相对多数意见中反对采纳兵团的解释，并将《洁净水法》规定的权力边界解释为相对确定且自足的一个概念。而肯尼迪大法官在其具有判决效力的（controlling）协同意见中提出了一个更为动态的理解。对他来说，只要湿地与“现在或者曾经确定可通航的抑或经治理后可通航的水域之间存在‘显著联系’”，[2]兵团即有权管辖。但是，就像斯卡利亚大法官所指出的，“显著联系”一词并未写入法律文本，而仅出现于联邦最高法院在固态废物代理商一案的判决中。[3]因此，斯卡利亚大法官与肯尼迪大法官对于应依何种材料、据何种方式解释《洁净水法》更为恰当产生了分歧，而此分歧不过延续了常年来二人在“普通法”之合法性或者宪法释义之“渐进”路径上的争论。[4]而对肯尼迪大法官（以及其他四位在拉帕诺斯案中持异议的大法官）而言，《洁净水法》不仅仅相当于一部宪法——还是一部活宪法。

---

〔1〕 See, e. g. , Rapanos, 126 S. Ct. at 2215（相对多数意见）（指出“在过去五位总统任职期间，有关土地使用的联邦规制依据《洁净水法》大幅增加——但该法自身却未有任何改变”）.

〔2〕 Id. at 2236（肯尼迪大法官的协同意见）.

〔3〕 Id. at 2233 ~2234（相对多数意见）.

〔4〕 对比 Antonin Scalia, Common-Law Courts in a Civil-Law System: The Role of United States Federal Courts in Interpreting the Constitution and Laws, in A Matter of Interpretation: Federal Courts and the Law 3（Amy Gutmann ed. , 1997）（坚持认为联邦法院无权依照普通法［common law］方法来解释宪法）和 Planned Parenthood of Se. Pa. v. Casey, 505 U. S. 833（1992）（opinion by O'Connor, Kennedy, & Souter, JJ. ）（极力赞颂采用不断进化的普通法［common law］方法对宪法进行解释）.

3. 宪法典之外的宪法与战争权：哈姆丹诉拉姆斯菲尔德案

哈姆丹诉拉姆斯菲尔德案（Hamdan v. Rumsfeld）[1]可能是与权力分立原则相关的众多当代判决中最为重要的一个。但它并未对宪法加以解释——至少没有解释宪法典。尽管最高法院将本案定性为“提出了宪法结构下权力制衡的重要问题”，[2]本案真正的问题却在于如何理解《统一军事司法法典》（Uniform Code of Military Justice，以下简称《统一军法典》）、[3]国会在“9·11”袭击之后通过的《授权使用军事力量决议》（Authorization for Use of Military Force）、[4]2005年《在押人员待遇法》（Detainee Treatment Act）[5]以及《关于战俘待遇的日内瓦公约》（Geneva Convention Relative to the Treatment of Prisoners of War）。[6]如同肯尼迪大法官在其协同意见中所指出的：“一个重要性非同寻常的案件通过适用普通法律而得以解决……这些规则依据的是国会立法及其解释。”[7]但毋庸置疑的是，这些规则都发挥着构建性功能。

宪法第3条设立了民事法院，共和国初期以来，就存在着一套与之并行的军事审判系统。用现代术语来说，《统一军法典》即是这套系统的“宪法”。肯尼迪大法官解释道：

《统一军法典》整体上创立了一套复杂的军事审判系统。它授权设立不同形式的军事法院，……它规定这些法院的组织和程序，……它定义何为违法……以及被告人有何权利，……它还提供了上诉审查的机制。……该法进一步认定，对待战争罪可以召集特别军事委员会（special military commissions）进行审理。这些法律规定了特定形式的军事法院之权限，并为其划定界线……[8]

但是，《统一军法典》不是相关构建性规则的唯一渊源。肯尼迪大法官继续写道，“该法允许总统发布程序性法规，以贯彻《统一军法

[1] 126 S. Ct. 2749 (2006).

[2] Id. at 2759; see also id. at 2800（肯尼迪大法官部分赞同多数意见）（“军事委员会的审判引发了最高权力层面的分权问题.”）.

[3] 10 U. S. C. §§801 ~946 (2000).

[4] Pub. L. No. 107 ~140, 115 Stat. 224 (2001).

[5] Pub. L. No. 109 ~148, 119 Stat. 2739.

[6] Geneva Convention Relative to the Treatment of Prisoners of War art. 3, Aug. 12, 1949, 6 U. S. T. 3316, 75 U. N. T. S 135.

[7] 126 S. Ct. at 2799（肯尼迪大法官部分赞同多数意见）.

[8] Id. at 2800 ~2801.

典》之框架并在其基础上加以建设”。[1]此外，通过将“战争法”明确并入国内法，国会从国际条约和国际习惯法中引出了第三类构建性原则。[2]

即将面临军事法院审判的萨利姆·哈迈德·哈姆丹（Salim Ahmed Hamdan）提出了管辖权异议，并求助于另一套法定审判系统。他向联邦地区法院申请人身保护令——这项程序性权利受宪法中止条款（Suspension Clause）的保护，[3]但实则由联邦人身保护法律创设并加以界定。[4]由于民事法院的管辖权范围同样受到法律限制，最高法院必须判断国会在《在押人员待遇法》中是否收回了对哈姆丹申诉的管辖权，因为本法对针对个人拘留以及委员会审判程序的司法审查规定了有限且排他的程序。[5]多数法官最后认为，因为《在押人员待遇法》不具有溯及力，而哈姆丹在该法生效之前已提起诉讼，所以该法不能被回溯适用于驳回姆丹的起诉。与此相关的法律解释问题并不简单，而我关注的问题更为基本。最高法院之前审理过的案件中，有不少都涉及国会立法对联邦法院管辖权作出的限制，但法院都不愿意界定到底宪法在何种程度上允许国会剥夺司法管辖权。哈姆丹案的判决也同样对此避而不提，反而集中于讨论国会在自己制定的法律中划定的管辖权边界。[6]一如当前关于联邦权力范围的争议都鲜有涉及商业条款那般，最高法院也着力将宪法第3条从限制管辖权的相关争论中撇开。

基于本案事实，斯蒂文斯大法官指出，通过两点理由可认定军事委员会对哈姆丹的审判是不合法的。第一个理由仅得到四位大法官的支

---

〔1〕 Id. at 2801.

〔2〕 See 10 U. S. C. §821 (2000)（军事审判委员会只能审判“依国会立法或者战争法可以被军事审判委员会审理的违法人员或违法行为”）；Hamdan, 126 S. Ct. at 2802（肯尼迪大法官部分赞同多数意见）（“战争法……产生于‘国际法上的规则和认知’；它构成了与武装冲突相关的国际法的主体部分”（quoting Ex parte Quirin, 317 U. S. 1, 28［1942］）.

〔3〕 U. S. Const. art. I, §9, cl. 2（“除非在叛乱或受到入侵时，出于公共安全需要，否则不得中止获得人身保护令的特权。”）.

〔4〕 28 U. S. C. §§2241～2255 (2000). 虽然被囚禁于古巴关塔那摩监狱，哈姆丹仍可以递交保护令申请，因为最高法院刚刚颁布一项判决，将该令状的保护范围解释为延展至被囚禁于美国境外的人员，只要关押地的指挥系统中有人在联邦地区法院的地域管辖范围之内。See Rasul v. Bush, 542 U. S. 466 (2004).

〔5〕 See Detainee Treatment Act of 2005, Pub. L. No. 109～148, §1005 (e), 119 Stat. 2739.

〔6〕 See, e. g., Young, supra note 128, at 1556～1568（记载了法院如何应用规避原则，以避免解答这一问题：国会有权约束联邦法院管辖范围，但是宪法第3条到底对此施加了什么限制?）.

持。该理由认为国会仅授权军事委员会“在‘宪法和法律’（包括战争法）允许的情形下”行使审判权，[1]而对哈姆丹的公诉并不满足这一标准，因为哈姆丹只被指控了共谋罪，可是普通战争法（common law of war）并不认可这个罪名。[2]第二个理由涉及哈姆丹将要面临的审判程序，这一点确实得到多数法官支持。法院认为，“《统一军法典》规定总统动用军事委员会时，必须既遵循美国的普通战争法，又遵循《统一军法典》其余内容……以及‘国际法上的规则和认知’……”[3]根据《统一军法典》第36条的内容，法院要求军事委员会与军事法院适用同样的程序，除非总统说明特殊理由，但是在本案中，总统并没有这么做。[4]法院同时反对委员会的一些特定程序，因为这些程序与《日内瓦公约》总则第3条相冲突，而此条已被并入《统一军法典》，编排为“战争法”部分。[5]

斯蒂文斯大法官的两个观点说到底都以法律为依据。国会在《统一军法典》中参照了普通战争法和《日内瓦公约》，二者因此被并入国内法，继而也能制约行政部门。布雷耶大法官（Justice Breyer）说得更直白：“归根到底，法院的结论只有一个基准：国会并未授予行政部门一张‘空白支票’，任其肆意行动。”[6]

也很令人吃惊的是，虽然哈姆丹案的核心问题涉及刑事诉讼程序，但是与宪法典正当程序原则相关的讨论却不见踪影。[7]2年之前，最高法院在哈穆迪案（Hamdi v. Rumsfeld，区别于哈姆丹案）中判决，正当

---

〔1〕 Hamdan, 126 S. Ct. at 2775 (plurality opinion). See generally Uniform Code of Military Justice art. 15, 10 U. S. C. § 821 (2000) (“法律和战争法规定，有的违法人员及违法行为可由军事审判委员会、宪兵法庭或其他军事审判机构进行审理。本章涉及军事法院管辖范围的规定不得被视为剥夺了上述机构对此类事项的共同管辖权。”)

〔2〕 See 126 S. Ct. at 2775 ~ 2786 (相对多数意见). 肯尼迪大法官——所投的第五票——并未涉及这个判决理由。See id. at 2809 (肯尼迪大法官部分赞同多数意见).

〔3〕 Id. at 2786 (相对多数意见) (quoting Ex parte Quirin, 317 U. S. 1, 28 [1942]).

〔4〕 Id. at 2788 ~ 2793; see Uniform Code of Military Justice art. 36, 10 U. S. C. § 836 (b) (2000) (“依据此条款制定的条例和规章应当在可行的范围内做到一致.”).

〔5〕 126 S. Ct. at 2797 ~ 2798 (相对多数意见). 肯尼迪大法官并未加入法院关于涉案权利所进行的针对《日内瓦公约》之讨论。See id. at 2809 (肯尼迪大法官部分赞同多数意见，并赞同法院判决).

〔6〕 126 S. Ct. at 2799 (布雷耶大法官的协同意见); see also id. at 2800 (肯尼迪大法官部分赞同多数意见) (“这个案子由国内法律决定。如果国会……认为应该改变本案适用的主要法律……它便有权力也有特权这么做。”).

〔7〕 可能有人把这种主张强加给法院，但是这并未在判决中出现。

程序同样限制对疑似敌方战斗人员实施的行政拘留。[1]可在哈姆丹案里，程序公正原则的义务内容及其衡量标准——普通军事法院所采用的程序——都是源自《统一军法典》及被其并入国内法的《日内瓦公约》总则第 3 条。[2]若继续追问，则不难预料到，法律确定的标准（目前体现在《统一军法典》较为严苛的程序规定中[3]）与正当程序条款体现的宪法典标准相比，将会更有用武之地。毕竟，哈穆迪案在勾勒同一语境下正当程序要求的具体内容时，对行政机关作出了极大的让步。[4]

在哈姆丹案中，如果说有谁依赖了宪法典，那莫过于总统本人。广义行政权理念的支持者认为，宪法第 2 条几乎对行政机关进行了“完全”授权。[5]对于斯卡利亚大法官而言，宪法第 2 条所谓“‘行政权属于美利坚合众国总统’的表述……不仅是某些行政权，而是行政权的全部”。[6]因此，当没有其他规定时，将“行政权”授予总统意味着总统有权拘留嫌犯、设立军事委员会、采取与反恐目的一致的任何其他行动。行政权的拥护者还经常声称行政权的行使不该受到国会约束。[7]根据这种观点，宪法第 2 条构筑了不同情境下行政权的全部内容，包括战争权在内。

---

〔1〕 Hamdi v. Rumsfeld, 542 U. S. 507 (2004).

〔2〕 See Hamdan, 126 S. Ct. at 2759. 会出现这种区别，不太像是因为哈姆丹是美国公民，而哈穆迪不是。正当程序条款对“所有人”都赋予了权利，而不仅限于美国公民，况且哈穆迪案中的相对多数法官似乎假设涉案权利适用于非公民。See Hamdi, 542 U. S. at 525 (“在美国境内，被拘禁的任何人都可以”通过人身保护令提出正当程序诉求［引号着重由作者所加］).

〔3〕 Military Commissions Act of 2006, Pub. L. No. 109 ~ 366, § §948q-s, 949a-o, 950a-j, 2006 U. S. S. C. A. N. (120 Stat.) 2600.

〔4〕 See Hamdi, 542 U. S. at 533 (虽然疑似敌方战斗人员也必须获得正当程序最基本要素的保障，“但是当军事冲突正在进行时，完整程序极有可能加重行政机关的负担，所以，不同情况下的权宜之计可能会要求……对其进行简化，以降低其影响”).

〔5〕 See, e. g., Saikrishna B. Prakash & Michael D. Ramsey, The Executive Power over Foreign Affairs, 111 Yale L. J. 231 (2001). 之所以用了“几乎”这个字眼，是因为学者们都承认，传统上的“行政”权有些方面——例如宣战权——是由宪法第 1 条明确授予国会的。See id. at 253.

〔6〕 Morrison v. Olson, 487 U. S. 654, 705 (1988) (斯卡利亚大法官的反对意见) (quoting U. S. Const. art. II, §1).

〔7〕 See Memorandum from U. S. Dep't of Justice Office of Legal Counsel to Alberto R. Gonzales, Counsel to the President 2 (Aug. 1, 2002), Available at http: //www?. washingtonpost. com/wp-srv/nation/documents/dojinterrogationmemo20020801. pdf (认为国会尝试对敌方战斗人员待遇问题加以规范，“可能侵犯了总统战争权，属于违宪行为”).

与之相反，哈姆丹案涉及的这些战争权不受军队控制，例如拘留、讯问和审判犯下战争罪的在押人员。而多数法官坚持认为，以哈姆丹为代表的这类案件中涉及的这些权力均产生于宪法典之外的宪法。换言之，它们受制于由法律规范编织的天罗地网，这些规范对军事领域的行政活动予以授权或是施加限制。这并不是说宪法典之外的宪法其效力优于宪法典，只是后者内容不甚齐备。尽管宪法第 2 条将行政权授予总统，却也将一定权力保留给国会，因此，国会得以设计政府的组织结构和行政权的行使程序，以此“构建”行政权。如布雷耶大法官的协同意见中所指出的，宪法在“谁有能力决定——通过民主途径决定——什么才是应对威胁的最佳方式”这个问题上未置可否。〔1〕

立法的核心角色印证了杨斯顿钢铁公司诉索耶案（Youngstown Sheet & Tube Co. v. Sawyer，以下简称杨斯顿案）中对国会行为的重视，〔2〕该案在总统权力与外事法领域具有举足轻重的先例地位。布雷耶大法官撰写的多数意见聚焦于宪法典本身，并对最高统帅及忠实执行法律条款加以解释——杜鲁门总统正是以这两个条款为依据辩解其接管钢铁厂的行为。〔3〕但是，杰克逊大法官（J. Jackson）和弗兰克福特大法官（J. Frankfurter）的协同意见对后继案件的影响更为深远。两位大法官都将行政权的限度视为国会自身行为作用的结果。杰克逊大法官解释道：

> “当总统根据国会明示或暗示的授权采取行动时，其权力达到最大值，此时，总统享有自身固有的一切权力以及国会有权授予的所有权力……当国会未予授权、亦未反对时，总统仅得凭借自身独立享有的权力行事，但此时存在一个阴影区，于其中可能权力由总统与国会共享，也可能权力的分配尚未明确……当总统行为与国会明示或暗示的意愿背道而驰，总统的权力即降到最低点……”〔4〕

---

〔1〕 Hamdan v. Rumsfeld, 126 S. Ct. 2649, 2799 (2006)（布雷耶大法官的协同意见）.

〔2〕 343 U. S. 579 (1952).

〔3〕 Id. at 587 ~ 588.

〔4〕 Id. at 635 ~ 637（杰克逊大法官的协同意见）. 在另一案中，多数法官都采用了杰克逊法官的方法，参见 Dames & Moore v. Regan, 453 U. S. 654, 668 ~ 669 (1981). 但是法院意识到：“毫无疑问，有时候行政行为违宪，但并非恰好属于三个种类中的任何一个。在宪法明确授权和明确禁止这两极之间存在一个区间，它就在其中的某一点上。” Id. at 669.

哈姆丹案中，肯尼迪大法官在其关键的协同意见中详尽地援引了杰克逊大法官的相关论述。[1]同时，斯蒂文斯大法官将杰克逊法官的上述说理视为定论，多数意见也援引了上述意见为其论证服务：“当缺少国会授权时，无论总统是否具有独立召集军事委员会的权力，若国会已通过合理运用自身的战争权对总统权力作出限制，总统便不能置若罔闻。”[2]

杨斯顿案中，布莱克大法官与杰克逊大法官、弗兰克福特大法官在方法论上的分歧时常被描述为形式主义和功能主义之间的对立。[3]尽管所言非虚，但是这种分歧并非仅仅如此。它也体现了对于宪法典的排他性依赖与广泛关注其他构建性渊源这两种立场之间的区别。[4]较之布莱克大法官，杰克逊大法官和弗兰克福特大法官的意见在该领域实际上更具影响力，所以，杨斯顿案现在代表了这样一种观点——国会对于行政权的行使享有广泛权力。尤其是在外事法领域，总统与国会之间的权力界限几乎全都是由国会立法确定的。如肯尼迪大法官所言，“国会颁布的法律亦可以是决定性的，这一宪法性原则”正是哈姆丹案的判决依据。[5]

（三）宪法典之外的宪法之功能

尽管上一节集中分析的三项判决均产生于2005年，但我无意暗示宪法典之外的宪法是一种新现象。举例而言，1789年的初始宪法典明确授权国会设立下级联邦法院，划分其管辖范围并确定相应程序。[6]类

---

〔1〕 See 126 S. Ct. at 2800（肯尼迪大法官部分同意多数意见）（“对于行政行为是否被授权，恰当的评估标准是杰克逊法官在杨斯顿钢铁公司案中提出的三段式体系。”）.

〔2〕 Id. at 2774 n. 23（多数意见）. 斯蒂文斯大法官也注意到“政府方未作反驳”。Id.

〔3〕 See, e. g., Rebecca Brown, Separated Powers and Ordered Liberty, 139 U. Pa. L. Rev. 1513, 1522~1531 & nn. 55 & 59（1991）.

〔4〕 例如，想象一下，可以像杰克逊那样强调法律授权究竟是否存在，但是这种方法在法律解释上又过于形式化。同样，也可以依循布莱克的脚步，忽略法典外的宪法规范，但是构思出宪法性问题，用功能主义的话来说，就是思考各个部门之间的权力“均衡”。我认为这两种看待杨斯顿案的方法是可调和的，因为法典外的宪法这一理念首先需要依赖一个功能性标准——而非形式性标准——来界定什么才算是“宪法”。

〔5〕 126 S. Ct. at 2804（肯尼迪大法官部分赞同多数意见）.

〔6〕 See U. S. Const. art. III, §1（“合众国的司法权，属于最高法院和国会不时规定和设立的下级法院。”）；Richard H. Fallon, Jr., Daniel J. Meltzer & David L. Shapiro, Hart and Wechsler's The Federal Courts and the Federal System 28（5th ed. 2003）[hereinafter Hart & Wechsler]（“宪法的司法权条款无法自行执行，因此第一届国会面临构筑一个法院系统的任务，并且要在宪法设定的国会权限之内划定法院管辖范围。”）.

似地，权利法案也参考了其他法律渊源，用以区分必须由陪审团审理的民事案件与可由法院单独审理的民事案件，[1]兴许也这般确定了为人民所保留的那些权利。[2]虽说较之19世纪早期，行政国家这样存在于宪法典之外的机构如今扮演的角色越发重要，但存在于宪法典之外的某些权利形式——如自然法中的权利——却日渐式微。[3]尽管宪法典外的宪法之作用与重要性已然日新月异，但宪法典自身对于构建性法律承诺的描述依旧还是残篇断简。

本节旨在简要介绍宪法典之外的宪法在宪政秩序中发挥的几种不同作用。我将聚焦于这些规范的执行（implementation）、明晰（specification）、补充（supplementation）、替代（supersession）和保障（entrenchment）五项功能，尽管它们的功能远不限于此。但是，不同功能之间的界限模糊不清且尚存争议。根据对正当程序条款的不同解读，既可以将格里斯沃尔德诉康涅狄格州案（Griswold v. Connecticut）对隐私权的确认[4]理解成明晰功能（阐述了正当程序条款所述之字面原则如何与特定情形进行关联），也可以理解为补充功能（以不断进化的标准来解读隐私权，回应现代社会对隐私的侵犯），然而无论哪种理解都会招致他人的合理反驳。但我的重点在于强调宪法典之外的宪法发挥着上述诸种功能——而不是判断它们在个案中到底发挥了哪种功能。

1. 执行功能

徒法不足以自行，宪法典亦是如此。它搭建起政府框架，却未规定政府实际运行所必需的机构。在某些领域，宪法典明确意识到了执行法律的必要，并通过授权达此目的：宪法第1条和第3条授权国会建立联

---

〔1〕 See U. S. Const. amend. VII（“在普通法的诉讼中，……由陪审团审判的权利应受保护……”）；Tull v. United States, 481 U. S. 412, 417 (1987)（第七修正案规定的受陪审团审判的权利是否能实现，取决于一个特定诉讼是更类似于“在英国普通法法院提起的诉讼”，还是更像“18世纪在衡平法法院和海事法院审理的案件”）.

〔2〕 See U. S. Const. amend. IX（“本宪法对某些权利的列举，不得被解释为否定或轻视由人民保留的其他权利。”）.

〔3〕 See, e. g., Fletcher v. Peck, 10 U. S. (6 Cranch) 87, 135, 139 (1810)（认为依据合同条款或者“属于我们的自由制度中常见的基本原则”，一项乔治亚州法应被推翻）；Ely, supra note 60, at 48 ~ 50（阐述道，虽然自然法在宪法早期发挥了一定作用，但如今这种观念“已不再为人们所认同”）。

〔4〕 381 U. S. 479, 484 ~ 485 (1965).

邦司法系统，[1]第 4 条授权国会在美属领土设立政府机构。[2]宪法典授予的实质性立法权通常也包括设立新机构——例如美国第一银行（Bank of the United States）[3]或是联邦破产法院[4]——的权力。类似地，重建修正案授权国会通过“适当立法”来“实施”平等保护和正当程序赋予的实体权益以及平等的投票权。[5]国会运用该权力，不仅确立了联邦的政府结构，例如，依据 1871 年《三 K 党法》建立起联邦救济制度；[6]还通过如《投票权法》等立法，[7]规制并重塑了州和地方的政府结构。

其他构建性规则作用在更为基础的层面上。宪法典规定了一个两院制的立法机关，只不过国会两院都必须为各自的审议和投票程序设计一套更为细致的规则。[8]约翰·马歇尔（John Marshall）在一个有成文宪法典的法律体系中，根据司法功能的性质发现了司法审查的权力，[9]但是国会和联邦法院需要发展出一套极其复杂的宪法救济体系，才能令该权力得以实现。[10]虽然这些构建性规则存在于宪法典之外，但如果没有它们，美国宪法体系将变得面目全非。

2. 明晰功能

宪法典之外的规范经常通过细化宪法典的内容，解决后者在具体情况下的适用问题。[11]法官创制的司法“标准”，在执行如平等保护条款

---

〔1〕 See U. S. Const. art. I, §8, cl. 9; id. art. III.

〔2〕 Id. art. IV, §3, cl. 2（“国会对于属于合众国的领土……有权……制定一切必要的条例和规章。”）.

〔3〕 McCulloch v. Maryland, 17 U. S. （4 Wheat. ）316（1819）.

〔4〕 See U. S. Const. art. I, §8, cl. 4; 28 U. S. C. §§151 ~158（2000）.

〔5〕 U. S. Const. amend. XIII, §2; id. amend. XIV, §5; id. amend. XV, §2.

〔6〕 42 U. S. C. §1985（2000）.

〔7〕 42 U. S. C. §§1971, 1973 to 1973aa -6（2000）(amended 2006).

〔8〕 See, e. g. , H. R. Doc. No. 109 - 157（2007）; S. Comm. on Rules & Admin. , Standing Rules of the Senate, S. Doc. No. 106 -15（2000）.

〔9〕 See Marbury v. Madison, 5 U. S. （1 Cranch）137, 176 ~178（1803）.

〔10〕 See, e. g. , 42 U. S. C. §1983 （2000）; Bivens v. Six Unknown Named Agents of Fed. Bureau of Narcotics, 403 U. S. 388（1971）.

〔11〕 See Perry, supra note 24, at 113（“特殊语境下，对一条有所暗示但是含义模糊的规范在该语境中的意思进行‘明晰’的过程，就是决定应该如何解释该规范及其他一切相关考量在该语境下要达到什么目的的过程。”）

等宪法典要求时必不可少,[1]法律和规章有时发挥着类似的作用。[2]例如,《战争权决议案》(War Powers Resolution)第2节明确了国会对宪法意义上的战争权之解释,其余各节规定了一套程序,以说明该解释在特殊情况下应如何适用。[3]不同政府部门之间对同一宪法条文确切含义的理解时有分歧。虽然国会试图明晰宪法典含义的尝试偶有失败,但它总能使自己的解释站稳脚跟——尤其是当解释权的行使不违反宪法性规范时。[4]

3. 补充功能

"补充"出现在需要对宪法典要求作进一步延伸的场合。例如,宪法典在行政机构的问题上虽看似保持缄默:其文本并未明确授权设立大量行政官僚体制,以辅佐宪法典设立的立法、行政和司法三个部门的运作,[5]但是它也没有禁止设立三大部门以外的其他政府机构。纵观美国法制史,"宪法"部门为达成各式目的而催生了大量额外政府机构。与此类似,那些创设权利的法律也带来了新的权益——如保护残疾人免遭歧视或者发放给老年人的最低保障金[6]——而这些都无法从宪法典中信手拈来。显而易见的是,古老而不易修改的宪法若想要满足高度复杂

---

〔1〕 See generally Richard H. Fallon, Jr., Implementing the Constitution (2001) (讨论了宪法领域的司法原则的作用). 我还没有完全确定,到底这些司法原则是否应当被视作是非法典性质的。如果我们将所有这类原则看作是在法典之外的,那么宪法典的内容就所剩无几了;毕竟,宪法典中没多少条款能自行适用。另外,许多司法原则与宪法文本相去甚远——例如隐私权和反强占原则(anticommandeering doctrine)——因此可能更适合被理解为宪法典之外的内容。再有就是,司法原则不像宪法典本身那样受到严格程序保障,因为,至少最高法院可以推翻自己之前的先例,而不用经过宪法第5条修正案程序。

〔2〕 See, e. g., Ira C. Lupu, Statutes Revolving in Constitutional Law Orbits, 79 Va. L. Rev. 1 (1993) (讨论到法律被用来明晰宪法义务的含义).

〔3〕 See 50 U. S. C. §1541 (2000).

〔4〕 对比 City of Boerne v. Flores, 521 U. S. 507 (1997) (判决《宗教自由恢复法》在适用于州和地方政府时违反了宪法,因为国会过于扩展自由实施信仰的权利,以至于超出了第十四修正案第五节授权给国会对宗教自由条款进行"执行"的权力) 和 Gonzales v. O Centro Espirita Beneficente Uniao Do Vegetal, 546 U. S. 418 (2006) (确认《宗教自由恢复法》对于联邦的适用是合宪的,因为国会享有全权管理联邦政府的运作).

〔5〕 至少,这些官僚机构作为"必要且适当"的手段而存在,用以在实质实施明确列举的国会权力,如州际贸易管理权和其他权力。U. S. Const. art. 1, §8, cl. 18. 但是,即使我们认为宪法并非完全没有提及行政国的合法性问题,也很容易就能发现,法律,而非宪法典,才是在建立行政国的过程中独挑大梁的那个角色。

〔6〕 See Americans with Disabilities Act of 1990, 42 U. S. C. §§12, 101 ~ 112, 213 (2000); Social Security Act, 42 U. S. C. §§301 – 1397 (2000).

的现代社会的需求，需主要倚仗宪法典之外的规范所发挥的补充功能。虽有人认为法院在宪法解释时采取的普通法（common law）路径是能让宪法适应社会变化的关键，[1]但都不能过分强调法院的作用，而埋没那些置身于“法庭之外”又不在宪法典之中的宪法性规范。

4. 替代功能

补充功能在宪法不置可否时大显身手，但“替代功能”意味着突破宪法性规则。更准确地说，“替代”是将宪法典中“因循守旧”的结构或者原则替换为可与之比拟但尚有区别的宪法典之外的规范。比如，国会可将立法职能移转给行政部门，但这一举动一度受到禁止授权原则的限制，该原则允许国会将执法职能转移给行政机关，但强调基本政策决定必须由国会作出，因而国会必须清楚地规定一项“易于理解的原则”（intelligible principle）来引导行政机关行使裁量权。[2]但法院发现很难定义过度授权的概念并对之加以约束，继而最终放弃了尝试。[3]即便如此，行政机关的裁量权也非毫无限制。相反，虽然宪法第1条授权条款划定了准予授权的范围，但这已被宪法典以外的大量针对行政裁量权作出的限制所替代。其中首推依《行政程序法》对行政行为进行的司法审查，这类审查被用于判断行政行为是否符合国会已于法律中规定的指导方针。[4]因此，当前，行政机关裁量权的边界由其组织法决定，并非源自宪法典中的原则。在这种意义上，基于《行政程序法》的审查已经替代了之前宪法典规定的限制。

宪法典规定的原则虽受到程序保障，但仍可被废止，并由他者代替，这一观点使棘手的合法性问题一触即发，而我已在其他著作中试图对此进行探索。[5]但是，并不是所有出现替代的情形都需要超越宪法

[1] See, e.g., David A. Strauss, Common Law Constitutional Interpretation, 63 U. Chi. L. Rev. 877, 905~906 (1996).

[2] J. W. Hampton, Jr., & Co. v. United States, 276 U. S. 394, 408~409 (1928).

[3] See, e.g., Whitman v. Am. Trucking Ass' ns, 531 U. S. 457 (2001); Richard B. Stewart, The Reformation of American Administrative Law, 88 Harv. L. Rev. 1667, 1697 (1975) (“考虑到这个标准太过主观性，而且是否否决立法授权的决定又极富争议，这类决定会不可避免地体现出派系性，且大概时时如此。”).

[4] See, e.g., Sunstein, supra note 71, at 143 (“因为宪法第1条把立法权授予国会，所以对行政机关进行的广泛授权受到质疑；但是，法院应能确保行政机关忠实执行任何法律指令，因为这种臆断，授权被允许了。”)

[5] See Ernest A. Young, Making Federalism Doctrine: Fidelity, Institutional Competence, and Compensating Adjustments, 46 Wm. & Mary L. Rev. 1733 (2005); see also Lawson, supra note 81.

典。在奥斯本诉美国第一银行案（Osborn v. Bank of the United States）中，[1]首席大法官约翰·马歇尔将宪法第3条关于联邦问题的管辖权解释得极其宽泛，涵盖了任何涉及联邦因素的案件，哪怕该因素并未引起任何争议。[2]奥斯本案的广义解释说明，第3条就联邦法院对联邦问题的管辖权范围几乎未作限制。但是，一个案件若想触发这类管辖权，不仅需要同时符合宪法和法律的要求，还要满足《美国法典》第28编第1331条，而此条文中的“基于”（arising under）等字样一直以来都被解释得更为狭义。更重要的是，将联邦问题作为抗辩理由而非诉讼请求的案件会被排除在外。[3]因此，第1331条之内容俨然已经取代了宪法第3条确定的边界，成为联邦问题管辖权的首要限制因素；多数管辖权之争也转而聚焦于相关法律，而将宪法典标准置于脑后。[4]这种制度安排的结果是，国会得以灵活地在特定问题上将联邦问题的边界扩展至第1331条以外。但是，如果宪法典和法律被解释为划定了相同的管辖范围，联邦问题的边界就必须在所有领域都进行无差别地扩张。[5]

5. 保障功能

一类特殊的程序保障界定了宪法典：宪法典（通常）仅能依第5条规定之修正案进行修改。但是，如冈萨雷斯案、拉帕诺斯案以及哈姆丹案所展现的，普通法律规范也能受到不同程度的相对保障。宪法典之外的宪法，其关键功能之一，就是区分这些尚未被宪法典正式承认的不同级别的保障。宪法典之外的宪法所具备的构建性功能和保障性功能这二者之间，存在着错综复杂的关系，我将于下一部分对此进行集中讨论。

---

〔1〕 22 U.S.（9 Wheat.）738（1824）. 在奥斯本案中，所谓的联邦因素，只不过是银行的公司身份（联邦法律的产物）及其随之而来的起诉和被诉的权利。

〔2〕 See id. at 823. But cf. A. J. Bellia, The Origins of Article III ‘Arising Under’ Jurisdiction, 57 Duke L. J.（forthcoming 2007）（提出对奥斯本案的更狭义的理解）.

〔3〕 See Louisville & Nashville R. R. Co. v. Mottley, 211 U.S. 149（1908）. See generally Hart & Wechsler, supra note 171, at 832（“已被广为接受的是，宪法文本所及范围比第1331条措辞涉及之范围要广得多。”）.

〔4〕 See, e.g., Merrell Dow Pharm. Inc. v. Thompson ex rel. Thompson, 478 U.S. 804（1986）.

〔5〕 See, e.g., 28 U.S.C. §1442（2000）（允许联邦官员基于一项联邦抗辩而将案件移转到联邦法院审理）.

三、宪法的稳定与变迁

在功能性视角之下，美国“宪法”的范畴涵盖了大量“构建性”法律规范，远不只制定于费城的那份文件及其修正案。如果有人认为这种观点出乎意料，不过是因为我们对“宪法性法律”的理解被紧紧限缩于诸多宪政功能中的一种之上。问题在于，不光是身处学术圈之外的大多数美国人将“宪法”视作一份受到程序保障的刚性文件。令人震惊是，即便那些接受宪法不经由第5条程序即可修改的学者，也依然坚信保障作用为宪政所不可或缺。不同于此，我的主要目标是将宪法概念从保障功能中解放出来。本文余下部分将逐一探讨普通法律的构建性功能是如何影响了宪法领域的理论学说、司法原则、法律教学和学术研究。

（一）承认规则的问题

于宪法典之外发现宪法性规范不是什么新鲜事。卡尔·卢埃林（Karl Llewellyn）在1934年就察觉到“宪法典难以勾勒出一个利维坦（Leviathan）的运行框架。要想明白实际运作中的宪法究竟是什么样的，参考法典不会给你任何帮助，它既没有提供一个肯定性标准，也未指明任何否定性标准。”[1]时至今日，卢埃林对于公法的涉猎几乎已被遗忘，但是文本之外的原则问题依然主导着关于宪法的讨论。有关未列明的个人权利的“活宪法”理论引发了旷日持久的争议，[2]耶鲁学派主张宪法未经第5条程序即得以修改，[3]约翰·费雷约翰（John Ferejohn）与威廉·艾斯克里奇（William Eskridge）倡导具有准宪法地位的“超级立法”（super-statutes）理论[4]——这些都牵涉宪法典之外的宪法。

尽管如此，对此类规范的讨论都具备同一特征，这使得它们异于本

---

〔1〕 Llewellyn, supra note 1, at 15.

〔2〕 例如，对比Lawrence G. Sager, Justice in Plainclothes: A Theory of American Constitutional Practice 76 (2004)（争论说，法官应该像制宪者的“同伴”一样，与他们平起平坐，且富有创造性地工作，“使我们的政治共同体能够更好地实现政治公正的基本要求”）和William H. Rehnquist, The Notion of a Living Constitution, 54 Tex. L. Rev. 693 (1976)（拒绝了前述说法）.

〔3〕 See, e. g., Ackerman, Foundations, supra note 19; Akhil Reed Amar, Philadelphia Revisited: Amending the Constitution Outside Article V, 55 U. Chi. L. Rev. 1043 (1988).

〔4〕 See Eskridge & Ferejohn, supra note 19.

文立场。卢埃林、阿克曼、艾斯克里奇以及费雷约翰等学者主张存在于宪法典之外但发挥构建性功能的规范均享有宪法“位阶（status）”，从而有别于普通法律。阿克曼教授的“二元”理论明确区分了源自“常规政治活动”的规范和作为“高级立法”产物的规范。[1]卢埃林教授主张“宪法并非事无巨细的政府工具，而是政府的基本框架”，因此有必要“确定其中有多少以及哪些部分对于整体而言作为基础，同时也作为实际运作中的宪法（working Constitution）而存在”。[2]尽管艾斯克里奇教授和费雷约翰教授承认“在现代国家中，普通法律与位阶更高的立法的这种传统区分还不够精确”，但他们认为“高级法”别具一格，是一种“介于宪法与一般性法律之间的基本法或者准宪法”。[3]

上述各种理论均将宪法位阶与某种形式的程序保障相联系。判断是否属于卢埃林教授所称“实际运作中的宪法”的核心标准之一，是相关政治势力“必须意识到其规定的程序或者组织机构不可被废止或者实质变更”。[4]对于“高级立法”的产物在何种程度上受到保障并得以免于变更，阿克曼教授本可以将观点表述得更为明晰。他所举的范例涉及对政府的授权（至少在联邦层面上如此），因而当一部法律依旧法典涉嫌超越政府职权范围，但当下却被法院确认合宪时，宪法革命便实现了。[5]对于阿克曼教授而言，此类判决“将与宪法相关的政治运作转化为宪法性法律，提供了令人信服的司法原则，用以指引其后若干年的常规政治活动”。[6]如此这般，往昔的法律形塑了未来的法律，而并非是由后者来重构前者，这才是保障作用的本质。艾斯克里奇教授和费雷约翰教授的高级法作用与之相似。因此，他们声称“（1964年）《民权法案》确是一部高级法，因为它包含了重要的（反歧视）原则，且经过激烈的政治斗争和规范性论战后仍被批准，历经多年，其准则已深深

〔1〕 See infra text accompanying note 218. super-statutes

〔2〕 Llewellyn, supra note 1, at 26 (citations omitted). 马修·帕尔玛紧随卢埃林的脚步，似乎也想为他的“完整的宪法”加以特殊位阶，“完整的宪法”是通过务实地关注宪政功能的实际表现总结出的概念。See Palmer, supra note 5, at 634 ~ 635.

〔3〕 Eskridge & Ferejohn, supra note 19, at 1275 (emphasis omitted); see also id. at 1266 (“我们竭力主张超级立法不同于区区普通法律。”).

〔4〕 Llewellyn, supra note 1, at 29.

〔5〕 Ackerman, Foundations, supra note 19, at 268 (“法官们向着宪法典进发，他们发布一系列具有改革性质的司法意见以确认另一波法律浪潮，尽管这些法律与旧制度中被视为基础的那些根本法律原则相抵触。”)

〔6〕 Id. at 267.

嵌入美国人的公共生活中，并对联邦法律和宪法产生了深远的影响”。[1]

将宪法位阶授予那些尚未被正式纳入宪法典中的规范，不仅会引发合法性的问题，还会带来定义上的困难。许多学者转而考量该规范究竟是存在于广义的宪法“之中”，还是“之外”，因而问题演变成如何为宪法典之外的宪法确立高度精确的边界。换言之，每一项理论都必须发展出一套宪法上的承认规则，以取代宪法第 5 条通过修宪而反映在文本上的承认规则。[2]不幸的是，与宪法典之外的宪法相关的理论在这一点上都呈溃败之势。

卡尔·卢埃林的宪法上的承认规则基本上是实证主义承认规则的翻版，“实际运作中的宪法”所涉机构设置和实践操作被有关政府官员视作“不可被废止或者进行实质变更”。[3]卢埃林教授更关注厘清正式标准，而非提供抽象的评估指标。他坚信：

政府活动和机构设置是否一定要与宪法文本有所关联，这不重要；如果一国宪法通过其他方式使自己看起来或者使人们觉得它将勇赴前程，那么它是否历史悠久又有什么关系呢；如果它发生变化的可能性趋近于零，那么变更机制是否繁琐复杂，也都无关紧要了。[4]

因此，卢埃林教授描述的实际运作中的宪法的边界“并不清晰，而是类似阴影一般。而且阴影的面积必然处于不断变动之中”。[5]卢埃林教授关于宪政自成一派的“精明理论”（sane theory）之所以能容忍这种捉摸不定的界限，唯一的原因就是问题涉及界限的情形比他本人设想的要少，我将于下文中将就此展开论述。

相反，对于布鲁斯·阿克曼教授而言，大量情形都涉及划界问题。他认为自己的理论“首要的是试图区分民主过程中作出的两类不同决定：一类由美国人民作出；另一类来自美国政府”。[6]在他对自己那套

---

〔1〕 Eskridge & Ferejohn, supra note 19, at 1237 (citations omitted).

〔2〕 前文谈论“承认规则”时，是将其作为一个肯定性的判断标准而言的。相较之下，此处所谓“承认规则”所指更为狭义，也不算基础。见本书第 76 页注释 1 ~4 及其所属正文。

〔3〕 Llewellyn, supra note 1, at 29.

〔4〕 Id. at 30.

〔5〕 Id. at 26.

〔6〕 Ackerman, Foundations, supra note 19, at 6.

理论的命名——“二元民主”——中，这种区分的重要性体现得淋漓尽致。他解释道：

在特殊宪政条件下，人民才会作出决定，而且这种情形非常罕见。在获得以人民的名义制定最高法律的权力之前，一场运动的政治领袖必须首先说服相当数量的公民，让他们拿出平日在政治活动中少有的严肃态度来对待其提出的动议；其次，他们须允许其反对者有公平机会形成反方势力；最后，当为“高级立法”准备的审议论坛开始讨论该动议的是非曲直时，运动发起人必须说服多数美国人对之予以支持。[1]

阿克曼教授的承认规则表现为制定高级立法的一场“障碍赛”，[2]他在后续著作中将其展开为五个步骤：

陷入宪政困境→来自选民的要求→迎战持有异议的部门→及时转变立场→举行联合选举。[3]

宪法典之外的规范一旦通过上述重重考验，便可受到保障，免受一般政治活动的修改：

即使这样一套“普通立法”制度运行良好，……二元宪法也会阻止民选政客肆意扩张手中的权力。他们不能仅凭一次普通选举的胜利就获得制定普通法律的权力，用来推翻之前人民经深思熟虑得出的判断。[4]

当然，问题在于，纵使阿克曼式的“宪政时刻”精妙绝伦，依然难以确切判断这一时刻是否确实出现。[5]另外，至于目前到底有哪些规范受到保障，几乎无法借助阿克曼用以确认“宪政时刻”的标准来作出判断。就像我的同事斯科特·波维（Scot Powe）所指出的那样，“新

---

〔1〕 Id.

〔2〕 Id.

〔3〕 Ackerman, Transformations, supra note 56, at 20.

〔4〕 Ackerman, Foundations, supra note 19, at 6.

〔5〕 See, e. g., Suzanna Sherry, The Ghost of Liberalism Past, 105 Harv. L. Rev. 918, 918 (1992)（对阿克曼的著作进行了评述，Ackerman, Foundations, supra note 19）（总结说：“该书……提供的判断标准并不明确，无法用于辨识过去那些具有特殊宪政意义的时刻。”）。虽然阿克曼教授第二本书所提供的标准更为详尽，但是其间的批判却未停止。参见本书第 110 页注 3 及其所属正文。

政时期没有留下任何书面宪法文件。法院或者‘我们人民’该如何解释新政时期出现的‘修正案’”。[1]

类似的问题也纠缠着威廉·艾斯克里奇教授和约翰·费雷约翰教授的“高级法”理论。他们也发现，目前“体现在宪法典中的‘高级立法’和存在于法律文件中的‘普通法律’”被截然区分开来，尽管他们与我不谋而合，“希望能够打破这种二分”，[2]两位教授依旧赋予“高级”法以特殊的位阶。此类法律应当受到自由而合目的性的解释；[3]法院在适用时应当更加自信，而不需要遵从如行政机关等其他主体提出的意见；[4]高级法不必每次都（甚至经常）屈从于法律解释的实质标准和“清楚说明（Clear Statement）”规则。[5]更广义地来讲，艾斯克里奇教授和费雷约翰教授认为，在解释其他法律——甚至是在解释宪法典本身时，法院需要考虑高级法所体现的规范。[6]因此，谨慎地定义“高级”的类别变得至关重要：

> 高级法指称一部或者一系列法律，它①试图寻求为国家政策建立一套全新的规范上或是制度上的框架，并且②始终扎根于公共文化之中，以至于③高级法及其制度性或规范性原则对法律产生了广泛的影响……往往只有在令人困扰的社会或者经济问题受到漫长的规范性争论后，高级法方能诞生……这种法律必须同时被证实是坚定有力且经得住时间考验的一个方案、一组标准或者一套规范，如此一来，早前对它的质疑便会烟消云散，而其中的政策和原则之于公共文化则变得不证自明。[7]

---

〔1〕 L. A. Powe, Jr., Ackermania or Uncomfortable Truths? 15 Const. Comment. 547, 566 (1998)（对阿克曼的著作进行了评述，Ackerman, Transformations, supra note 56）.

〔2〕 Eskridge & Ferejohn, supra note 19, at 1266.

〔3〕 See id. at 1247.

〔4〕 See id. at 1252. 艾斯克里奇教授和费雷约翰教授并未完全拒绝尊重行政机关作出的法律解释，但是由于一些立法的“高级”地位，行政机关对该类立法的解释可获尊重，但是受到重大限制。

〔5〕 See id. at 1253, 1267.

〔6〕 See id. at 1235 ~ 1236.

〔7〕 Id. at 1216. As examples, Eskridge and Ferejohn focus on the Sherman Antitrust Act of 1890, 15 U. S. C. § § 1 – 7 (2000); the Civil Rights Act of 1964, 42 U. S. C. § § 1981 – 2000 (2000); and the Endangered Species Act of 1973, 16 U. S. C. § § 1531 – 1544 (2000). See Eskridge & Ferejohn, supra note 19, at 1231 ~ 1246. 他们承认，《濒危物种保护法》的“高级”立法地位有待商榷。See id. at 1245 ~ 1246.

不幸的是，以上各种标准都似乎既具主观性而又捉摸不定。法律的公共目的要有多重要？法律制定中要有多少审议过程？事后又要经历多少来自法院、行政机关以及试图修宪的国会提出的检验和加工？一部法律在称得上是“高级”法之前，需要衍生和影响多少其他法律？比如，艾斯克里奇教授和费雷约翰教授曾考虑过将1965年《联邦香烟标签和广告法案》（Federal Cigarette Labeling and Advertising Act of 1965）作为一部高级立法看待的可能性。[1]可是他们的最终结论却与预期背道而驰，原因是最高法院的大法官们并没有“用如此光鲜的头衔来为该法定性”，加之两位教授自己也评价道：“该法案设计的监管体制现在看来显得畏手畏脚。”[2]这些标准都太过主观化，而在理论背后必定隐藏着一些更具操作性的判断依据。可惜更加严谨的标准尚未出现。

以上讨论的边界难题并不会因为某种更为新颖或复杂的理论的出现而自然消解。有些规范并未达到宪法典的形式要求，每当有人将宪法位阶赋予这类规范时，必然产生类似的困境。法典外的规范总会被赋予宪法位阶，美国宪法体系也许无法完全避免这种情况。例如，我在其他作品中曾提到，不断演进的习惯理应对宪法解释产生影响，[3]而如何确认和理解这些习惯又带来了“承认规则”上的问题，与此前卢埃林、阿克曼、艾斯克里奇以及费雷约翰等人的问题在性质上并无二致（尽管好在程度上有所削减）。同样，既然这些界限难以划定，如果可以使宪法典之外的规范之宪政功能与其受保障地位进行分离，方可把这种划界的必要性降到最低。

就像我在本文中描述的那样，“构建性”法律规范涉猎颇广，种类繁多且边界模糊。任何一部法律或者规章，只要它创设了政府办公机构——无论是美联储主席，还是参议院办公楼的安全警卫——就发挥了某种构建性功能。任何赋权给公民个人或者团体的法律规则亦是如此，并且我早已指出，创设权利的规章与一般性实体规章之间的界限顶多是

---

〔1〕 Id. at 1259（“它至少有点高级法的特征，体现了一个强有力的原则，即消费者应该知道烟草产品带来的健康隐患，而且政府应当迫使烟草生产商披露该信息；此策略为此后联邦法律和某些州法奠定了基础。”）.

〔2〕 Id. at 1260.

〔3〕 See Ernest Young, Rediscovering Conservatism: Burkean Political Theory and Constitutional Interpretation, 72 N. C. L. Rev. 619, 697～712（1994）.

昙花一现。[1]我无法提供精确的承认规则来区分构建性规范与非构建性规范，这通常无伤大雅，除非有重要事项依赖于此。当我说宪政功能总由“普通”法律承担时，我并不是说这些法律因此变得不再“普通”。[2]我的重点只在于辨析这些法律发挥的构建性功能——确实也还要其揭示普通法律对宪政秩序的影响无处不在。希望余文能够展现出这个简单的发现在宪法学理、司法原理以及法律教学领域都硕果累累。

（二）宪法典之外的宪法变更机制

分离宪法的构建性功能和保障性功能有助于理解我们所观察到的宪法变更历程。18世纪后期，成文宪法典的批评者认为这类宪法在应对变幻莫测的情况时显得过于古板僵硬，[3]沿袭了这种观点的当代学者们无不扼腕叹息，因为“（美国）宪法无法针对重要事项进行功能上的修改”。[4]尽管宪法文本相对稳定，但是美国宪政秩序在过去的两个世纪其实从未稳定过。因此，美国宪政面对的巨大谜团不是“一个伟大的国度如何依靠一部僵硬并难以与时俱进的成文宪法存活下去?”而是“在制度巨变中如何恪守成文宪法?”

宪法结构和个人权利均未经宪法第5条的修正案程序即发生改变，在尝试解释这种现象的理论中，布鲁斯·阿克曼教授的宪法“二元”理论最为完善。如前文所述，阿克曼教授最著名的理论是，宪法可依发生在修正案程序之外的民意动员而得以修改，他还为提出、审议、批准

---

〔1〕 例如，一项禁止向水体中倾倒二噁英化合物的规定是否创设了免受二噁英污染侵害的个人权利?

〔2〕 关于此处涉及的各种理论，我的立场与卢埃林教授最为相近。他展示的一组制度和政治实践，都在功能意义上受到保障——相关政治角色将它们看作是普通情况下不得进行修改的准则。但是，在他人看来，卢埃林似乎认为需要通过法院来鉴别哪些制度和实践才享有这等位阶，法院也因而可以靠司法审查对此位阶加以保护。我从不觉得像卢埃林教授这样的学者不够务实，但实际上他的分析重点其实在于，组成我们“运作中的宪法”那些制度和实践并不依赖于法院而继续存在，也不需要靠形式上的分类来维持自身的影响力。

〔3〕 See, e. g., Edmund Burke, Thoughts on the Present Discontents (1770), reprinted in 2 The Writings and Speeches of Edmund Burke 241, 277 (Paul Langford ed., Oxford Univ. Press 1981)（拒绝了一套“纸上谈兵的方案”，而青睐于“一个具有生命力且实际发挥作用的有效宪法系统”）; Joseph de Maistre, Essay on the Generative Principle of Political Constitutions (1810), reprinted in The Works of Joseph de Maistre 147, 149, 151 (Jack Lively trans., Macmillan Co. 1965)（坚持认为“宪法脆弱与否与其成文条款的数量直接相关”）.

〔4〕 Sanford Levinson, Our Undemocratic Constitution: Where the Constitution Goes Wrong (and How We the People Can Correct It) 167 (2006).

这类发生于宪法典之外的变更构思了一套错综复杂的政治过程。[1]阿克曼教授的观点遭到众多学者批评，[2]虽然我赞同这些批评，但我不打算在此逐一赘述。尽管如此，二元理论仍有其真谛。1789 年以降，美国宪政秩序发生了显著变化，其影响远超任何通过宪法第 5 条正式程序而出现于法典字里行间的内容。[3]根据二元论，对宪法的修改可以发生在第 5 条之外，这些变化即源于此；宪法形式主义无法解释我们观察到的这些现象，而阿克曼教授则给出了一套理论答案。

然而，更关注宪政功能的宪政路径能提供较为理想的其他解释。宪法典的起草者创造出美国政府组织的基本架构，并且确保少量问题得以经由特殊途径解决。但在大多数情况下，他们寄希望于创设一套政治机构，同时授予其权力，使得这些机构能够富有创造力地应对世事无常。换言之，他们预留了空间，供我们在宪法典之外进行大量构建活动。我承认，这就是为什么即使在两百年之后，我们依然能够在同一套基本的、受到保障的承诺之中继续拓展。[4]宪法典之外的法律变迁用更加简单的方式解释了已为世人所察觉的政府组织变迁问题，而无需诉诸阿克曼教授的路径中那些详尽（且难以实现）的概念性工具，以及长期的不确定性。

除了简单易行，我提倡的宪法典之外的宪法变革较之二元论，还有两项主要优势。

---

〔1〕 参见本书第 104 页注释 6，第 106 页注释 1 及其所属正文。

〔2〕 See supra notes 223 – 224; see also Tribe, supra note 53.

〔3〕 See, e. g., Friedman & Smith, supra note 104, at 45; Sanford Levinson, Accounting for Constitutional Change [or, How Many Times Has the United States Constitution Been Amended? (A) < 26; (B) 26; (C) > 26; (D) All of the Above], 8 Const. Comment. 409, 428 (1991) [该文标题是："算算美国宪法修改过几次？(A) <26; (B) 26; (C) > 26; (D) 以上答案都对"；其正文阐述道："对标题中的提问作所的任何解答都比选项（B）更加复杂，也更趋理论化。"]; Strauss, supra note 193, at 884（"随岁月流逝，宪法典发生了太多变化，但是——说得稍微夸张一点——呈现于纸面的修改不过是这个宏大舞台一缕微弱的侧光。"）Scholars observed this phenomenon even before 1937. See Llewellyn, supra note 1, at 21（"修正案程序是修改宪法的唯一方法，这绝对是最毫无依据的迷信了，它其实连主要方法都算不上。"）.

〔4〕 桑福德·列文森教授承认，通过"非正式途径"对宪法进行修改是可能的。但他留意到这种修改"缺乏透明度"，并质疑它们的适用范围是否足以囊括重要议题。Levinson, supra note 237, at 164. 这些理由显然也可以用于反对布鲁斯·阿克曼的理论。根据该理论，这类修改只有在重大场合才会发生，其含义由法院从含糊不清的文件中慢慢梳理出来。但是，发生于宪法文本之外的修改的确具有普通立法过程具备的透明度。而且像我在文章第一部分展现的，这种变化在很多关键问题上都发生了。

第一项优势是，它为渐进式变革提供了更广阔的空间。阿克曼教授将宪政发展的整个历程简化成若干个“时刻”，因而忽略了构建性的体制安排经由普通立法实践而发生的改变。诚然，前述某些构建性法律可以被归为阿克曼教授所谓的宪政时刻——例如，重建时期的民权立法中规定的管辖权和救济制度，或者新政时期兴起的行政官僚制。但是，《行政程序法》又如何呢？毫无疑问，《行政程序法》可谓是最重要的构建性法律之一，但是它颁布于 1946 年，比阿克曼体系中的第二次“联合选举”晚了 6 年。[1]要把其他显而易见的构建性举措归结于阿克曼所谓的宪政时刻，更是难上加难。该如何解释成立于 1913 年的美联储？抑或 1970 年设立的环境保护局？还有美国陆军工程兵团，经过两个世纪的漫长演变，从军方桥梁建筑者转型为世界上最有影响力的监管机构，它的成立又是怎么一回事？正如巴里·弗里德曼（Barry Friedman）和斯科特·史密斯（Scott Smith）所言：“历史的推动者并非总是阿克曼式宪政时刻这般翻天覆地的剧变。”[2]

第二项优势源自上一节针对承认规则进行的讨论。与二元论如影随形的总是为了明晰非正式修宪的确切含义而带来的难题。比如，在新政这一宪政“时刻”发生了许多基本的构建性变化，有人试图对此进行宽泛定义，以将《行政程序法》划作变化的产物之一，进而将该法并入此“时刻”之中。阿克曼教授曾这般形容该时刻的“简明含义”：“我们人民已经认可了新政时期采纳的积极政府观念。”[3]只不过该描述太过笼统，难言“简明”。是不是任何一种行为，只要是“积极的”，即属于联邦政府的权力范围？但是，功能主义者认为没有必要保障构建性变更造成的一切结果，他们允许法律解释者仅以法律修改的字面含义为准。这即是说，构建性法律仅在其条文规定的确切范围内对法律秩序加以改变。我们不需要从政治运动的主旨和提议中推测出变化趋势。相反，通过普通法律对宪法作出的更改，或许也该用普通的方法进行解读。

的确，我早已意识到，在某些情况下，宪法典之外的宪法会超越法典本身——诸如，法律确定的联邦权界限取代了宪法典中相对狭隘又传

---

〔1〕 See Ackerman, Transformations, supra note 56, at 359（将 1938 年和 1049 年选举定义为“联合选举”，它们认可了新政时期的宪法变化）.

〔2〕 Friedman & Smith, supra note 104, at 30.

〔3〕 Ackerman, Transformations, supra note 56, at 359.

统的贸易权概念。[1]对此，阿克曼教授的大概会解释道：宪法典已被修改。而我的观点更加复杂。宪法典对这类显著变化的开放性远超出我们已知的程度。举例而言，“贸易”这个字眼将不能承载加诸其上的广泛内涵，可当代联邦主义的法理困境不在于此，而在于我们未能觅得其他理论途径来保全国父们所秉持的那些用于平衡联邦权和州权的基本原则。[2]又如，构建性法律有时会使我们超越宪法典确立的界线而行动，这些僭越行为或许必须被当作错误抹去，因为每一项否定宪法规范的政府行为都不能被看作是对宪法进行的恰当“修改”，但若说阿克曼对此不作他想，我则深表怀疑。

更重要的是，我的观点并非完全反对阿克曼教授的二元论。两种观点之间绝非毫无交集：强调法典外的宪法经常遭到修改，不等于否认同时存在着通过修正案改变宪法典本身的情况，它甚至并不必然否定在特殊情况下，修改可能会不经第5条程序即发生。再者，无论一项社会运动在法律上的胜利能否被正式承认为宪法典的一部分，其历经的重重艰辛都有助于在功能意义上和社会学意义上为自身提供保障，防止后续变更。[3]而我真正拒绝的是二元论中“普通”（ordinary）法律不能发挥基本的构建性功能这一假设。此外，阿克曼教授的理论架构具有吸引力，大抵是因为其能够解释未经正式修正案就出现宪法变更这一现象。如果存在更简洁的解释，那么他的大量概念性工具一样会成为奥卡姆剃刀原则（Occam's Razor）的非难对象。

最后，较之于诉诸阿克曼教授繁琐的“高级立法”机制，通过常规政治途径改变构建性制度安排的说法更加令人满意。此处我的观点是，宪法确实发生了改变，但并不是因为某些神秘的非修正案程序对宪

---

〔1〕 See supra notes 92－93, 128－129 and accompanying text; see also supra notes 194－196 and accompanying text (discussing supersession).

〔2〕 See generally Young, supra note 197, at 1775～1799（争论说，法官应该乐于制定新的司法标准来实施这些原则）。

〔3〕 例如，对于1965年《投票权法》而言确实如此。42 U.S.C. §§1971, 1973 to 1973aa－6. (2000) (amended 2006). 但这并非是使普通法律受到保障的唯一方法。《反禁令法》或许难以修改，也只是因为它年限已久，The Anti-Injunction Act, 28 U.S.C. §2283 (2000) (originally enacted 1793)；另一方面，最高法院在蒙多克案中对管辖权条款所作之解释受到保障，是因为它在区分州法和联邦法上起到的核心作用。Murdock v. Memphis, 87 U.S. (20 Wall.) 590 (1875). See, e.g., Martha A. Field, Sources of Law: The Scope of Federal Common Law, 99 Harv. L. Rev. 881, 921 (1986). 上述两类法律都很难定性为社会运动的产物，这点有别于《投票权法》。

法典动了什么手脚。相反，变更的出现是因为宪法的大部分内容——即构成我们这个国家的构建性规则——从一开始就不要求必须通过修正案程序进行修改。建国以来，宪法结构的绝大多数变化源于宪法典之外的规范之增改，通过这个途径，我们可以实施、明晰以及补充宪法典本身。

（三）相对保障作用

超脱于二元民主理论之上，使我们认识到，在美国法律体系中，保障性具有多重面向。无论是在形式上，还是在功能上，均如此。从形式上讲，我们的法律体系认可不同程度的保障性：正如第一章论及 2005 年 10 月作出的几个判决时所展现的，多数当代法律争议聚焦于单方面的行政行为何时得以改变一套规则，以及此改变何时须经修订法律方得实现。在行政行为领域，对立法性规章的保障程度高于解释性规章，而正式程度更低的行政行为——例如针对个人所提问题作出的书面答复（letter rulings）——受到的保障更少。此外，很多关键的规则和实务操作被交给州法或者准政府机构（例如政党）来解决。

相对保障的另一个范例是法院判决中对宪法作出的司法解释。严格来说，相较其他政治参与者，此类裁判受到的保障程度一如宪法典本身。但在实践中，国会有时可以通过行使事实认定的权力来克服不利的司法裁判，[1] 总统与参议院也可以联手任命新的大法官，寄希望于他会投票推翻对此二者不利的先例。[2] 此外，从最高法院自身角度出发，早期解释也仅在遵循先例原则要求的范围内受到保障——作为一项存在于宪法

---

〔1〕 See, e. g., Violent Crime Control and Law Enforcement Act of 1994 §320, 904, 18 U. S. C. §922 (q) (1) (2000)（针对校园枪支对州际贸易的影响，相关事实调查进行了增补，以推翻法院在洛佩兹案中的决定，该案判决校园禁枪令不属于国会依据宪法合同条款取得的权力。United States v. Lopez, 514 U. S. 549 [1995]）; Katzenbach v. Morgan, 384 U. S. 641, 649 ~ 656 (1966)（国会认为，针对投票资格进行的文化水平测试属于有目的的歧视行为，因此违法了平等保护条款，法院赞同国会观点，虽然法院曾在此前的其他案件中作出截然相反的决定，Lassiter v. Northampton County Bd. of Elections, 360 U. S. 45 [1969]）. 当然，关于涉及的《校区禁枪法》是否足以改变洛佩兹案的判决，以及法院是否该在后续案件中就此进行考虑，我都不打算表态。Gun Free School Zones Act, 18 U. S. C. §922 (q) (2000).

〔2〕 Cf. Abraham Lincoln, Speech During the Lincoln-Douglas Senatorial Campaign (Oct. 13, 1858), in 3 The Collected Works of Abraham Lincoln 245, 255 (Roy P. Basler ed., 1953) ["我们对于德雷德·斯科特案（Dred Scott）的判决如此抵触，以至于若可能，我们会将它推翻，并就此问题建立一个新的司法规则。"].

典之外的原则，遵循先例自身也创设了各类保障的层级，不同保障因条件不同而排序各异。[1]

通过司法途径宣布法律无效的根源可以追溯到宪法第5条提供的保障作用，与之类似，相对保障性也带来了司法审查的其他模式。法院据此审查行政机关制定的规范是否遵循相应的实体法，[2]非正式行政行为是否遵循立法性规章，[3]以及州法是否在各方面遵循联邦法律。[4]无论是效力更高的法的“优先”功能，还是法院对这类法律的适用，都不限于宪法文本规定的内容；相反，它们都顺着法律世界的食物链向下级法律不断扩展。

相对保障性至关重要。宪法典之外的宪法，其首要功能之一即是确定行政部门何时可以独立地改变法律规定，以及法律变更何时需要由国会颁布新法来实现。在宪法典对政府行为限制甚少的领域，这些与法律保障性相关的争论可能尤为关键。例如，在冈萨雷斯案中，由于在医师协助自杀的问题上缺少国家层面的共识，所以难以指望国会能在该领域有所建树。加上最高法院又认定行政部门不能对此采取单方面行动，从而在可预见的未来，该问题都会被留给各州解决。与此类似，尽管国会在哈丹案之后的确授权总统动用军事委员会，但是相比总统事前期望通

---

〔1〕 See, e.g., Planned Parenthood of Se. Pa. v. Casey, 505 U.S. 833, 854 ~ 855 (1992) (plurality opinion)（阐述了一个含有多种因素的检验标准，用来评估遵循先例原则在宪法案件中的重要性）; Payne v. Tennessee, 501 U.S. 808, 828 (1991)（表明与宪法案件相比，遵循先例原则在涉及普通立法的案件中显得更加重要）.

〔2〕 See, e.g., AT&T Corp. v. Iowa Utils. Bd., 525 U.S. 366 (1999)（联邦通讯委员会曾颁布规章以实施1996年《通讯法》中的地方竞争条款，法院判决规章中部分内容违法，因其与《通讯法》相抵触。Telecommunications Act of 1996, Pub. L. No. 104 - 104, 110 Stat. 56 [codified in scattered sections of 47 U.S.C.]）.

〔3〕 See, e.g., Auer v. Robbins, 519 U.S. 452 (1997)（劳工部长针对一项旨在执行《公平劳工标准法》的立法性规章作出了非正式解释，法院在此案中审查此解释是否遵循该法和该规章）.

〔4〕 See, e.g., Fidelity Fed. Sav. & Loan Ass'n v. De la Cuesta, 458 U.S. 141 (1982)（判决联邦住房贷款银行委员会（Federal Home Loan Bank Board）发布的联邦银行业务规章优先于州法适用）; S. Pac. Co. v. Jensen, 244 U.S. 205 (1917)（判决联邦海事普通法优先于州法适用）. 这并不是承认所有形式的联邦法律都应该具有同样的优先效力。See generally Nina A. Mendelson, Chevron and Preemption, 102 Mich. L. Rev. 737 (2004)（认为行政机关的优先效力应受限制）; Ernest A. Young, Executive Preemption of State Law, 102 Nw. U. L. Rev. (forthcoming 2008)（认为只有当国会授权行政机关有权作出具有法律效力的行为时，联邦行政机关的决定才优先于州法）.

过单方面行动获得的权力，国会在《军事审判委员会法》[1]中情愿授予总统的权力更为局限。尤其是当行政部门和立法部门由不同党派控制，或是当国会中的不同势力大体对等时，相对保障性的有关问题将会深刻影响美国政府的机构形成以及法律导向。

此外，我曾经说过，[2]保障性并非只包括正式保障。就目前看来，相较于第一修正案禁止焚烧国旗的规定，《社会保障法》受到更多功能上的保障。使某特定规范发生改变的难易程度取决于众多因素，而推翻该规范所需的正式程序只不过是其中之一——尽管它确实非常重要。比如，卡尔·卢埃林就认为，在判断何种制度安排需要受到宪法保障时，应该关注法律专家、利益集团和普通大众的偏好和做法。[3]此处并不适合探讨各种功能性因素的变化和动因。我只是认为，通过割裂宪法规范的构建功能与其受到保障的程度，就可以为探究何为法律上的“保障性”开拓全新的视野。

四、宪法性法律的功能范围

意识到普通法律的构建性作用不仅有助于厘清宪法变化，还能阐明当前我们该如何适用以及理解宪法。最后这一部分会提供几个示例，用来分析该如何解决司法原则中出现的问题，还从更广义的角度阐释了法典外的宪法能如何改变我们在宪法领域的教学和著述方式。

（一）司法原则

宪法典规范和宪法典之外的规范在很多领域都泾渭分明。而这种区别意义重大，至少有助于辨析两个问题，事关联邦法院司法原则和学术研究：一是当国会限制联邦法院管辖权时，宪法对国会有何约束；二是根据《美国法典》第 42 编第 1983 条，私人是否有权针对州政府工作人员的行为提起私人救济之诉。类似地，标准的法律解释方法也趋向于鲜明区分针对一般法律的解释与针对宪法作出的解释，以凸显宪法价值并尊重行政机关。在这两个问题上，若能够意识到普通法律的构建性价

〔1〕 Military Commissions Act of 2006, Pub. L. No. 109 - 366, 2006 U. S. C. C. A. N. (120 Stat.) 2600 (to be codified at 10 U. S. C. § §948a - 950s).

〔2〕 See supra Subsection I. A. 3.

〔3〕 See Llewellyn, supra note 1, at 19.

值，便可表明，尽管人们时常呼吁要区分宪法典本身与宪法典之外的宪法，但这种区分其实没那么重要。

1. 与联邦法院相关的两个难题

在与联邦法院相关的法律领域中，有众多难以捉摸的谜题，其中之一就是国会在什么程度上有权限制联邦法院的管辖范围。这一议题与时代紧密相连，1996 年《反恐与死刑绩效法》、[1] 2005 年《在押人员待遇法》、[2] 2006 年《军事审判委员会法》[3]大概都能成为自重建时期以来关于国会剥夺联邦法院管辖权的最重要实例。凡有相关讨论，往往都引用亨利·哈特（Henry Hart）的著名言论作为开篇，“最高法院在宪法规划中发挥着甚为基础的作用”，国会对最高法院上诉管辖权作出的限制，其程度“不能达到摧毁这种作用的地步”。[4]其他学者紧随其后，不仅试图界定最高法院，还想探索联邦法院整体上究竟发挥了何种“基础作用”。作为这个理论矿藏中最富成效的开采者，拉里·塞格尔（Larry Sager）认为，联邦法院的关键作用在于确保州和联邦政府行为主体都谨遵宪法规范。因此，对国会剥夺联邦法院管辖权的限制就在于，国会不能掳走联邦司法系统对宪法诉求的管辖权。[5]

塞格尔认为，宪法诉求区别于依据其他联邦法律提出的权利诉求，而宪法典之外的宪法这一理念对之提出挑战，挫败了他的主张。他太过想当然地认为宪法诉求应当享有首要地位，[6] 而实现这类诉求就是联邦法院的一项“基础作用”，但是，他用以说明这一点的理由似乎同样

---

〔1〕 Pub. L. No. 104 - 132, 110 Stat. 1214 (codified principally in scattered sections of 28 U. S. C.).

〔2〕 Pub. L. No. 109 - 148, § §1001 - 1006, 119 Stat. 2739 (to be codified as amended in scattered sections of 10 U. S. C. §801 note, 28 U. S. C. §2241, and 42 U. S. C. § §2000dd, 2000dd - 1).

〔3〕 2006 U. S. C. C. A. N. (120 Stat.) 2600.

〔4〕 Henry M. Hart, Jr., *The Power of Congress To Limit the Jurisdiction of Federal Courts: An Exercise in Dialectic*, 66 Harv. L. Rev. 1362, 1365 (1953).

〔5〕 Lawrence Gene Sager, *The Supreme Court*, 1980 *Term-Foreword: Constitutional Limitations on Congress' Authority To Regulate the Jurisdiction of the Federal Courts*, 95 Harv. L. Rev. 17, 45, 66 - 67 (1981).

〔6〕 塞格尔院长曾经引用亚历山大·汉密尔顿，用来主张联邦法院“是‘宪政’规划中不可或缺的一部分”，因为它们在确定“由宪法典衍生的诉讼理由”时发挥了举足轻重的作用”。Id. at 67 [quoting The Federalist No. 81, at 507 ~ 508 (Alexander Hamilton) (Benjamin Fletcher Wright ed., 1961)]. 但是，在这个例子中，说赛格尔对原旨主义抱有一贯热情是有理有据的。see Sager, supra note 204, at 42 ~ 69. 毕竟，汉密尔顿的作品产生于联邦法律权利和监管机构大量涌现之前；至于他如何看待宪法和法律诉求的重要性，如今已经不甚相关。

适用于那些依据宪法典之外的宪法而产生的诉求。至于对各州行为的司法审查，他评论道："最高法院对各州是否遵守联邦法律进行的监督，愈渐成为整个联邦政府的支柱。"[1]然而，维持全国性法律的优先性不仅对宪法规范而言意义重大，还是联邦法律和规章的关注重点。塞格尔还评价道：

> 针对州政府行为进行的联邦司法监督事关重大，因为州和联邦政府时刻影响着个人生活，再加上这些政府行为极易对宪法产生威胁。各州或其所属市的选民们进行投票登记、运行公立学校、控制言论途径、雇佣与市民进行定期交流的警务人员、规划土地用途、发放职业执照并管理与家庭有关的事项。[2]

而我已指出，法律赋予的权利在个人生活中发挥的作用实际上比宪法典规定的权利更重要。确实，塞格尔所举的例子——选民登记、运行公立学校等——目前基本上都是依据联邦法律机制进行管理的。

塞格尔转而讨论针对联邦政府行为的司法审查，以司法独立的价值为立足点展开论述。他认为，国会若将针对联邦政府行为提出的联邦宪法诉求拒之门外，会导致这些案件被交由州法院解决，而这么做"完全不顾及宪法第 3 条终身职位和薪金保障的要求"。[3]但是他的主要观点是，州法院作为审理联邦诉求的替代场所具有不适格性。相较于宪法诉求，这个结论可能更适合用来评价源自联邦法律或者规章的诉求，因为这些诉求更为复杂，且州法院法官可能对此更不熟悉。无论如何，法律规章与宪法典一样发挥着构建性作用，如果说二者在此作用上的重要性不相伯仲，就很难解释为何司法独立对于宪法诉求而言更为重要，但对于依构建性法律产生的诉求而言则次之。

行文至此，并非是要解决宪法如何限制国会剥夺管辖权这一难题。我的观点不过是，无论国会权力的边界位于何处，都不应当以宪法诉求和法律诉求的二分为基础——或者说得更准确些，不该区分基于宪法典的诉求和来自宪法典之外的诉求。我曾在其他著作中讨论过，要贯彻宪法第 3 条规定的权力界限，最好的方法就是拟定强有力且表述清晰的规则。此法胜在适用面广，可适用于针对所有类型的诉求之管辖权限

---

〔1〕 Sager, supra note 261, at 51.

〔2〕 Id. at 55 n. 112.

〔3〕 Id. at 66.

制——而不仅限于针对宪法典衍生的诉求的限制。[1]

淡化宪法之诉和法律之诉的区别，使我们能够更透彻地分析一个重要议题，即联邦权利遭到侵犯时的救济途径。若个人联邦权利被州和地方政府工作人员侵犯，个人有权起诉，在联邦法律的这类规定中，首当其冲的就是《美国法典》第42编第1983条，该法条起初被作为1871年《三K党法》的一部分颁布。[2]其现行版本规定：

任何人因执行或适用各州、联邦领土或者哥伦比亚特区的法律、条例、规章或者惯例，而剥夺美利坚合众国公民或在其境内的其他人由宪法和法律保障的权利、特权或者豁免权，或导致这些权利被剥夺时，应当在普通法诉讼、衡平法诉讼或者其他恰当的程序中对受侵害方承担责任……[3]

在缅因州诉塞保托特案（Maine v. Thiboutot）[4]中，最高法院对上述条文中违反"宪法和法律"的字样做了广义解释，认为其包含违反任何联邦法律的行为。虽然此判决遭到批评，[5]又在伦奎斯特法庭的近期判决中受到严重限缩，但若能认识到法律和规章同样发挥着广泛的构建性作用，就能从功能上论证我们应当坚守塞保托特案的判决。

对塞保托特案的反对意见，起因于第1983条早期经历的各种变动。当该法条于1871年作为《三K党法》的一部分首次面世时，其范围仅涵盖侵犯宪法权利的情形。国会后于1874年在此条文中添加了"以及法律"的字样；同时把《三K党法》中的管辖权条款从实体性条款中分离出来，挪到《美国法典》其他章节下，成为现在的第28编第1343条（a）款第3项，仅授权联邦法院管辖宪法权利和"任何为保障平等权而制定的国会法"。[6]塞伯托特案的批评意见指出，实体性条文中

---

〔1〕 See Young, supra note 128, at 1602 ~ 1613.

〔2〕 Ch. 22, 17 Stat. 13 (1871).

〔3〕 42 U. S. C. § 1983 (2000).

〔4〕 448 U. S. 1 (1980).

〔5〕 See, e. g., David P. Currie, Ex parte Young After Seminole Tribe, 72 N. Y. U. L. Rev. 547, 551 (1997)（评论道，推翻塞保托特案的判决并非"一大悲剧"，因为该判决误读了第1983条）; David E. Engdahl, The Spending Power, 44 Duke L. J. 1, 104 (1994)（"塞保托特案对第1983条的理解经不起推敲。"）; Ellen D. Katz, State Judges, State Officers, and Federal Commands After Seminole Tribe and Printz, 1998 Wis. L. Rev. 1465, 1490 n. 118（"塞保托特案是法院意见分歧的产物，曾经引起不少争议，现在仍然如此。"）.

〔6〕 28 U. S. C. § 1343 (a) (3) (2000).

"以及法律"这个甚是简洁的字眼应当被理解为与第 1343 条（a）款第 3 项的管辖权条款所涉范围一致。[1] 但是，该案多数法官并未接受这一观点，因为该法条的历史太过模棱两可，不足以使法院背离直白的字面解释。[2]

塞伯托特案的判决近年来压力倍增，因为伦奎斯特法庭大体上对私人诉权（private rights of action）和对州政府的起诉持质疑态度。[3] 例如，在冈萨加大学诉匿名氏案（Gonzaga University v. Doe）[4] 中，原告基于第 1983 条起诉，声称州政府工作人员违反了《家庭教育权及隐私权法》（Family Educational Rights and Privacy Act/ FERPA）。但是法院驳回了原告的诉讼请求，理由是该法相关条文并未创设可由私人执行的权利。另外，伦彻·帕罗斯·范德斯诉亚勃拉姆斯（Rancho Palos Verdes v. Abrams）[5] 一案判决，当国会为受侵犯的法律权利创设一项特殊（通常范围也更狭窄）的法律救济时，这些权利诉求便不再为第 1983 条所认可。斯蒂文斯大法官在冈萨加一案中持反对意见，他认为："长久以来，源自第 1983 条的权利都被推定为可强制执行，但如今，此原则即便未被法院斩断精髓化为躯壳，多少已遭到侵蚀。"[6]

不同于塞伯托特案里的多数法官，如果有人认为该法历史及它与第 1983 条、第 1342 条（a）款第 3 项之间的关系已经是决定性证据，那么我从功能角度进行的论证便不必然足以支撑一个更广义的解释。但是，该历史批判通常与某一政策理由如影随形，后者认为塞伯托特判决赞同人们依据几无穷尽的联邦法律享有过于宽泛的诉权，而个中法律里，相当一部分与联邦权利救济的核心目的毫无干系。[7] 可本文所谓宪法典之外的宪法理论认为，对公民而言，联邦法律权利时常如宪法权利一般发挥着"不可或缺"的作用。塞伯托特案自身否认了社会福利涉及的相关权益——这项积极权利或许很难被写入一部受到严密程序保障

---

[1] See, e. g., Thiboutot, 448 U. S. at 20 ~ 21（鲍威尔大法官的反对意见）.

[2] See id. at 7 ~ 8 (majority opinion).

[3] See, e. g., Alexander v. Sandoval, 532 U. S. 275 (2001)（严格限制源自联邦法律的私人诉权）; Seminole Tribe v. Florida, 517 U. S. 44 (1996)（法院判决，当国会为违反联邦立法创设了救济途径时，国会不得笼统地撤销州政府豁免权）.

[4] 536 U. S. 273 (2002).

[5] 544 U. S. 113 (2005).

[6] 536 U. S. at 302（斯蒂文斯大法官的反对意见）.

[7] See, e. g., Maine v. Thiboutot, 448 U. S. 1, 22 (1980)（鲍威尔大法官的反对意见）.

的宪法典，但它对个人的实际意义可能远超宪法权利——例如焚烧国旗的第一修正案权利。当法律权利发挥着这类构建性作用时，强制执行这类权利以反抗政府干预看似更契合第 1983 条之核心目的。

若以我的理论作为评价标准，伦奎斯特法庭已决案件对塞伯托特案的限制并非绝对错误。联邦与州政府之间存在附条件拨款协议，在最近的几个案子中，有私人起诉强制执行这类协议条款，而法院都认为相关的特别法并未创设可依第 1983 条由个人执行的权利。[1]其一，这些条款大可被视作州与联邦政府协议的契约内容，而并未发挥赋权于个人的构建性功能。这就能说明为何它们仅可由契约双方来执行。其二，国会之所以能够立法设置一个更狭义的特殊救济方案，并使之优先于第 1983 条笼统的救济规定，无非是因为这些权利仅由法律创设，此性质使它们无法享受正式的程序保障。就现有司法原则而言，这两项理由都很难辩驳。

但本文观点或许有所帮助，至少能够影响法院在处理与 1983 条相关的法律问题时所持的主观倾向。法律应当创设可由私人执行的权利，且越具体的救济方案越能优先于第 1983 条适用，这两项原则已不证自明。但它们在适用上可以张弛有度：只有满足一定的条件时，权利才可由个人执行，在具体适用中可以对这些条件进行适度伸缩；对于一项具体法律救济是否能优先于第 1983 条的概括规定适用，取决于国会是否有意如此，在判断国会意愿时，也可以将相应标准进行适当放宽或收紧。近期对于这些原则的适用都较为严苛，大概是因为法院总体上认为近期案件涉及的联邦法律诉求并非第 1983 条真正目的所在。[2]这个笼统的结论正是我想反驳的：当联邦法律权利与宪法典赋予的权利二者功能相似时，同样需要为前者创设一个联邦法律诉由，使这些权利得以切实执行。

---

〔1〕 See, e. g. , Gonzaga Univ. , 536 U. S. at 278（《家庭教育权及隐私权法》的那些引起本案争议的要求起初是作为拨款权所附的条件而制定的，该法规定的唯一救济途径就是拒绝拨付联邦资金）.

〔2〕 针对联邦官员违反个人宪法权利的情形，比文斯案开辟了相应的联邦普通法救济途径，Bivens v. Six Unknown Named Agents of the Federal Bureau of Narcotics, 403 U. S. 388（1971），但正文提及的几项原则被尤为激进地用来对此进行限制，这显然是因为法官赋予的默认诉权引发了普遍的不安情绪。See, e. g. , Corr. Servs. Corp. v. Malesko, 534 U. S. 61（2001）（强烈反对将比文斯案确立的救济途径之适用范围扩展到任何其他领域）。

2. 解释的一致性

本文最后的建议包含两个问题，涉及针对构建性法律所作的司法解释。首先，我认为，在宪政结构中，当一个法律方案发挥了构建性作用时，法院应当毫不犹豫地采用规范性标准来进行法律解释，以体现出该方案相应部分蕴含的宪政价值。其次，若引起争议的法律发挥了构建性功能，对于行政机关就该法进行的解释，法院应该吝于给予谢弗朗式尊重。

冈萨雷斯案鲜明地体现了上述第一点。[1] 国会依据《受管制物品法》[2]授权给司法部长，多数法官对这一授权范围作出了解释。此解释显然受到一种理念的影响，该理念以联邦主义为基础，旨在分析医药职业领域的规制权在传统上如何分配，又怎样分配才合理。[3] 托马斯大法官（Justice Thomas）持异议，他反对将这种以联邦主义为基准的判断带入单纯的法律解释之中：

> 我同意《受管制物品法》的适用必须限制在符合联邦主义原则和美国宪法框架的范围内……但如今这已成旧谈。里奇案最为突出地体现了这类考虑的必要性，该案讨论了《受管制物品法》是否可被适用于州内携带受管制物品（医用大麻）的行为，以及此适用是否符合宪法列举的有限联邦权。但是，当问题与我们眼前的这个案件相似，仅涉及法律解释，而不争辩宪法允许哪些联邦权存在时，联邦主义的相关思量便毫无用武之地。[4]

于是，托马斯大法官总结道："法院依赖于那些曾在里奇案中被自己一口否决的原则——尽管打着法律解释的幌子——这种反复无常至少可以说是令人费解的。"[5]

托马斯大法官的反对意见想要取得共鸣并非难事。"在审判里奇案的时候你们都去哪了?"他质问冈萨雷斯案中那些投赞同票的多数法官们，"当这个法院将宪法解释为授权国会制定几无限制的全国性立法时?"虽然托马斯大法官在里奇案中采取了旗帜鲜明的立场，但我想指出，在冈

---

〔1〕 546 U. S. 243 (2006).

〔2〕 21 U. S. C. § §801 –904 (2000).

〔3〕 参见本书第 86 页注 2 及其所属正文。

〔4〕 Gonzales, 546 U. S. at 301 ~302 (Thomas J. , dissenting) (citing Gonzales v. Raich, 125 S. Ct. 2195, 2229 (2005) (Thomas J. , dissenting)).

〔5〕 Id. at 302.

萨雷斯和拉帕诺斯等案件中，他忽略了法律解释蕴含的构建性作用。宪法典中对国家权力规定的诸般限制未能与时俱进，这意味着像《受管制物品法》和《洁净水法》等法律设下的界限会日益影响联邦权力的分配状况。类似情形也通过拉帕诺斯案发生于权力分立原则上。个人权利价值领域亦不例外，在冈萨雷斯和拉帕诺斯等案中，法院怠于承认一个基本权利诉求。若事实果真如此，那么在类似案件中，通过法律解释的规范性标准来引入宪法价值，就不仅仅是可行之事——而是必须如此。〔1〕

在这些案件中，是否尊重行政机关的解释也是个大问题，因为法律争论时常聚焦于一个既存法律界限在何种程度上可以被执行机关加以解释和修改。在这个领域，对行政机关的尊重程度反映出宪法解释与法律解释的明显区分。因为当行政机关解释宪法典时，法院不必对此予以尊重；但是法院需要让步于行政机关针对普通法律作出的解释，此举已成为一个影响深远的法律传统。我认为，若一部普通法律发挥了构建性功能，而行政机关又对其作出了解释，那么法院在对待该解释时，当效仿对待行政机关作出的宪法解释所持之态度——少予尊重。

这并不是说《洁净水法》这样的大规模构建性方案中的任何规范都不该受到丝毫的谢弗朗式尊重。类似的方案中，有相当数量的法条仅由实体性规则组成，几乎不具有构建性功能。尊重行政机关对这类规则所作的解释，也是无可厚非的。但行政机关有时会自行解释自身管辖范围，或者对联邦法与州法的优先关系作出判断，此般举措引发了旷日持久的争论，而我也确实承认，总的来说，行政机关在这类问题上的解释不应该受到尊重。〔2〕

有人可能会反驳道，针对构建性法律就不适用谢弗朗式尊重原则，这相当于赋予这类法律以特殊位阶。这就回到了上文提到的问题：任何提议若想要赋予构建性法律以特殊位阶，就需要勾勒出一套相对精准、确定的边界来辨别这类受到眷顾的法律。〔3〕然而，在此我并非要提议建立任何新的法律类别。就行政机关对自身管辖权的解释是否享受谢弗

---

〔1〕 See, e. g. , Sunstein, supra note 71, at 164 (“为维护那些确实具有宪法位阶的规范，法院找到一个新方法，那就是对法进行较为激进的解释，这比起宪法性裁决而言要温和得多。”); Young, supra note 128, at 1585 ~ 1599.

〔2〕 See, e. g. , Sunstein, supra note 71, at 143 (认为如果想要不再依靠宪法授权原则，必须先得确认法律对行政机关行为所设之限制可由法院强制执行。此外，“一旦行政机关可以对指令中的模糊之处进行解释，授权引发的问题会越发严重”).

〔3〕 See supra Section II. A.

朗式尊重，已有人展开长期争论。[1]虽然确实“很难区分管辖范围问题与其他的行政机关权限问题”，[2]但较之辨认出“构建性”规范这一难题，前者范围已经足够狭窄（因此也更容易应付）。我绝非想在这场争论中加入新类别，只不过想提供一种看法，促使这场关于现有法律类别的论战得以解决。

同样，宪法解释已有其不易动摇的一套标准，用于保护与政府结构[3]和个人权利[4]相关的宪政价值。这些标准的适用范围并非时时刻刻都百分百确定，可也不至于模糊到令人绝望。当这些标准只是可能被适用时，相关争议寥寥无几；但在有的案件中，宪法典规定的原则并未遭到实际违反，而对于在这类案件中到底是不是必须适用这些解释标准，则颇有争议。[5]我认为，宪法解释和法律解释在功能上是相互连续的——二者都是保护重要宪政价值的工具。是故，这个观点之所以重要，不是因为提出了一个新的原则性区别，而在于舍掉了加诸这些标准适用范围之上一个无意义的界限。

（二）教学与研究

改变“宪法”的现有概念可以影响我们对宪法领域教学和研究的思考方式。在这简短的最末一节，我想就法律教学和学术探究提示三

〔1〕 例如，对比 Miss. Power & Light Co. v. Mississippi ex rel. Moore, 487 U. S. 354, 381 (1988)（斯卡利亚大法官的协同意见）（“谢弗朗尊重原则甚至适用于行政机关对自身法律权限和管辖范围的解释，这已深入人心。”），以及同上注该节第386~387页（布伦南大法官的反对意见）（“对行政机关予以尊重的情形通常都仅限于行政机关对其‘被委任执行’的法律作出的解释。……行政机关并不‘执行’限制其管辖范围的法律，这类法律也未被‘委任’于它。通常对行政机关予以尊重的原因在这里也不存在。”）. See generally Jerry L. Mashaw, Richard A. Merrill & Peter M. Shane, Administrative Law: The American Public Law System, 817~819 (2003)（就此争论进行了全面考察）.

〔2〕 Mashaw et al., supra note 289, at 818.

〔3〕 See, e. g., Gregory v. Ashcroft, 501 U. S. 452 (1991)（判决认为，若国会打算管理传统上由州政府承担的职能，它必须作出清楚的声明）; Cass R. Sunstein, Nondelegation Canons, 67 U. Chi. L. Rev. 315 (2000)（综合整理了与限制授权相关的各种准则）.

〔4〕 See, e. g., United States v. Universal C. I. T. Credit Corp., 344 U. S. 218, 221~222 (1952)（从宽原则）. On clear statement rules, see generally William N. Eskridge, Jr., & Philip P. Frickey, Quasi-Constitutional Law: Clear Statement Rules as Constitutional Lawmaking, 45 Vand. L. Rev. 593 (1992).

〔5〕 See generally Richard A. Posner, Statutory Interpretation—in the Classroom and in the Courtroom, 50 U. Chi. L. Rev. 800 (1983); Frederick Schauer, Ashwander Revisited, 1995 Sup. Ct. Rev. 71; Adrian Vermeule, Saving Constructions, 85 Geo. L. J. 1945 (1997).

点。其一，我们需要质问的不仅是美国法学院课程设置上对于规制性法律和法律解释的长期忽视（虽然此问题逐渐有所缓解），还包括传统课程安排中对宪法与非宪法科目的显著区分。我们需要采取英国式的“公法”课程体系，其中，法律规范是否受到程序保障只不过是众多疑问中的一个。其二，宪法典之外的宪法是司法原则精细化的产物，只有在对精密法律方案的大致轮廓有所领悟之后，才能意识到由此引发的理论问题。这可能会使我们质疑在有些宪法研究中对法学理论和司法实践的区分。其三，宪法典之外的宪法较为多变，这意味着同样不断变化的政府机构设置与美国宪法的关系其实甚为密切，这种密切是那些认为“宪法”内容相对固定的人所体会不到的。

在宪法领域，对于“标准”（canon）的讨论通常用于解决我们应该讲授哪一个案件，或者我们是否该多花点时间理解法院之外的主体作出的宪法决定。但它并未直面本文提出的这一更为基础的问题——什么应该算得上是“宪法”？例外固然存在，例如，目前一个鼓舞人心的趋势就是，将联邦法优先于州法作为一个宪法问题置于更宏观的宪法联邦主义主题下讨论。[1]有的外事法案例教程在涉及构建性法律（如《外国人侵权法》[2]）以及普通法规则（如国家行为原则）时，也一并讨论了与战争权和缔约权有关的宪法规则。[3]与联邦法院相关的教程也大致上把法律和宪法条款在体系构建上的相互作用编入了最为重要的章节——例如，编入依宪法第 3 条和《美国法典》第 28 编第 131 条规定的联邦问题管辖权部分。[4]

但是，从整体上看，宪法课上极少涉及法律与规章文件。在德克萨斯大学，我们开设的课程包括平等保护原则和就业歧视法这两门，但是二者之间的重合部分并没有想象中那么多。至少我们该考虑将两门课合并，讨论不受歧视的权利在种族、性别、年龄、身体状况等方面的重要

---

〔1〕 See, e. g. , Kathleen M. Sullivan & Gerald Gunther, Constitutional Law 324 – 33 (15th ed. 2004). 同时，值得注意的是，这些案例教程除了讲述联邦法优先原则，还用了 2. 5 倍的篇幅介绍反强占原则（anticommandeering doctrine）和全国城市联盟诉乌瑟里案。National League of Cities v. Usery, 426 U. S. 833 (1976). see Sullivan & Gunther, supra, at 179 ~ 204, 虽然这两项对于理顺州和联邦权力关系中的法律优先问题上所起到的作用可忽略不计。

〔2〕 28 U. S. C. § 1350 (2000).

〔3〕 See, e. g. , Curtis A. Bradley & Jack L. Goldsmith, Foreign Relations Law: Cases and Materials, 90 ~ 111 (2d ed. 2006)（讨论了国家行为原则）; id. at 502 ~ 522（讨论了《外国人侵权法》）.

〔4〕 See, e. g. , Hart & Wechsler, supra note 171, at 832 ~ 905.

性，而不因为权利来自宪法或者法律，就将它们进行明显区分。这一安排在实践上有其优势，可以为特定情形提供更全面的法律备选项，但除此之外，还使我们有机会评述宪法、法律、规章等被用来解决常规构建性问题时各有何优劣。

对于法学研究而言，从功能角度来定义宪法是一座思维宝库，可于其中探索各种学术理论和司法实践问题，我不过只讨论了冰山一角。但我还想谈谈更宏观的两个主题：

第一，当前的学术理论和司法实践之争割裂了学术集体与法律实务，也分离了不同法律职业中的成员。〔1〕有的重要理论观点只有在密切关注司法动态后才能发现，但是并不需要知道多少司法原理，就会开始疑惑该用什么理论来解释宪法中那些开放式的权利条款。不过，若要想弄明白为什么说《洁净水法》或者《联邦通讯法》相当于相关领域的“宪法”，就得对有关法律的细节有所掌握。学者尊重司法原则并不仅仅只是出于职业礼让，而是因为这么做还可以收获一些理论见解。

第二，对“宪法”概念进行延展，使我们理解到制度结构远非我们原有观念中那么僵化固定。在很大程度上，我们的构建性制度安排并没有稳定到需要通过正式修正案——或者一个宪政“时刻”——才能修改。这意味着我们有很多机会去考虑如何设计宪法，而这种思考并非只产生于某些令人激动的场合——例如，杰出学者受邀抵达南太平洋中数个异域风情的小岛助其构思一部新宪法。许多极其基本的宪法格局问题都起因于新法律体系的产生或者对旧法律体系的修改，反之，我们如何解决这些问题又会影响到宪法典之外的宪法其整体构架。

例如，目前有一重要争议涉及将国内机构的立法、行政、司法权授权给超国家组织。世贸组织的立法职权、检查人员依据《禁止化学武器公约》履行的调查权，《北美自由贸易协议》赋予仲裁机构的裁判职权，都不过是这一愈发令人瞩目的态势之中几枚小小实例。迄今为止，与超国家授权的有效性有关的学术讨论都试图将这类授权归结于宪法典定义的某些类别。评论意见参考了经典的禁止授权条款、职位任命条款以及将联邦司法权交给非宪法第3条审判机构时应受的宪法限制，用以

〔1〕 See, e. g. , Harry T. Edwards, “The Growing Disjunction Between Legal Education and the Legal Profession”, 91 Mich. L. Rev. 34 (1992).

评估超国家授权行为的有效性。[1]问题在于，这些由宪法典设立的原则都是为了解决其他问题才发展起来的，由于超国家授权引发的各种问题不属于其目标范围，这些原则也就黔驴技穷了。

宪法典之外的宪法在构建政府机制中起到了令人信服的关键作用，若能意识到这一点，我们在运用既存宪法典规则解决新问题时就不会倍感压力。比起勉强适用非由宪法典第 3 条创设之审判机构的相关原则来规范国际法庭，如果可以简单地先（缔结条约）规定该如何组建这类法庭，或者通过立法控制其就国内法所作声明的效力，[2]那么何乐而不为呢？这类条约和法律会发挥宪法性功能，在研究法典结构时所获得的领悟也能为机构改革和规划提供有用的参照。至于为什么并没有太多学术研究按照这个思路进行，我怀疑部分原因在于：学者们认为提议通过法律来解决问题不属于“宪法”研究，即使亟待解决的目标本质上属于构建性问题。有这种观念的推波助澜，加之正式修宪的可能性微乎其微，宪法学者对政府机构设计所持的兴趣被统统扼杀。但是，法律和条约——甚至是规章和非正式政府实践——无时无刻不发挥着宪法性功能，宪法学者们是该对此加以重视了。

五、结论

宪法即在你我身边，它的外延超乎你的想象。如果透过功能性视角观察——试图识别出那一组事实上构建起公法秩序的法律规范——那么“宪法”一词就不仅包含宪法典，还囊括了一系列法律、规章、联邦普通法规则以及已经被确立的实践。本文探讨了从上述视角审视宪政之于学说建设、司法原则、日常教学的意义。尽管均浅尝辄止，但基本观点断为明确：宪法学者不该在自己的兴趣范围内的法律问题——以及相应学科——之中画地为牢；相反，他们应该投身于宪法典之外的规范海洋中去寻觅宪法。

---

〔1〕 See, e. g., Curtis A. Bradley, “International Delegations, the Structural Constitution, and Non-Self-Execution”, 55 Stan. L. Rev. 1557 (2003); Julian G. Ku, “The Delegation of Federal Power to International Organizations: New Problems with Old Solutions”, 85 Minn. L. Rev. 71 (2000); Edward T. Swaine, “The Constitutionality of International Delegations”, 104 Colum. L. Rev. 1492 (2004); John C. Yoo, The New Sovereignty and the Old Constitution: The Chemical Weapons Convention and the Appointments Clause, 15 Const. Comment. 87 (1998).

〔2〕 我在其他著作里对此建议进行了深入讨论。See Ernest A. Young, Toward a Framework Statute for Supranational Adjudication, 57 Emory L. J. (forthcoming 2007).

美国的不成文宪法*

埃姆琳·麦克莱恩 著 孙超然 译**

近年来，颇不难发现，司法意见和其他法律语言中阐述的一种略为普遍、或许更为广泛的看法，即认为美国人民有一部不成文宪法，它对各州和联邦政府的成文宪法起着补充和支撑的作用，当立法中存在压迫和不公的时候，人们可能有时就会诉诸不成文的宪法，把它作为一种保障措施。[1]但是，人们也会发现，虽然我们曾在不同的情况下以明显赞成的态度使用过不成文宪法的学说，但是，我们能在什么情况下把它看作一种足以支撑法院宣告法令违宪的基础，却是很难说的。因此，上文中的说法即使意味着某些问题，它所指出的也只是一种趋势，而不是司法思维中的既定原则；因而本文的目的，也就不在于为了判断有哪些法院表达过对这种原则的支持而搜寻那些契合该主题的零散文献，而是要确定：如果可能的话，这种原则会怎样融入我国的宪法。对于法院宣告法令因违宪而无效的权力来说，该原则很显然会修正我们对于法律的一

---

* 本文原刊于《哈佛法律评论》, Vol. 15, No. 7 [Mar., 1902], pp. 531 ~ 540.

** 埃姆琳·麦克莱恩（Emlin McClain），爱荷华州最高法院法官。孙超然：吉林大学法学院博士研究生。

〔1〕 对这种假设的不成文宪法的描述，也许没有比爱荷华州最高法院的 Beck 大法官（Mr. Justice Beck）在 Hanson v. Vernon 案（27 Iowa 28, 73）中表述的意见更好的了。他在下列语句中提到了不成文宪法：“在成文宪法的背后，似乎存在着一部不成文的宪法——如果这个词可以这么用的话。它能很好地保护和保障人民所享有的一切对世权，使得政府无法行使任何权力来损害或否定这些权利。在这些权利中，可能有很多是既没有被宪法所列举，也没有明确的条款来保护的，但是它们依然存在着，为人民所享有，也不受政府的干涉。比如财产权，家庭关系中在夫妻之间、父母子女之间产生的权利，等等。这些权利也许并没有得到宪法条款的明确保护，然而它们却非常完好地存在着，制定任何侵害这些权利的法律，都无法获得支持。”这话虽然在宣布时没有得到法院其他成员的认可，但却在 State ex rel., Howe v. Mayor, etc., of Des Moines 案（103 Iowa 76）中被写进了同一个法院的意见里。不过，笔者为了说明不成文宪法是什么，而援引了 Hanson v. Vernon 案中的这一结论，却同时又被 Stewart v. Supervisors of Polk County 案（30 Iowa I）给推翻了。

般说法，因为各州的法院已经说了很多次，法院不会凌驾于议会的立法裁量权之上，除非这种权力的行使违背了州宪法或联邦宪法中明显或隐含的限制。[1]我们对所谓的不成文宪法学说进行充分的考虑之后，可能会得出这样的结论：这个问题里面存在的所有混乱，与其说是来自于对解释成文宪法时应当承认何种原则的看法之间巨大的差异，倒不如说是由于使用术语的不恰当或不明确。

当然了，历史地看，的确有些宪法原则没有在我国的各部成文宪法中得到体现；而且我们也应当承认，不可能为了不必再援引受到英语民族承认的普遍性宪法原则，而在成文宪法中把相关的法全都表述出来——这与为了避免将来再引用而在法典或法令汇编中表述出全部的不成文法一样，是不可能的。在宪法学者们看来，一般来说，我们显然是有不成文宪法的；我的意思是说，这就和我们一般会说英国有不成文宪法是一个意思。但是有一点是很重要的，那就是要明确这种所谓的不成文宪法的含义，并认真地考虑这个问题：如果一部法令从违反宪法原则的意义上来说违宪了，那么从违反不成文宪法规则的法令违宪的意义上来说，它是否也一定是违宪的？戴雪教授讨论英国宪法的时候，区分了其中属于法律（law）的部分和只是习惯（convention）的部分——我认为这是他首创的。他说，英国宪法中有的部分是由法院主动认可的，其效力与法律完全相同；而其他的部分却公认是不受法院认可的：这与一般人所设想的不成文宪法的情况大相径庭。比如，他指出，一方面，“法令须经国王同意”的规则属于英国的法律，对于未经同意的法令，法院不能赋予其任何的效力；然而另一方面，“国王只能通过首相采取行动”的规则却不属于英国的法律，而只是一种惯例（usage），它随时都可能被推翻，法院也不会承认它。如今，在美国占主流的观念，把宪法这个术语限制在以成文方式体现的一部分法律规则，但却不认为只属

---

[1] Mercur 大法官（Mr. Justice Mercur）在 Butler's Appeal 中（73 Pa. St. 448）简洁明了地表述了这一观点：“我们不能审查制定立法中的智慧或权变。只有当立法违反了州宪法或合众国宪法中明确宣告或显然隐含的禁令时，我们才能宣告其违宪。”人们也常常使用某些实质上与此相同的说法，但对此问题再加引言或注释已无必要。

在最近的 Youngerman v. Murphy 案（I07 Iowa 686）中，Deemer 大法官（Mr. Justice Deemer）用这样的话，可以说是很中肯地看待了前注中所援引的爱荷华州法院法官们的话：“法院无疑有权利质问税收的目标，并宣告所有不是为政府目的而发起的税收都无效，也的确可以根据宪法中一些隐含的禁令宣告某种税收无效。……不过，除非议会超越了自己的权力，否则法院就不能干预。……法院只有在其违反了基本法的某种禁令的时候，或者是该行为明显有违宪法中隐含的某种禁令的时候，才能进行干预。”

于习惯的惯例（usages which are nothing more than conventions）也具有同样的效力。注意到这种术语在使用上的差别，可能会让我们在某种程度上避免像那些要求我们承认不成文宪法的人一样有所误解。当那些一定要根据我国的政府制度使用这一术语的作者们想要指出什么东西虽然是“宪法”但却“不成文”的时候，他们就会给我们举出类似这样的规则为例：借助某党选票当选的总统选举人，认为自己应该投票给本党的总统候选人；或者是类似这样的假设的规则：美国总统只能连选一次就不能再任了。[1]其实他们可以在自己的例子里再添加一些，把大家经常觉得存在的规则也包含进去：参议员不能当美国总统，副总统也不能通过选举升任总统；不过后一个规则并不适用于我国历史的早期，当时副总统当选是因为在总统竞选中得票数居第二——他们在承认这个例外之后，如果有必要的话，可能还需要在合适的时候接受另一个例外，那就是这条规则也不适用于那些在行政首长死后登上总统之位的副总统们，尤其是像某人那样，能在科罗拉多旅行时猎杀落基山的狮子[2]。显然，这些规则只是陈述了一种习惯（custom），这种习惯过去没变过，人们也希望它将来不变，除非有某种值得的、可行的适当变化导致我们背离了这种习惯。这些习惯并不属于法，人们也不应该在任何意义上对我们说它是宪法这个术语的一部分。就算我们觉得可以这么做，我们也不能把纯粹的惯例或习惯（mere usages or conventions）称作是宪法的一部分。我们称之为“成文”形式的宪法的观念，与提到“不成文宪法”时所涉及的观念之间差别太大了，所以，我们必须彻底地把这两种观念区分开来。

成文宪法并不仅仅是对不成文宪法的编纂。如果在比较这两种宪法的时候，始终将其类比于成文法和不成文法，就一定会认可不成文宪法的存在。但是，如果我们仔细地寻找我国成文宪法的来源，就会清楚这二者之间是完全没法类比的。我们在严格的审视之后，就会发现，我们的成文宪法并不是对英国不成文宪法的简单编纂，而是在源头和效果上都完全不同的。英国的不成文宪法也有了一定程度的编纂，但是英国宪

---

〔1〕 参见 Dicey，Law of the Constitution；Tiedeman，Unwritten Constitution。

〔2〕 此处所指者，当为西奥多·罗斯福。西奥多·罗斯福（Theodore Roosevelt，1858 ~ 1919），1900 年当选副总统，1901 年 1 月，他曾去科罗拉多打猎，并猎杀十余只山狮。1901 年 9 月，总统威廉·麦金莱被刺杀身亡，罗斯福继任，并于 1904 年获得连任。而本文完成于 1902 年 1 月，当时罗斯福已经继任总统，但尚未连任。鉴于此，译者推测此处“能在科罗拉多旅行时猎杀落基山的狮子”的人，很可能就是他。（译者注）

政的规则和原则在法令中得到了体现后，便获得了高于以往的效力；而在我国，宪政的规则在法令中的体现却并不会有什么作用，因为它们要么原本就高于法令，要么根本就不属于宪法。

关注一下美国宪法的历史发展脉络，这种区别就会变得很清楚：

第一，来此殖民的人主张自己享有英国臣民的一切基本权利，而在殖民时期和争取独立的时候，人们也公认有些英国宪政原则非常重要，所以才把它们以成文的形式写在州政府和联邦政府的基本宪章里。比如说，来自于《大宪章》的“法律的正当程序”理念；《人身保护法》(Habeas Corpus Act) 所承认的“法律的地位高于纯粹的专制权力”；还有在英国争取民权的整个历史过程中得到认可的“公民在法律面前一律平等”——这些珍贵的传统都是我们无法忽视的。从这方面来说，似乎可以把我们的这些宪法看成是编纂了英国的不成文宪法——当然还有一部分所谓的成文英国宪法，比如像《权利宣言》一样提供了可以直接写进各州宪法的条款——就像《独立宣言》有些部分被写入宾夕法尼亚州的第一部宪法一样。但是，对于那些据说属于英国宪政的普遍原则来说，从来就没有人想要把它们全都写进哪个州的宪法里。比如说，人们都会谴责无代表的征税和未经被统治者同意的政府违反了英国的宪政原则，但是好像没有哪部州宪法明确地禁止这种侵犯基本权利的情况。虽然这些情况毫无疑问地可以说是对我国政府制度的颠覆，但是又很难想象哪部成文宪法会直接去禁止它。

第二，政府各部门权力分立、没有哪一家独大的理论，虽然是直接从英国宪政中拿来的，但是对它的实际运用的来历，与其说是根据抽象的规则对政府权力进行理论上的分配，倒不如说是来自殖民时期各地政府那种偶然间形成的形式。我们好像从来也没怎么重视过这个想法：其实殖民政府就是在其基础上建立的州政府的原型。之所以每个殖民地区都有立法机关、行政机关和法院系统，并不是因为这种政府方案在理论上是对的，相反，是殖民者们所处的环境造就了这种实用的安排。从根据殖民特许状设立的政府到州政府的这一发展，解释了“每个部门都只拥有被授予的职权，行为超越了授予的职权就无效”的学说，而这一学说或许是我国宪政制度中最突出、最重要的理论。认为法院比其他政府分支地位更高的说法，并不能准确地表达上述原则。司法做的事如果超越了它所获得的权力，那就和立法行为、行政行为超越了职权一样，也是无效的，而且法院自己的观点也这么认为。所有的职权都是有限的，这是最重要的根本性问题；对于一些英国法学者所阐述的主权（sovereignty）观念来说，这个基本原则是一种彻底的变革。我国的主权不仅是可分的，而且从法律上来说，其实主权是并不存在的。在某些情况下，联盟中的每个州都对某些事务拥有主权，而在其他事务上则服从于联邦政府的权力；而另一方面，联邦政府虽然对某些事务享有主权，但它也承认自己根本无权染指政府的其他适当功能。需要指出的是，在国内法中，主权不可能由哪个或哪些人来享有。如果我们愿意的话，可能会在拟制的意义上，或者单纯为了方便而说人民享有主权，而且最早几部州宪的起草者也都强烈地意识到了这一点。对于他们来说，在从特许政府（charter governments）向州政府过渡的时候，用人民来代替主权，是一件自然而然的事；而且，在除殖民特许状之外没有任何东西来指引其政府各分支职权的情况下，康涅狄格和罗得岛的州政府依然存在了若干年，也说明在很多时候，直接用拟制的主权来代替真正的主权实际上是可行的。不过，“主权属于全体人民”这种观念，显然只是拟制和假设的吧？所以才要授权一些人来行使政府的权力。人民能做什么呢？人民能发动革命、推翻政府，但是人民只有根据英国的不成文宪法才能享有这些权力。选举人群体并没有主权，因为他们的权力来自宪法，并受到宪法的严格限制；而主权这个概念却意味着不受限制的权力。选举人最多只占人民的 1/5，而人民自己是没有任何的政府权力的。

这种“政府的权力受到严格的限制”的观念，是法院得以对超越职权的立法、行政、司法行为作出无效宣告的基础；它可以追溯到“君主签发的特许状所授予的权力，以其条款中列举的为限”的观念。英国的不成文宪法可从来没有过这样的观念，要是没有特许状制度，它甚至可能永远都不会和我国有什么关系。[1]特许殖民地的统治者完完全全就是个公司，而让公司的行为继续有效的权利则得到了英国法院的普遍承认。在英国宪政史早期，针对法院可能会宣告国会的法律无效的问题，似乎曾经有一些观点，但是这些观点并没有被成功地确立下来；各殖民地和各州法院在尝试行使这种职权的时候，受到了强烈的抵制，最终，这种职权只是在“各殖民地和各州的政府各部门的权力都必须受到限

---

〔1〕 参见 Morey 教授发表在 Annals of the American Academy of Political and Social Science,（Vol. I, p. 529）上的文章，题为 Genesis of an Unwritten Constitution；以及 Brooks Adams 在 Atlantic Monthly for November, 1884（Vol. 54, p. 610）上发表的一篇文章，题为 The Embryo of A Commonwealth。

制”这一理论中得到了确立。[1]

所以说，根据我们在谈到成文宪法时对“宪法”这个术语的理解，“宪法”属于实在法，它本质上是一部根本法，约束着生活于其中的一切。它不承认任何的主权。它宣告并体现了对所有公共职能或政府职能行使者权力的限制。另一方面，宪法也不只是简单地集齐了适用于政府、体现人民法感情（Rechtsgefuhl）——“法感情”这个术语的意思是：人民对与法律和政府有关的正义的普遍感受——的正义和公正的原则。[2]宪法是一件具体的事物，它所依赖的，既不是对抽象原则的简单理论化，亦非各个行政官员、立法者和法官所持有的关于它应当是什么的观念。与不成文宪法相比，它有范围较为有限这个不足；但它相应地也有保护内容明确而具体这个优势。它是历史进步和发展的结果，它也和其他任何实在法一样，能够在起草者制定它时所没想到的情况下得到解释和适用。

如果这就是“宪法”这个术语在美国的当前含义，那么显然无论哪个州还是合众国都不可能有不成文的宪法了。可能有的宪政原则、宪政惯例对宪法学者们来说比较重要，但是它们却不符合任何公认的“什么才是宪法”的标准。“任何部门的行为若超越其被授予的权限即为无效，而交由法院检验其合法性时亦应如此宣告”的重要原则，是以明确的成文宪法用语为基础的；如果根据在模糊的不成文宪法学说中所找到的对政府行为的普遍的理论限制，那这种原则永远也得不到承认，也不应该得到承认。

---

〔1〕 参见 Thayer 教授在 7 HARV. L. REV. 129（November, 1893）上的文章，以及他的著作 Cases on Constitutional Law（p. 28）中的注释。

〔2〕 Scott 大法官（Mr. Justice Scott）在 Walker v. Cincinnati, 21 Ohio St. 14（p. 41）中说得很中肯：“在我们看来，法院要否定议会的法令，不能只凭借一种模糊的想法，即认定它有违普遍的‘隐含的精神’，好像这种精神弥漫在宪法中，或是构成了宪法的基础，但宪法各部分中却没有任何条款或含义明确地揭示了它一样。法院这样做的话，就不是在宣告宪法是什么了，而是窃取了按照自己的想法来改变宪法的权力。法院如果行使了这样的权力，它就成了高于宪法和人民的君主，并把政府变成了司法的专制。既然我们声称立法权只能在宪法规定的限度内行使，那么我们同样也有义务遵守通过同一手段为我们划定的范围。”接下来他写道（p. 47）：“我们并不是说议会法令只要不和宪法的哪条明确规定有冲突就一定有效。大会当然不能先剥夺甲对自己财产的权利再把它授予乙。他们也不能行使司法的职能。他们只能为了公共的目的而课税，因为税收的本质就要用之于公众。如果不是为了州里一部分人在当地可能享有的特殊利益，他们也不能通过税收增加州里这部分人的负担。但是，要证明法院可以合法地凭借这些理由进行干预，那么案件就必须清楚无疑地属于上述几类；而这种说服我们的方式，却和本案所要讨论的法令并无关系。”

承认不成文宪法理论所要努力面对的困难，来自这个概念本身的不准确性。我们在创造各个政府部门的时候，并没有给哪个部门无限的权力。我们在阐述宪法的时候，也常说联邦宪法的内容只授予了有限的权力，而州宪法中却有无限的权力，除非被施加了明确的限制。但是，这种说法是非常不准确的。州宪法的确授予了政府各部门普遍的权力，这是事实；但是，授予给每个部门的却只是在创造该部门时暗含的那些权力。就算没有任何具体的限制，法院或行政机关也不能征税；而另一方面，立法机关之所以能征税，既不是因为这种权力明确地授予了它，也不是因为立法机关的权力没有受到限制，而是因为税收权就是与立法权相伴随的。出于相似的原因，立法部门不能裁判案件，因为这种权力无关立法机关的生存，并根据事物的本质被分配给了司法机关。认为好像有必要承认不成文的宪法的人，是因为没能意识到立法部门在创设时就被限制为只能行使立法权。我们无疑也会发现，那些引用了不成文宪法来控制无权立法行为的案件，如果用立法机关试图超越立法权范围的理论来判断的话，或许会有相同的确定性，理论上也会更加准确。我们应该在宪法自身中寻找这种界限，而不能靠要求法官纯粹地裁量或突发奇想，从一团云山雾罩的不成文宪法中得到某种无法确定、难以捉摸的界限。

在这里，作为最后的具体例证，引用讨论地方自治政府权力并得出“若无任何宪法上的明确限制，州议会不能否认或侵犯这种权力”的结论的案件，可能还是比较合适的。的确，在一些类似的案例中，有法官提到过这种权力受不成文宪法的保护；但是多数关于该问题的案件却并不是明确以此为依据的。比如说，在 People ex rel. Le Roy v. Hurlbut 这一主要案例中，Cooley 大法官（Mr. Justice Cooley）[1]讨论了我国宪法制度中这一特征的历史，他说：[2]

“解释我州宪法时，是否可以认为它授权了议会任命官员来管理只与市民有关的财产、利益和权利？从这些史实和普遍原则来看，这个问题是会反复出现的。”

他说，他所要考虑的问题，可能是议会的干预所造成的灾难。随

---

〔1〕 24 Mich. 44.

〔2〕 Ibid.，p. 105.

后，他接着说道：[1]

“赋予了宪法力量与魅力，让它变得珍贵并受到人民的喜爱，使它与欧洲的宪法迥然不同的，是它的活的精神。一百年来，欧洲废立的宪法数之不尽，那些宪法说得也不错，保证得也一样好，只是没有得到支持，缺乏生命力。能够为宪法提供支持和生命力的，只有那些从生活习惯、思维方式、邻里验证事实的方法和邻人间对彼此利益的责任中发源的习惯、习俗和法谚，从推翻暴政的革命中得来的格言，以及推动我们的祖先不靠远方的国王和议会，而是号召本地居民来解决本地问题的男子汉的自立心和自制心。如果我们认为这些东西都应该从宪法当中排除掉，认为我们称之为宪法的这种州政府宪章完全是由宪法命令组成的话，宪法可能就只剩下了一具死气沉沉的骷髅，而那为成文宪法的文字提供了解释的生生不息的精神，就会被完全抛弃，并彻底地消失。”

不过，他最后用了一个更加明确的理由来支持自己得出的结论：他发现宪法中明确地承认了地方自治权。由此可见，他首先提到了我们有时所说的不成文宪法，但没有在最一般的“宪法精神的体现”的意义上使用这个术语；然后他又明确发现，对他所主张的原则的承认，必然包含在那部宪法的含义之中。我们还应该注意到，虽然 Cooley 大法官得出了这个结论，还说有普遍的原则支持它，但是，使用了这些原则的只有他自己：在该案中，法院内部的立场势均力敌。在本文所划定的范围中，是没有办法来讨论州议会管制和控制市政事务的程度这个大问题的——案例的结果互相冲突，它们所昭示的原则也并不一致。不过，就议会控制和管制这些事务的权力要受限制这一点来说，这种限制的基础是什么？是从授予立法部门的权力的本质中寻找某种含义，还是去授予和限制政府权力的成文宪法之上和之外，寻找存在于那里的不成文宪法，把效力赋予其中可能存在的普遍原则？如果我们能说前者比后者更安全，这就足够了。

爱荷华州，爱荷华市，1902 年 1 月 3 日

[1] Ibid., p. 107.

议会主权与宪法*

巴普洛夫·埃勒费瑞阿迪斯 著 马允 译**

在比较宪法领域，英国议会所特有的议会主权原则独树一帜，被视为一种独特的法律安排。英国的威斯敏斯特议会享有不受限制的权力，这使得它乍看起来与美国的国会或德国的联邦议院（Bundestag）之间没有可比性，因为后两者的权力均受制于其所在国的宪法。因此，议会主权被视为英国的特色，且正是英国不成文宪法导致了这一结果。我把这一观点称作“经典”观点。然而，如若对议会主权这一原则的理论预设进行更细致的观察，则这个结论是不成立的。如果议会主权可以成为一项法律原则（不是一种社会学或历史学意义上的观察），它必须依赖于一系列属于作为机构而存在的议会的权力。这些法律上的权力既包括权力，也包括权力不能（disabilities）的情形，因此，其既是授权性的，也是限制性的。换句话说，任何依法组建的议会都只有有限的权力。威斯敏斯特议会依据宪法享有的权力也是有限的，这一点与美国国会和德国联邦议院并无二致。

所谓经典观点，源于戴雪（Dicey）在分级的权力秩序或授权这一框架下对主权概念的理解。这种理解遵循这样一种观点，若将宪法视作高级法（higher law），则其须被一特定、明确且更高位阶的制宪权（pouvoir constituant）背书。尽管如此，这种经典观点导致了一个众所周知的问题。议会唯一不能改变的看起来就是议会主权原则。这样一来，说议会是无所不能的还有什么意义呢？有些事情议会本身是不能做

---

* 原刊于《加拿大法律与法理学期刊》（Canadian Journal of Law and Jurisprudence），第XXII卷第2期（2009年7月）。

** 巴普洛夫·埃勒费瑞阿迪斯（Pavlos Eleftheriadis），牛津大学法学院副教授，教授法哲学及欧盟法等课程，研究领域包括人权理论、健康权、议会主权以及欧盟宪法理论等。马允，中国政法大学法学院行政法研究所讲师，荷兰伊拉斯姆斯鹿特丹大学博士生。

的，即改变自己所拥有权力的期限（the term of its power）。因此，从某种意义上来说，议会拥有的权力看起来是永恒的。任何宪法意义上的对该期限的改变都是非法的。如若如此，那么英国宪法可以说是最弹性也同时是最刚性的宪法。

这种悖论在上议院审理的杰克逊（Jackson）案中有所体现。[1]申请人认为议会颁布的《议会法案》中对上议院的权力进行了削减，因此该法案本身是不合法的。他们观点中的逻辑与戴雪式正统观点的逻辑是完全一致的：议会不能改变其立法行为的期限。尽管如此，上议院全票通过判决否定了这种议会主权观，并认为议会可以修改它自己的程序规则。这就导致依据《议会法案》所规定的程序而制定的法案就是一般的法律，尽管这些法案的出台可能减损了一些议会主权。这便是英国当下的情形。但是，这背后的一些问题仍然值得我们在哲学层面上进行进一步的追问，因为它们将有助于我们理解一般意义上的宪法和宪法变迁。首先，有必要厘清戴雪是如何看待这个问题的。

一、戴雪的观点

戴雪对议会主权的定义如下：

> 议会主权原则意味着根据英国宪法，既已定义的议会［即“君临议会”（King in Parliament）］有权制定或废除（unmake）任何法律，而且，英格兰法律未赋予任何人或任何团体以凌驾或无视议会制定的法律的权利。此为议会主权的真谛，不能增多，亦不能减少。[2]

戴雪认为这个定义既有积极也有消极的层面。积极层面指产生有效法律的一种权力或一系列权力。消极层面指对抗包括法院在内的任何人影响或试图影响议会制定的法律的有效性的一种豁免权或一系列豁免权。因此，我们可以从权力和豁免权的角度改述戴雪对议会主权的定义：

〔1〕 Jackson and Others v. Attorney General［2005］UKHL 56，［2006］1 A. C. 262［Jackson］.

〔2〕 A. V. Dicey, *Introduction to the Study of the Law of the Constitution*, 8th ed., London: Macmillan, 1915; reprinted Indianapolis, IN: Liberty Fund, 1982, at 3 ~ 4［Introduction］.

（1）权力：议会享有全面且排外的立法的权力，制定、修改或者废除任何法律的权力。

（2）豁免权：议会享有全面且排外的对抗任何个人或机构的立法上的豁免权：议会制定的法律不得被任何人或机构改变或撤销。

戴雪并没有使用“权力”或“豁免”这样的字眼，但当他注意到积极和消极两个层面时，他已经或多或少地将这一主题置于权力和豁免的讨论框架下，这两者都是完整且绝对的。在详尽地讨论了法官的意见以及支持他本人对英国法解释的相关判例后，戴雪给出了如下结论：

议会主权因此是毫无疑问的法律事实。它在积极和消极两个层面都是完整的。议会可以根据自己的判断对任何它认为合适的议题进行立法。依据英国宪法，没有任何权力可与议会的立法主权匹敌。无论从法典还是司法实践来看，任何声称可以依法施加的对议会的绝对主权进行的限制都是不存在的，也不会被支持。

戴雪认为这个定义是全面的。这一观点现在也被广泛接受，并视为对议会主权这一原则的经典阐述。

然而，戴雪的理论是否是成功的仍不确定。即便只是在框架性的问题上，戴雪的理论也很难自恰。很多著名的法理学家和宪法学者都注意到，戴雪的理论对若干问题是没有予以回答的。理查德·莱瑟姆（Richard Latham）和R. F. V. 休斯顿（R. F. V. Heuston）注意到，戴雪的理论乍看来是有说服力的，这是因为它依赖于对“议会”（parliament）一词模糊的理解。[1] 除此之外，约翰·菲尼斯（John Finnis）还注意到，对法律秩序基础的任何追问都需要借助一些额外工具，用来说明在现任议会之前既已存在的那些立法。对于这些工具，菲尼斯称其为

---

〔1〕 R. T. E. Latham, *The Law and the Commonwealth*（Oxford: Oxford University Press, 1949）at 522 ~ 525, R. F. V. Heuston, *Essays in Constitutional Law*, 2nd ed.（London: Stevens, 1964）at 1 ~ 3. 更多对于“新观点”的支持，参见 Sir Ivor Jennings, *The Law and the Constitution*, 4th ed.（London: University of London Press, 1952）at 146 ~ 149 and Geoffrey Marshall, *Constitutional Theory*（Oxford: Clarendon Press, 1971）at 35 ~ 57. 关于理查德·莱瑟姆的生平及著作，参见 P. Oliver, “Law, Politics, the Commonwealth and the Constitution: Remembering R. T. E. Latham, 1909 – 43”,（2000）11 King's College L. J. 153.

“识别规则”（*rules of identification*）。[1]在我看来，这些反对意见突显了戴雪理论的两个非常严重的结构性问题。接下来我就讨论这两个问题：

首先，什么是议会？它如何行动？通常来说，议会被认为是依照已确立的立法程序共同为一定行为的上议院、下议院和女王的总称。这意味着，一群人（若将其视为在一起开会的个体的组合，他们不拥有任何法律或宪法上的权力）在形成了议会这样的公共机构后（以一些规则为基础，并在特定的情形下）便享有了以“君临议会”（Queen in Parliament）为名义立法的权力，即形成了最终的立法机构。当它以这种方式立法后，一部议会法案便这样诞生了。这群人本身是不能依自己的意愿来立法的。为了能够立法，他们须遵循机构组成的规则以及一系列业已确立的程序。正如理查德·莱瑟姆所言，“国王、上议院和下议院这些人在一起共同开一次会，投票多数决，甚至全票通过，也不能制定出一部法案”。[2]这是因为，他们共同开的会并没有遵循立法的程序。

尽管如此，在戴雪的理论中，他并没有把个人组成的群体或者召开的会议与一个恰当的立法程序所产生的结果区分开来。当他谈及议会的制定或废除任何法律的**权力（right）**时，他似乎认为议会可以决定以其认为合适的任何方式进行立法。但是，没有任何人或任何个人组成的群体可以有这样的权力。议会是受制于它自身的组成规则和程序规则的一个机构。当戴雪谈及议会的权威不能被质疑，只要议会工作的结果是以议会法案的形式出现的，那么戴雪的这一观点便是成立的；但如果把议会视作一个机构，那么这一观点就是错误的。议会作为一个机构（尽管不是议会法案），偶尔也会遇到阻碍。举例来说，如果议会通过了一项决议，试图撤销某个议会法案，这至少——从法律上来说——是行不通的。如果说，只要议会作为立法主体而存在（即只要两院依据业已确立的规则分别批准了一项提案并获得了王室御准）便不会遭遇这种阻碍，这也是错误的，尽管立法主体这一身份可能是议会主权这一原则的集中体现。对于判断议会是否是一个成功的立法机构，除了通过判断议会的行动是否产生了一个符合法律规定的议会法案之外，别无他法。因

〔1〕 John Finnis, “Revolutions and Continuity of Law”, in A. W. B. Simpson, ed., *Oxford Essays in Jurisprudence*: *Second Series* (Oxford: Clarendon Press, 1973) at 58.

〔2〕 Latham, R. T. E. Latham, *The Law and the Commonwealth* (Oxford: Oxford University Press, 1949) at 522 ~ 525, R. F. V. Heuston, *Essays in Constitutional Law*, 2nd ed. (London: Stevens, 1964) at 1 ~ 3，第 523 页，注 3。

此，回过头来说，我们认定议会法案的标准是，它是立法主体在满足了程序条件和所有其他条件后的产出。但通过这种方式来说作为机构的议会通过遵循正确的程序而产生了一项议会法案，未免是迂回的。“机构”和“法案”是唯一的核心概念，“立法主体”这个概念是依赖于它们二者而存在的。相较于作为一个机构的议会和议会所立法案而言，拥有主权的“立法主体”这一概念是缺失的。

英格兰法律认识到这一事实。这一点可以从有关议会特权的一个有名的案例中得到体现，即斯托克代尔和汉萨德案（Stockdale andHansard）。几乎所有普通法律师从大一开始便接触这个案例，因此对它的案件事实耳熟能详。[1]在反驳下议院的议会特权使其免受司法审查这一观点时，登曼（Denman C. J.）法官说道：“这一观点所依赖的根据是议会的至尊性，但我认为这一观点完全是违背这一原则的。因为下议院不是议会，它只是议会组成结构的一部分。”[2] 帕特森 J.（Patteson J.）认为下议院：

“是我们国家的大陪审团。它可以对法院管辖范围内所有区域的、所有被指控的滥用和不端行为进行调查，或对法庭组成人员进行调查。但是，它不能自己纠正或惩罚这些滥用和不端行为。它只能提出指控，或者向特定的法院针对上述行为提起法律程序，或者可以与立法主体的其他组成部分联合制定一部新的法律来对上述行为产生的后果进行补救。”

这个案例表明，根据英国的宪法传统，议会至高无上的地位是由法律定义并受制于法律的。能够为此行为的法律须为宪法的根本法，它规定议会是什么，通过何种方式议会可以产生有效的议会法案。所以，有些事情下议院单独是不能完成的。这也意味着，尽管下议院是议会的最重要的组成部分，仅仅是下议院的明确示意不具有任何法律上的效果。从这个意义上来说，尽管戴雪从议会的命令和意图的角度清晰地阐述了主权的概念，任何主权机构的核心组成部分都不是全能的。该组成部分的意愿和指令都不能构成法律。如果非要说这就是法律，那么便混淆了议会的行为（actions of parliament）与议会的法案（Acts of Parliament）。

---

〔1〕 9A. & E. 1. 另外参见 D. L. Keir & F. H. Lawson, *Cases in Constitutional Law*, 4th ed., Oxford: Clarendon Press, 1954, at 127 ~ 140.

〔2〕 9A. & E. 1. 另外参见 D. L. Keir & F. H. Lawson, *Cases in Constitutional Law*, 4th ed., Oxford: Clarendon Press, 1954, at 127.

戴雪当然也认识到司法对议会特权的限制，以及这种限制可能对他的主权观带来的困难，但他没有认识到这种限制及其带来的困难的严重程度。他说道："在明确**界定法院承认**（concede to）**两院中的任何一院所作出的决议的准确效果上，**是存在一定困难的。"[1]他这句话的目的是证明下议院的决议不足以构成法律。这是正确的，然而他并没有明确地给出这样一个结论：既然下议院是议会的核心组成部分，且是议会权力的根基所在，若显示下议院明确且没有争议地表达了它的立法意愿，但却不能因此获得作为立法主体的至高无上的地位，那么主权这一概念的内容和意义又在哪里呢？如果下议院已经处于授权位阶的顶层，它为什么仍需要诉诸立法程序呢？

议会是由宪法性的更高位阶的法律所定义的，且议会不能僭越法律。这一假设在判例中也有所体现：只要法院须审查议会法案的有效性，则其须为此假设。在沃克普（Wauchope）一案中，法官坎贝尔（Campbell）这样写道：

> "法院能做的只是翻看议会立法记录簿（Parliamentary Roll）。如果记录簿显示一项提案已被上下两院批准并获得了王室御准，没有任何法院可以对该提案被提出并送达议会的方式、被提出之前的所有行为以及该提案在经两院批准的不同阶段所发生的一切事项进行调查。"[2]

坎贝尔法官的措辞是模棱两可的，因为其中既指涉了议会，也包括它的产品，即议会法案。但是，他的话至少表明，即便法院不会审查议会内部程序合理与否，它们也会审查涉案的法案是否业已成为一项议会法案，即它至少已被上、下两院批准并获得了王室御准。另外，至少自Prince案以来，法院还会审查提案通过时是否遵循了关于立法权的长久以来已经确立的规则。[3]法院并不会只听从议会书记员的一面之言。举例来说，在枢密院（Privy Council）审理的**反腐败专员诉拉纳辛哈**

---

〔1〕 A. V. Dicey, *Introduction to the Study of the Law of the Constitution*, 8th ed. (London: Macmillan, 1915; reprinted Indianapolis, IN: Liberty Fund, 1982) at 3 ~4 [Introduction].

〔2〕 Edinburgh & Dalkeith Ry. [Railway Co.] v. Wauchope (1842) 8 Cl. & F 710，休斯顿曾讨论过这一案例，参见 R. T. E. Latham, *The Law and the Commonwealth*, Oxford: Oxford University Press, 1949, at 522 ~525, R. F. V. Heuston, *Essays in Constitutional Law*, 2nd ed., London: Stevens, 1964, at 1 ~3.

〔3〕 The Prince's Case (1606), 8 Co. Rep. 1a, at 20b. 另参见 Harris v. Minister of the Interior and Another1952 (2) SA 428.

（Bribery Commissioner v. Ranasinghe）一案中，皮尔斯（Pearce）法官说道："立法机关没有权力忽略立法的一些限制性条件，这些条件是它自己为规范自己的立法权力所限定的。"[1] 所以，法院的任务是根据既有的立法规则来确定一项法案是否真的是议会法案。这一点是英国宪法的根本且没有争议的组成部分。这与法治的理念紧密相连。然而，从上文所述的戴雪的议会主权的观念（1）与（2）却不能推导出这一结论，因为这一结论从表面看来允许法院对议会的意图和目的进行审查（即便议会法案是不能以此种方式进行审查和质疑的）。

威廉·韦德（William Wade）正确地指出了戴雪理论的这一缺陷的严重性，并且进行了修正。议会是什么以及它如何才能成功制定出一部议会法案，这不是一个由政治决定的事实问题，而应当是一个由法律决定的问题。韦德假定制定法和普通法之间的关系是由一种更高位阶的宪法性法律所规范的，它也因此先于制定法和普通法存在。如果没有这样一个规范存在，我们将没有办法解释如何撤销制定法，不管是新法，还是旧法。这种规范关乎更高的法，但不是考文（Corwin）所指的道德意义上的更高的法，而是组织法意义上的更高的法。[2] 从这个意义来说，宪法性法律是高级法，只是因为它形成了法律秩序的整体结构。布鲁斯·阿克曼（Bruce Ackerman）讨论宪法修正案的程序时将其视为"较高的立法"，也是从这个角度来谈的。[3] 另外，如果这样一种高级法确实存在并且决定着我们如何制定或废除我们的宪法，那么接下来的问题便是如何改变这种高级法。

韦德的结论很简单，但仍因其独创性而令人震惊。要求司法服从于议会立法这一规则是法律体系得以建立的基本规则之一，它不应受到任何法律改变的影响，因为它不受制于普通的立法程序。[4] 韦德的结论是：

---

〔1〕 Bribery Commissioner v. Ranasinghe [1965] AC 172 at 197.

〔2〕 参见 Edward S. Corwin, *The "Higher Law" Background of American Constitutional Law*, Ithaca, NY: Cornell University Press, 1955. 对于考文来说，高级法的原则意味着存在这样"一些有关权利和正义的原则，无论实际控制共同资源的主体的态度如何，**这些原则可以优位于它们自己的内在道德（intrinsic excellence）**"(89)。

〔3〕 Bruce Ackerman, "Higher Lawmaking", in Sanford Levinson, ed., *Responding to Imperfection: The Theory and Practice of Constitutional Amendment* (Princeton, NJ: Princeton University Press, 1995) at 63. 另参见 Bruce Ackerman, *We the People: Foundations*, Cambridge, MA: Harvard University Press, 1991. 在这本书中，高级法这一观点是与常规政治与宪法政治之间的区别密不可分的。

〔4〕 H. W. R. Wade, "The Basis of Legal Sovereignty", (1955) 13 Cambridge L. J. 172 at 187.

“如果没有任何一部法律可以确立法院须遵从议会法案这一规则，那么同样也没有任何一部法律可以改变或者废止这一规则。该规则高于制定法，且非制定法能力所及。萨蒙德（Salmond）对此已经作出了很好的解释，因为该规则本身便是制定法权威的来源。这个规则本身便置身于普通法之中。它不能由议会所改变，这尽管看起来是明显的悖论，却同时也是不证自明的。”

宪法的高级法是不能被改变的法，这怎么可能呢？韦德的观点乍看起来很奇怪。很明显，这个问题并不像韦德说的那样“不证自明”。高级法这一观点蕴藏着很多的理论问题，萨蒙德将其视为以法官为基础的创设，但他的理论并没有解决这些问题。韦德在其后来的著作中重复说道：组建议会的规则如此重要，该规则为议会权力所不可及。它是甚至连议会法案都不可加以变更的“宪法之根本”（constitutional fundamental）。韦德写道：“如果法官习惯性地接受后制定的法案优先于先前制定的法案，并且还将继续这样做的话，那么当议会基于后制定的法案与权利法案或者欧共体的法律相冲突这一理由，而指示法官不要认定这些后制定法案的效力时，议会的这一做法将会是徒劳无功的。在这一根本性问题上，只有法官才是有主权的。”〔1〕这就是韦德如何解释议会不能自我约束这一法律特征的。

戴雪并没有注意到这些。他关于宪法改变的观点中并没有包含这样一个事实，即全能的议会受制于那些构成议会的规则本身的约束（议会可能还不能改变这些规则）。戴雪的主权不变的观点植根于逻辑和事实，而并不是法律。他写道：“根据我们的宪法，根本法或所谓的宪法性法律与其他法律相同，是由同一主体以同样的方式变更的，即议会通过行使其一般性的立法权力所达成的。”〔2〕但是，如果宪法性法律和一般性法律之间毫无区别，那么议会可能就可以自我约束。戴雪并没有解决这一问题。

那些支持正统观点的人因此便陷入了一种两难的境地。他们要么支持戴雪议会主权不变的观点，因为这是一种法律之外的逻辑和历史事实。要么支持韦德的观点，即主权的不变性是植根于一种特定的宪法原则之上的。

---

〔1〕 H. W. R. Wade, *Constitutional Fundamentals*, London: Stevens, 1980) at 26 ~27.

〔2〕 A. V. Dicey, *Introduction to the Study of the Law of the Constitution*, 8th ed., London: Macmillan, 1915; reprinted Indianapolis, IN: Liberty Fund, 1982, at 3 ~4 [Introduction].

我们不能忽视这样一种两难的境地。厘清作为一个立法机构的议会的地位对解决最近关于 1911 和 1949 议会法案（Parliament Acts 1911 and 1949）有效性的争议至关重要。众所周知，这两个法案规定，在有些情况下，议会可以不经上议院的同意而立法。1911 和 1949 议会法案并没有改变议会作为一个机构的组成，也没有改变议会主权的事实（戴雪自己在其书第八版简介中也简短地讨论了这个法案）。[1]这两个法案只是通过废除上议院的否决权改变了立法程序。但是，韦德不同意。他坚持认为，立法程序需要两院和王室三方共同同意（因为主权是不可变的“宪法之根本”），因此，他认定，依据议会法案制定的其他法律的性质是授权立法。[2]

韦德的这种观点现在已被全面否定了，首先是被杰克逊一案的判决予以否定，最后上议院也给出了决定性的意见并否定了这一观点。[3]作为一个宪法问题，2005 年《狩猎法》（Hunting Act）被认定不是授权立法，而是与其他法案有同等法律地位的真正的议会法案。这一判决具有重要的宪法意义。它看起来同时否定了戴雪和韦德的观点。在这里，我想说明的是，戴雪的主权观需要进行很大程度上的修正才能更清楚地理解议会的角色。理查德·莱瑟姆也有类似的观点。他认为，在英国，有主权的不是一个“实际的人”，而是一个机构。该机构设立时“必须包含可用来查明其意图的规则。因为对这些规则的遵守是立法有效性的前提，这些规则是逻辑上先于其存在的法律规则”。[4] 这不是一个事实问

---

〔1〕 A. V. Dicey, *Introduction to the Study of the Law of the Constitution*, 8th ed., London: Macmillan, 1915; reprinted Indianapolis, IN: Liberty Fund, 1982, at 3 ~ 4 [Introduction], at xlii.

〔2〕 H. W. R. Wade, *Constitutional Fundamentals*, London: Stevens, 1980, at 26 ~ 27, 28.

〔3〕 Jackson and Others v. Attorney General [2005] UKHL 56, [2006] 1 A. C. 262 [Jackson]. 关于该案的评论，参见 Tim Mullen, “Reflections on Jackson v. Attorney General: Questioning Sovereignty”, (2007) 27 Legal Stud. 1; Alison L. Young, “Hunting Sovereignty: *Jackson v. Her Majesty's Attorney General*”, (2006) P. L. 187; Stuart Lakin, “Debunking the Idea of Parliamentary Sovereignty: the Controlling Factor of Legality in the British Constitution”, (2008) 28 Oxford J. Legal Stud. 709.

〔4〕 R. T. E. Latham, *The Law and the Commonwealth*, Oxford: Oxford University Press, 1949, at 522 ~ 525, R. F. V. Heuston, *Essays in Constitutional Law*, 2nd ed., London: Stevens, 1964, at 1 ~ 3. 更多对于“新观点”的支持，参见 Sir Ivor Jennings, *The Law and the Constitution*, 4th ed., London: University of London Press, 1952, at 146 ~ 149 and Geoffrey Marshall, *Constitutional Theory*, Oxford: Clarendon Press, 1971, at 35 ~ 57. 关于理查德·莱瑟姆的生平及著作，参见 P. Oliver, “Law, Politics, the Commonwealth and the Constitution: Remembering R. T. E. Latham, 1909 – 43” (2000) 11 King's College L. J. 153.

题，而是一个宪法问题。

如何界定议会并厘清其立法和宪法性权力以及豁免，只是戴雪观点存在的第一个问题。第二个问题要界定何为法律。对于戴雪来说，议会有权就任何议题立法。尽管如此，约翰·菲尼斯还是解释道，宪法秩序不仅仅关乎就未来事项立法的诸项权力。宪法还需要关于承认已立之法并使其继续运行的规则。这些已立之法是由原先的主体所立的，或者通过其他方式在彼时获得了法律上的承认。旧法仍然有效这一事实依赖于延续性规则。这一规则认为，法律秩序不能被某时段恰巧享有了立法权的个人或机构所决定。

这意味着，对任何宪法的全面理解不仅需要解释如何制定新法，还需要解释旧法如何继续生效，尽管旧法是由现已过时的一系列宪法性安排（例如一个旧的议会或者已经被修订的程序）所制定的。所以，除授权条款外，任何宪法还需要单独的一个或一系列用来规定义务而不是权力的规则。该义务即继续尊重旧法，即便制定旧法的机构现已不复存在。对此，菲尼斯作出了这样的解释：

> "但是，我们已经看到还存在一个因素，即识别规则（rule of identification）。该规则不是一项能力规则，因为它没有授权给任何既存机构，而只是识别了那些由过去的立法机构制定出来的法律并确认它们在当下的效力。这些立法机构在当时是有资格（通过能力规则的授权）制定这些法律的，但现在可能已丧失了这一资格。"[1]

所以，英国基本的宪法安排不能仅仅只包含授予议会权力的规则，也必须包括确立对旧法的适用义务的一系列规则。很明显，这些识别规则还要有配套的法律变更规则和立法能力的规则。依据议会主权原则，当下的议会可以改变任何既存的法律。但是，在这些法律被改变之前，已有的规则仍然保有它们在被制定时的效力，这些规则便包括现今已经过时或者被废止的宪法或其他法律工具。这也意味着，当下立法机关的宣告应依何种方式理解，以及这些宣告如何与既有的法律发生关系，也属于已有的规则的范畴。新的立法须被置于已有的一系列规则和原则之中，其中便包括界定行政机关、立法机关和司法机关三者之间关系的一

---

〔1〕 John Finnis, "Revolutions and Continuity of Law", in A. W. B. Simpson, ed., *Oxford Essays in Jurisprudence: Second Series*, Oxford: Clarendon Press, 1973, at 58. 约瑟夫·拉兹（Joseph Raz）也有同样的观点，参见 Joseph Raz, "The Identity of Legal Systems", in The Authority of Law, Oxford Clarendon Press, 1979, 78 at 98～102.

些宪法性原则。

将这两种论述结合起来便可证明，议会主权的经典观点至少是不完整的。戴雪声称，议会有绝对的立法权和对抗法院的绝对的豁免权。这被很多人理解为英国的法律只有唯一的一种渊源，或最重要的一种渊源。举例来说，杰弗里·戈兹沃西（Jeffrey Goldsworthy）在他富有启发性的对议会主权的历史研究中这样说道，议会主权是英国法的“承认规则”（rule of recognition）。他写道：“多个世纪以来，大不列颠政府的三个分支之间已经形成了充分的一致意见，视议会主权为 H. L. A. 哈特（Hart）所指意义上的承认规则，即法官本身并不能创造且不能单方面改变的规则。”[1]然而，我已经指出，另外两个宪法性原则也是英国法律的组成部分，且是议会立法权能的核心组成部分。首先，议会的性质和组成依赖且受制于既存的宪法性法律。与法院不同，作为机构的议会在行使其作为立法主体的职能时，它有一项义务是不能逾越议会法案（Parliament Acts）、人民代表法案和其他一些影响他自身组成和程序的规则。当它违反了这项义务时，议会就会面临一种“权力不能”的状态，即它的行为将是无效的。举例来说，议会的某项决议不能修改议会法案。这是我们通常所指的议会行为与议会法案之间区别的核心所在。这导致了一种责任，即像斯托克代尔案那样由法院行使其权力来决定议会行为的效力。换言之，法院有与此相关的权力来判定议会的某些行为与其在进行议会立法时的行为不符。如果议会行为违反了这些组织性规则，则该行为不会产生有效的议会法案，这些行为也不会产生法律上的效果，即便这些行为是以议会的名义作出的。这些法律关系既约束作为一个机构的议会，也同样约束议会的个体组成成员。

换个角度来说，议会并不只是法律权力的受益人，它同时也需遵守法律义务，有权力不能之情形并会产生相应责任：尊重既定规则的义务，在既定程序之外产生议会法案之权力不能，以及交由法院来确定何为议会法案的责任。然而，经典观点在这一点上不仅是不全面的，而且是错误的。因为它视这些宪法问题非法律可决断之问题。戴雪简单地将主权不变归于一个事实问题。韦德告诉我们，这是由于一些特殊的宪法性原则所决定的。但是，他们两个人的观点都与杰克逊案判决不符。该判决已明确承认了议会制定关乎自身立法的规则的权力（以及相关的责任）。

---

〔1〕 Jeffrey Goldsworthy, *The Sovereignty of Parliament*: *History and Philosophy*, Oxford: Clarendon Press, 1999, at 234.

为了观察杰克逊一案如何摒弃了所谓的正统观点，我们需要更深入地研读判决的论证结构。正如戴雪观察的那样，法院并不是要废止一个既存的议会法案。但是，法院有权力和义务来确定一个议会法案是否存在，这是一个长久以来便存在的宪法问题。一个相似的限制便是宪法性的识别规则，即那些指向过去的规则。在识别旧有法律这一问题上，议会处于一种权力不能的状态，因为它必须接受旧有的议会制定的法律或依据旧有的宪法制定的法律的有效性，即便议会的大多数成员都对这些法律不满并希望立刻改变它们。此外，议会还受制于一系列法律限制，其中包括因法治、权力分立和公民基本自由引发的限制。所以，**一个很简单的道理便是，任何一个普通的英国公民都享有因议会的权力不能而产生的豁免，任何法院都会对公民享有的这些豁免加以维护。**

我们可以得出如下结论：

(3) 责任：法院有权力在议会组成规则和其既有程序的基础上，决定议会在制定新的议会法案时是否遵循了既已确立的宪法性规则，在这一点上，议会和它的成员受制于法院的监督。

(4) 权力不能：议会不能宣布旧有法律无效，除非它主动根据既定的程序规则修改这些法律。每一个普通公民都享有与此相关的豁免权，除非根据既定的宪法规则和程序，否则公民的权利和义务不得被改变。

(3) 和 (4) 都体现了法治原则，因为法治适用于机构和整体的法律秩序。它们也同样构成了作为一个法律原则存在的议会主权原则的内涵，因为若无 (3) 与 (4)，议会主权原则将毫无意义。英国承认了议会的责任和权力不能，所有现代宪法也都接受了这一点。它们关乎权力分立的最基本的构造，并在斯托克代尔一案中得到了认可。我认为，戴雪也认识到这一点，并且花了好几页的篇幅来解释它们的效力，并构建了一种法治观念，他在值得称道的权威中发现了它们。但是，戴雪认为，法治完全是宪法的下位概念。我不认为他认识到 (3) 和 (4) 是议会至上的内涵。

尽管如此，依据上文所述，似乎议会主权和法治指向了不同的方向。因为 (3) 和 (4) 有一些部分抵触了 (1) 和 (2)。它们并没有戴雪对议会主权定义的第一部分，即议会享有能动的立法权力。相反，它们抵触了该定义的第二部分，即“没有任何权力……可以与议会的立法主权相抗衡”或者“任何声称可以依法施加的对议会的绝对主权进行的限制都是不存在的"。戴雪在这一点上犯了惊人的错误：可以施加这些限制的权力明显是存在的，它们并不专属于法院，而是属于居于英国法律制度之下的任何人。当议会意图违反其自身的程序，或者恣意地忽略旧有法律时，法院即可执行这些权力。法治原则要求议会不是全能的，即它不能享有绝对的和决定性的权力和豁免。这是英国法院一直以来对议会的行为和议会法案进行区分的全部要旨所在。

这是由议会作为宪法性的立法者这一特殊性质所决定的。议会的组成是由法律确立的，而这些法律是在议会召开任何会议之前既已颁布的。或者至少这是莱瑟姆、休斯顿和菲尼斯的论断已经有效证明的。无论是作为一个群体，还是作为一个复杂的机构，议会只是由先前的规则依通常方式创设出来的，也因此依据法治和权力分立的宪法性原则承担法律上的责任并且受制于权力不能。只要议会制定出一个新的法案，那么这个法案便可不受监督和审查。但是，议会的其他行为和程序并不免于此种法院施加的监督和审查。戴雪关于议会主权的广泛定义没有对这二者进行区分。据此，他的观点是错误的。

法治原则和权力分立原则是对议会主权的补充，这一观点并不让人感到意外。实际上，现在主流的英国宪法学家都认可了这一观点。[1]然而，在戴雪的正统观点的影响下，很少有人认识到法治原则和权力分立原则塑造了议会主权原则并最终限制了它的范围。我们不能说"立法至上"先于法治或者权力分立原则。它们要么共同发挥作用，要么全无互动。

如上文所述，韦德在反驳莱瑟姆和休斯顿的观点时，谈到议会不能改变立法的"方式和形式"（manner and form）。这是议会主权的**持续性观念（continuing view）**的特征，这种观念认为，议会不能改变将其置于法律渊源位阶的较高位置的"宪法之根本"。[2]但是该持续性观念与

---

〔1〕 最近的一些文献，参考 Eric Barendt，"Fundamental Principles"，in David Feldman，ed.，*English Public Law*，Oxford：Oxford University Press，2004，at 30 ~ 43. 对于 Barendt 来说，宪法的三个原则分别是议会立法至上、法治与权力分立。对于这些问题的最新发展，上议院作出了一个非常有用的阐释，参见 House of Lords Select Committee on the Constitution，*Relations between the Executive，the Judiciary and Parliament*，6*th Report of Session* 2006 ~ 2007（HL Paper 151），London：The Stationery Office，2007.

〔2〕 关于所谓的议会主权的持续性观点和自我证明的观点（continuing and self-embracing views）之间的对比，参见 H. L. A. Hart，*The Concept of Law*，2nd ed.，Oxford：Oxford University Press，1994，at 149.

戴雪式**自我证明的观点的**不同点仅在于它承认了上述（4）中所描述的议会的权力不能。韦德认为，作为一项既定法则，宪法的高级法在这种意义上制约着议会："如果没有任何一部法律可以确立法院须遵从议会法案这一规则，那么同样也没有任何一部法律可以改变或者废止这一规则。该规则高于制定法，且非制定法能力所及。"[1] 换言之，议会主权原则与这样一个异常严格的权力分立的原则相伴相生：法院会遵从当下议会的意愿。

在这里详述韦德之所以形成其高级法的理念的原因并不重要。无论怎样，韦德的观点提供了反对戴雪结论的支持，即韦德的结论是议会主权是由法律确定的。韦德所持的议会主权的"**持续性观点**"也证实了这样一种识别规则（从上文所述的菲尼斯对该术语的定义的角度来看），即作为英国宪法的一部分，议会有权力不能之情形，基于此，议会不得改变关于其自身组成和程序（或其他关于方式和形式的任何条件）的既定的规则。所以，即便是韦德也接受了这样一种观点（明示或暗示，这都不重要），即议会并不只是在立法领域的权力和豁免权的持有者，也因此否定了戴雪观点中的（1）和（2）。我们须得出这样的结论，即韦德也承认了戴雪关于主权的观点是错误的，因为戴雪没有意识到主权是依据宪法产生和定义的。

二、奥斯丁式简化

现在让我们回到先前的问题。戴雪的观点既然如此不全面，那么它怎么可能如此具有影响力呢？现在，我们必须停止对这个看起来明显的失败作出评论或解释。戴雪并不是一个没有经验的法律人或思想者。[2]

在我看来，戴雪在这个问题上的解释不力并不是源于他对细节问题的忽视，而是他对奥斯丁的法律体系的一般理论的依赖。对戴雪来说，威斯敏斯特议会的特点是由主权的逻辑决定的。现代的法律人之所以会把这些问题看得比他们的前辈更清楚，是因为现在的他们已经明确摒弃了奥斯丁的法的控制理论以及与其相关的主权理论。

---

〔1〕 H. W. R. Wade, "The Basis of Legal Sovereignty", (1955) 13 Cambridge L. J. 172 at 187.

〔2〕 举例来说，例如 Richard A. Cosgrove, *The Rule of Law*: *Albert Venn Dicey*, *Victorian Jurist*, Chapel Hill: University of North Carolina Press, 1980.

在戴雪的理论取得巨大的反响之前，F. W. 梅特兰（F. W. Maitland）便发表了他对宪法的与奥斯丁的主权理论截然不同的观点，这一点是很让人震惊的。梅特兰的观点与上文所述的观点更加相近，因为他认为宪法是“活的主体，它的每一个组成部分都与其他部分紧密相连并互相依赖”。[1] 梅特兰认为奥斯丁的宪法观过于狭隘，例如，奥斯丁认为宪法只包括“那些决定了主权机构的组成的规则”。[2] 但是，戴雪是奥斯丁的崇拜者。戴雪在阐释自己的议会主权观点时，数次引用奥斯丁的理论。[3] 众所周知，奥斯丁认为当一个主权者不服从于任何人的命令，且所有人须服从于其命令时，法律秩序才得以存在。[4] 奥斯丁假设在所有的法律体系中，立法权力只有唯一的来源，那就是主权。当主权者的言行通过命令的方式**有效传达给受众**，法律便通过这些言行得以表达。奥斯丁写道：“命令之所以与其他意思表示区分开来，不在于意思表示的方式，而是在于施加命令的主体有权力且有意于其意思不被尊重时施以恶或痛苦。”[5] 在这种模式下，法律源于一个可认明的、具有政治上的优越性的主体的意志。

戴雪注意到，奥斯丁的论断集中于主权的现实性，而非对主权的法律上的建构。他写道：“奥斯丁所确立的这一原则，与研习英国宪法的作者所使用的语言不一致。”[6] 他注意到，奥斯丁认为，是选民而非下议院是主权机构的组成部分。戴雪注意到，这是源于奥斯丁混淆了法律

---

〔1〕 F. W. Maitland, “Sketch of Public Law at the Present Day, 1887 – 8”, in H. A. L. Fisher, ed., The *Constitutional History of England*, Cambridge: Cambridge University Press, 1908, 330 at 539. 这些论述是在1888年完成的，其中没有引用戴雪的观点。戴雪的著作第一版面世时间是1885年。

〔2〕 F. W. Maitland, “Sketch of Public Law at the Present Day, 1887 – 8”, in H. A. L. Fisher, ed., The *Constitutional History of England*。Cambridge: Cambridge University Press, 1908, 330 at 539, at 531.

〔3〕 戴雪在论述议会主权这一原则时提到了奥斯丁并讨论了他的观点，见 Introduction to the study of the law of the constitution 前言第18页、第26 ~29页等。戴雪在第268页谈到了议会的“命令”（由王权，上议院和下议院组成的议会的命令只能通过它的上述三个组成部分的集体行动来加以限制，而且必须通过正式的和经过审议的立法的形式）。

〔4〕 参见 John Austin, *The Province of Jurisprudence Determined*, ed. by Wilfrid E. Rumble, Cambridge: Cambridge University Press, 1995.

〔5〕 参见 John Austin, *The Province of Jurisprudence Determined*, ed. by Wilfrid E. Rumble, Cambridge: Cambridge University Press, 1995 at 21.

〔6〕 A. V. Dicey, *Introduction to the Study of the Law of the Constitution*, 8th ed., London: Macmillan, 1915; reprinted Indianapolis, IN: Liberty Fund, 1982, at 3 ~4 [Introduction] at 29.

上的主权和政治上的主权的概念。下议院在很多重要的方面均受制于选民，这是一个政治上的事实。但这对于法律上的主权来说并不重要。即便戴雪很小心地区分了自己的宪法理论与奥斯丁的一般的法理学理论（并且强调了在他自己的理论中，主权是一个法律而非政治概念），但是他的议会主权观点中的“主权”与奥斯丁一脉相承，即发布指令的主体；作为整体的法律秩序，藉由这些指令所蕴含的不可抗拒的权力而形成。[1]戴雪论证主权不变时使用的“逻辑**理性**”（logical reason）这一论点，完完全全来自于奥斯丁。他写道，在他看来，“有限主权”这一措辞本身就是“矛盾的”。[2]他还注意到，“试图对主权施加任何限制都会面临论证上的困难，这一点，奥斯丁和奥朗德教授都已经很好地阐述了”。[3]

所以，对戴雪来说，议会主权而不是法治才是“我们的政治机构的最主要的特征”。[4]正如奥斯丁的法律体系中的主权概念一样，英宪中的主权可以改变任何法律，所以，“没有议会不能改变的法律，或（换一种方式来说）根据我们的宪法，根本法或者所谓的宪法性法律是与其他法律一样，由同一主体以同样的方式予以变更的，即议会通过行使它的普通的立法权力来达成的”。[5]这也使得戴雪不承认在其他国家的宪法传统下形成的高级法与普通的法之间的区别可以同样适用于英国。

他引用了阿历克西·德·托克维尔（Alexis de Tocqueville）的观点：在英国，议会既是一个立法机构，也是一个**立宪会议（constituent assembly）**。戴雪同意托尔维尔的观点，因为“依据英国宪法，在根本

〔1〕 戴雪讨论了他的宪法理论与奥斯丁的法律理论之间的区别，参见 A. V. Dicey, *Introduction to the Study of the Law of the Constitution*, 8th ed., London: Macmillan, 1915; reprinted Indianapolis, IN: Liberty Fund, 1982, at 3 ~4 [Introduction]，第 26 ~30 页。

〔2〕 A. V. Dicey, *Introduction to the Study of the Law of the Constitution*, 8th ed., London: Macmillan, 1915; reprinted Indianapolis, IN: Liberty Fund, 1982, at 3 ~4 [Introduction], at 24, n. 48. 在第 27 页，戴雪说道：“‘主权’这一概念，只要是在奥斯丁使用该概念的意义上来正确地使用它，就只是一个法律概念，它仅仅意味着不受任何法律上的限制的制定法律的权力。”

〔3〕 A. V. Dicey, *Introduction to the Study of the Law of the Constitution*, 8th ed., London: Macmillan, 1915; reprinted Indianapolis, IN: Liberty Fund, 1982, at 3 ~4 [Introduction], at 18.

〔4〕 A. V. Dicey, *Introduction to the Study of the Law of the Constitution*, 8th ed., London: Macmillan, 1915; reprinted Indianapolis, IN: Liberty Fund, 1982, at 3 ~4 [Introduction], at 3.

〔5〕 A. V. Dicey, *Introduction to the Study of the Law of the Constitution*, 8th ed., London: Macmillan, 1915; reprinted Indianapolis, IN: Liberty Fund, 1982, at 3 ~4 [Introduction], at 37.

法或者宪法与非根本法或非宪法性法律之间，没有明显的区别”。[1]议会想说什么是法律，什么就变成法律。通过将议会作为法律的唯一渊源，这种法律体系因此就变得异常简单。这也是为什么戴雪明确地反对存在限制或者组建议会的高级法。对于戴雪来说，议会主权原则既是经逻辑推演的结果，也是既定事实。从这个意义上来说，戴雪的观点并不完全与接下来韦德的观点同出一辙（尽管他们得出的结论是相同的）。主权不是有关法律规则的问题，而可能是一个不容变更的事实或者“政治的神圣奥秘”。[2]

尽管如此，正如上文所述，这样一种理论并不能解释英国宪法，甚至也不能解释任何（现代或发达）的法律。现在，国家的官僚体系与能力分配到不同的机构和个人身上，奥斯丁式的主权观只是不再适用于现代的法律秩序。正如上文所述，议会和它的权力是由上位的具有宪法本质的法律规则所建构的。韦德对此已经作出了细致的解释，即制定法优位于普通法，以及新法优位于旧法（即暗示废止的原则）的法律秩序依赖于比制定法更高的法，他把这种更高法称作“宪法之根本”（constitutional fundamental）。

一旦“根本法”的概念得以成型，那么最关键的问题便是该根本法如何定义议会及其权力。我们需要知道，什么是议会，什么是机构，以及什么是该机构的行为，也就是我们认定为创设法律的行为。奥斯丁从来没有考虑过这些问题，因为他把这些问题藏身于他所假定的主权的政治现实后面。但当他想要证明主权的持有者不是个人而是一个机构或一个群体时，那么上述的这些问题就会在他自己的论证体系里显露出来。例如，如果主权的持有者是一个机构或群体，这个机构什么时候为一定行为？是所有成员都同意吗？是简单多数决吗？紧急**投票**（**imminent vote**）的情况下应当告知多少名成员呢？当要论证“君临议会”的组成部分亦享有主权时，这些问题同样也会显现。

这些不可能只是事实问题。奥斯丁假设所有人都遵守主权（出于他的**技能**、**力量**或**狡黠**，这都无足轻重）。他的能量在于帮助我们解释什

---

〔1〕 A. V. Dicey, *Introduction to the Study of the Law of the Constitution*, 8th ed., London: Macmillan, 1915; reprinted Indianapolis, IN: Liberty Fund, 1982, at 3 ~4 [Introduction].

〔2〕 A. V. Dicey, *Introduction to the Study of the Law of the Constitution*, 8th ed., London: Macmillan, 1915; reprinted Indianapolis, IN: Liberty Fund, 1982, at 3 ~4 [Introduction]，第 cxxvi 页。戴雪用这一短语来批评他的前辈们。

么是法：它是当有效的主权存在的时候，一个政治社会中所产生的秩序。但是，我们不能把这种简单的对事实的描述演化成一种宪法的理论。我们不能用一个高度复杂的机构（例如“君临议会”）来代替享有主权的个体。这个机构是由什么构成，由谁组成，它为不同行为时分别依据什么程序，这些问题不能只是一个事实问题或者是实践问题。回答这些问题需要一系列复杂的标准。奥斯丁的理论从概念上来讲并不能给出这些问题的答案。

当然，奥斯丁并没有从这些角度来看问题。众所周知，他相信一个机构的组成部分可以享有主权。[1]但正如莱瑟姆所分析的那样，奥斯丁自己对此是非常困惑的。[2]一群人从任何意义上来讲都不能构成可以行使主权的主体，除非有一些程序来界定这些行为本身。这也是为什么一个机构的行为须以设定它行为的适当程序的一般规则为基础。这引入了一定程度的以规则为基础的复杂性，而奥斯丁的理论框架不能对此作出很好的诠释。

为了维护正统的议会观，近年来，有一些宪法学者开始复兴奥斯丁的这种简化的议会观。他们认为，即便议会是以机构的身份获得法律上的主权，但是那些决定了议会什么时候行动及怎样行动的规则本身却不是法律规则。这种观点有效地证明了在英国没有高级法，至少没有我们现在所讨论的意义上的用以定义议会的高级法。这种观点认为，威斯敏斯特议会与奥斯丁式的主权非常相似。它们的组成和程序都是超越于法律的，它们至多是“实在的道德”（positive morality）准则。因此，理查德·艾金斯（Richard Ekins）在最近的一篇文中写道“无论是承认规

〔1〕 奥斯丁这样写道：“在贵族政治或者**群体政府**（**government of a number**）的情况下，**主权群体**（**a sovereign number**）是个人的集合体；通常情况下，它是由个人组成的较小的集合体的再集合。现在，整体来看，或者从它的社团特征来看，该**主权群体**（**the sovereign number**）拥有主权且独立。但是，分开来看，组成该主权政府的个人和较小的集合体又是受制于一个拥有至高无上地位的主体的。”John Austin，参见 John Austin，*The Province of Jurisprudence Determined*，ed. by Wilfrid E. Rumble，Cambridge：Cambridge University Press，1995，第 184 页。但是，我们如何决定这个主体是否形成以及何时形成并表达其意愿呢？有必要设定并尊重一些先于这个主体存在并对其有拘束力的程序规则。所以，在奥斯丁原始的意义上，该主体不可能是主权的享有者。

〔2〕 R. T. E. Latham，*The Law and the Commonwealth*，Oxford：Oxford University Press，1949，at 522 ~ 525，R. F. V. Heuston，*Essays in Constitutional Law*，2nd ed.，London：Stevens，1964，at 1 ~ 3，at 523 ~ 524.

则，还是普通法，都没有明确议会如何立法”。[1]这也意味着“议会不由法律所创设，它行为的方式也不由法律所规定”。[2]但是，议会主权的法律要件又是什么呢？艾金斯认为，法律原则只是确定了议会享有最高的立法权力，该权力如何行使以及何谓议会，并不是法律原则的内容。因此，严格来说，法院并没有权力审查议会法案的有效性问题。即便这些法案被称作法，但对艾金斯来说，它们实际上只是“补充共同同意的决策程序”罢了。[3]基于此，法院对议会法案不能染指，但是，议会却可以不经司法监督而解决法案本身存在的问题：

“1911 年法案是一部制定法，解释法律是法院的职责之所在。然而，这部法案关涉女王、上议院和下议院的立法程序。因此，尽管从表面看来，法院可以审查该法案，因为它涉及法律解释的问题，但是归根结底它还是不可被审查的，因为该解释性问题与议会当如何行为的问题过于紧密，而后者是法院应当留给立法者解决的问题。”

艾金斯的观点把我们送回了戴雪的简化模式。它捍卫了上文所述的命题（1）和（2），并假定议会是高于法律的，或至少说议会的定义是高于法律的，这样一来，我们就不再需要如命题(3）和（4）一样将议会视为法律上的机构。

毫无疑问，之所以会有上述观点，是出于这样一种对现实的恐惧：如果我们允许决定议会如何构成的高级法存在，那么议会就不再是戴雪所指的那样，是所有权力和豁免的唯一持有者。那么就会有一个更高的规则来首先决定议会是什么，然后决定在什么情况下它才可以立法。这样一来，就把宪法性法律的根本规则置于法律解释的范畴之内，这也正是（3）和（4）所主张的。另外，它还会带来一个问题，就是通过特殊或一般的法律程序可以修正宪法。所有这些问题都会产生争议，也因此带来了法律判断的可能。

这种担忧是确实存在的，而上述假设的问题也都是正确的。戴雪的原则是简单化的，可能也是决定性的，因为它将主权视为逻辑或事实问

---

〔1〕 Richard Ekins, “Acts of Parliament and the Parliament Acts”, (2007) 123 Law Q. Rev. 91 at 105.

〔2〕 Richard Ekins, “Acts of Parliament and the Parliament Acts”, (2007) 123 Law Q. Rev. 91 at 105.

〔3〕 Richard Ekins, “Acts of Parliament and the Parliament Acts”, (2007) 123 Law Q. Rev. 91 at 105.

题——这一问题超越于法律解释的范畴。但是它所能提供的解决方案却远远劣于它所提出的问题本身。艾金斯区分了作为一个狭义的法律原则的议会主权原则与作为一项事实而不是法律的对议会的定义。这种区分是奇怪的，与我们的公法格格不入。它除了能够勉强弥补戴雪观点中明显的错误和不一致以外，毫无其他功能可言。没有一种关于宪法的政治理论能够支持这一论点，无论是民主理论、自由主义还是福利主义的理论。法院也从未支持过这样一种区分。从有关议会特权的判例来看，议会并不能免于法律的制约。相关的案例可以列出很长的一个清单，**从 Case of Proclamations 案到 Prince 案，再到 Jackson 案**，法院判决都认为议会和其他政治机构的权力要受制于普通的法律，不管是刑法、侵权法，还是其他领域的法律。而根据艾金斯的观点，议会是不受法治原则制约的。

布里奇法官（Lord Bridge）曾作出这样一个有名的论述："在一个自由社会里，对法治的践行与民主投票，在任何方面都是同等重要的。在我们的社会里，法治有两个基础：'君临议会'所享有的制定法律的主权，以及女王的法院所享有的解释和适用法律的主权。"[1]艾金斯的观点回归了奥斯丁的主权观，这与上述论述是完全不符的。他的观点同样也与最近的杰克逊案判决不符（尽管艾金斯本人注意到这个判决，但令人讶异的是，在他看来，这个判决无足轻重）。不仅上议院一致认为涉案事由可由司法裁决，上议院还一致地肯定了议会的程序是一个法律问题，要通过普通的法律程序加以判断，这在本案中体现为一个法律解释的问题。杰克逊案并不是一个个案，相反，很多的有权机关都支持议会主权并非超越法律这一结论。

三、高级法

如果我们否定奥斯丁式的主权观，即主权机构是隐秘的，且超越于法律之外，那么现在我们就回到了用高级法这一概念来定义议会和它的权力范围的问题了。那么宪法的高级法是什么呢？一种看法是高级法非常简单，它只是甄别出了戴雪所明确描述的那个唯一有立法权力的全能主体。这仍然忠实于戴雪的模型，即便它摒弃了戴雪论证中的一部分。

---

〔1〕 XLtd. v. Morgan-Grampian Ltd. ［1991］AC 1 at 48.

杰弗里·戈兹沃西（Jeffrey Goldsworthy）已经论证过，若移除了正统观点中对奥斯丁观点的依赖，并以从哈特的承认规则衍生出的高级法的观点代之，那么该正统观点也是可以被捍卫的。戈兹沃西认为，“如果威斯敏斯特议会对立法的实质内容有着不受限制的权力，即便它的组成、程序以及立法的方式都要受制于可经司法裁决的规范”，[1]那么威斯敏斯特议会也是拥有主权的。戈兹沃西部分接受了“新观点”，新观点的主要主张是从逻辑上的要求出发，用高级法的观念来定义议会。但是，这种论述并没有全盘接受休斯顿判决的观点，因为它没有接受“根据宪法的高级法，议会可以修正它自己的规则”这样一个观点。因此，从这一论述来看，（3）和（4）是正确的，但它们的内容却是微不足道的。

戈兹沃西对于宪法性原则是如何对待宪法修正案这一问题上，是模棱两可的。他并不相信普通的法案可以修改这样的高级法。但是，他也认为韦德的没有人可以改变该高级法的观点是“值得商榷的”。[2]戈兹沃西看起来是把这个问题完全当做一个政治问题来处理的，并且认为这一问题要谨慎对待：“如果法院动摇了数世纪以来已经被视为尘埃落定的观点，那么它可能面临着与政府的其他分支相冲突的风险，这有可能动摇整个法律体系。”[3]所以，他视这一问题在法律上不可解，因此，他的答案更加倾向于韦德而非莱瑟姆的观点。那么我们可以这样说，根据戈兹沃西所捍卫的正统观点，宪法的高级法包括了议会的权力和豁免，同时也包括了议会在改变这些较高规则方面的单一的“权力不能”。在这种观点下，当我们引入高级法这一概念时，我们不能贬损戴雪观点中最为重要的一个方面，即法院不能质疑议会法案的权威性。

乍看起来，这种对正统观点的捍卫遵循了哈特关于承认规则是有关司法实践问题的这一观点。哈特的观点是承认规则的确立是一个复杂的事实，关乎各机关人员的角色以及他们对一些标准规则的接受。尽管如此，正如上文所示，如果说承认规则只是对法院和立法机关之间权力

---

〔1〕 Jeffrey Goldsworthy, *The Sovereignty of Parliament*: *History and Philosophy*, Oxford: Clarendon Press, 1999, at 234.

〔2〕 Jeffrey Goldsworthy, *The Sovereignty of Parliament*: *History and Philosophy*, Oxford: Clarendon Press, 1999, at 234.

〔3〕 Jeffrey Goldsworthy, *The Sovereignty of Parliament*: *History and Philosophy*, Oxford: Clarendon Press, 1999, at 234.

争夺的解决方案，这一点并不是很明显。然而，戈兹沃西正是以这种方式来看待这一终极问题，因此，高级法只是一个简单的决断问题。他认为，这场争辩的核心问题是“确定终极的决策主体”。[1]这也是为什么他的关于宪法的高级法的观点与戴雪的观点并没有大相径庭，只是从理论上对同一观点进行复杂化。这也导致依据高级法，我们有一个将所有权力分配给同一个人或同一主体的规则，只不过这一次，该规则是一个法律规则。但是，这一观点误解了宪法性法律作为高级法的功能。宪法不仅仅只是对两种互相竞争的权力来源之间进行调和。

我们必须回归到菲尼斯的关于识别规则（rules of identification）的观点，识别规则并不是关于立法的赋权规则。在宪法的组织结构中的高级法不仅仅是关于权力的规则。戈兹沃西的观点忽视了既存的法律结构对立法性权力的存在和实施的影响。它忽视了位于英国法最顶端的与议会至上并存的其他一些组织性的原则。最高的宪法性原则除了包括权力和豁免以外，还包括义务和权力不能，从而允许法律以一种不为当下立法者所预见的方式延续着。一旦这些原则同时存在，它们开始以重要的方式相互影响。权力与豁免依赖于义务和**权力不能**[2]，反之亦然。这些规则不是以一种链条的环环相扣的方式互相支持，它们之间的关系更像是一把椅子的各条腿。除非我们把所有相关的规则和原则纳入考虑，包括那些关于对既定规则进行修订的可能的规则和原则，否则我们不知道议会究竟是什么。这可能让我们想起特雷弗·艾伦（Trevor Allan）关于宪法的观点，他认为宪法是一系列规则、原则和辩论技巧的普通法集合，它们共同使得宪法得以具象化。[3]我们这里所说的观点，和艾伦的观点有很强的相似之处。尽管如此，我们这里所说的观点并不是以这些规则是由法官制定的为前提的。相反，无论宪法是由谁创造以及谁拥有宪法的持续权威，如果宪法要保持高级法的地位，它必须不仅要包括赋予立法机关立法的权力，也包括限制立法机关作为一个机构和一个群

〔1〕 Jeffrey Goldsworthy, *The Sovereignty of Parliament*: *History and Philosophy*, Oxford: Clarendon Press, 1999, at 234. 另参见 Jeffrey Goldsworthy, “Is Parliament Sovereign? Recent Challenges to the Doctrine of Parliamentary Sovereignty”,（2005）3 N. Z. J. Pub. & Int’l L. 7.

〔2〕 原文是 liberties，但从上文来看，似乎应为 disability，因此本文翻译文“权力不能”，特此说明。

〔3〕 T. R. S. Allan, *Law*, *Liberty*, *and Justice*: *The Legal Foundations of British Constitutionalism*, Oxford: Oxford University Press, 1993, 以及 T. R. S. Allan, *Constitutional Justice*: *A Liberal Theory of the Rule of Law*, Oxford: Oxford University Press, 2001.

体的一些有关权力不能和责任的规则。没有这些确定人员和能力的组织性规则，议会主权就不再有任何意义。

这个观点无关程序性的观点，即法官解释法律并有最终的话语权。艾伦的观点是在没有成文宪法的情况下，所有的宪法性法律都是普通法，因此都要接受法官的解释："法院有解释法律的权力，而且在个案中，它们有独有的适用特定法案的权力。认识到这一点，英国宪法中主权的双重性质才能被很好地理解。"[1]对于艾伦来说，宪法的较高规则从司法造法的过程中得以体现，这一过程是对"普通法的一致和连贯的内容库（corpus）"的实质性的阐释，"这些普通法的内容既约束公民，也约束公务人员：它的内容提供了行政机关必须遵守的合法治理的根本原则，也限制着对成文法的解释和适用"。[2]举例来说，艾伦认为，如果把议会主权理解为"绝对或者不合格的主权"是毫无益处的，因为它无助于我们解释任何制定法的内容："如果'议会主权'的规则只因对以恰当方式制定的成文法的公然适用而被遵守，且只因对它们的明确背弃而被违反，那么这一规则对于应当如何理解某法案毫无裨益或益处甚微。"[3]艾伦总结道："'承认'规则识别出一部制定法是法律渊源，但是现实的结果可能是规范法学理论的单独的问题。"[4]这可能是正确的，也可能不正确。但这里我要进行的论证是完全不同的。

我认为，接下来的论证更加深入。议会主权如果能作为一项宪法性原则，它必须是一系列复杂的规则的一部分，这些规则能够解释议会的权力是如何组成的，如何行使的，以及它们是如何与在议会存在之前便已制定的和与现有的宪法性安排不符的那些法律相容的。议会的立法性权力只是宪法这栋大厦的只砖片瓦而已。宪法若得以发挥功用，我们必须向其添加很多的其他原则。当然，所有的这些原则都必须为法院所揭示。法院的出发点必须是议会像其他机构和普通的个人一样，不仅有权

---

[1] T. R. S. Allan, *Law, Liberty, and Justice: The Legal Foundations of British Constitutionalism*, Oxford: Oxford University Press, 1993 以及 T. R. S. Allan, *Constitutional Justice: A Liberal Theory of the Rule of Law*, Oxford: Oxford University Press, 2001, 第13页。

[2] T. R. S. Allan, *Law, Liberty, and Justice: The Legal Foundations of British Constitutionalism*, Oxford: Oxford University Press, 1993 以及 T. R. S. Allan, *Constitutional Justice: A Liberal Theory of the Rule of Law*, Oxford: Oxford University Press, 2001, 第17~18页。

[3] T. R. S. Allan, "Legislative Supremacy and Legislative Intention: Interpretation, Meaning and Authority", (2004) 63 Cambridge L. J. 685 at 686.

[4] T. R. S. Allan, "Legislative Supremacy and Legislative Intention: Interpretation, Meaning and Authority", (2004) 63 Cambridge L. J., at 687.

力，也有权力不能（法院确实也这么做了）。所以，当艾伦说“因此立法至上，或者立法主权，有必要有一个司法主权与之相均衡”[1]时，他是正确的，但是只能在他自己附加的前提下。这种对于司法主权的延伸，关乎任何宪法秩序的内在一致性和完整性，并不是法院在具体的情形下对这一原则的额外适用。该问题是在一个遵守法律的政治社会中的基本的宪法性框架，并不是对法院掌控有最后话语权、基于实践发现的结果。包括议会本身在内的任何解释宪法的人或机构，都要作出同样的对议会的权力和权力不能的概念假设。

这一点实际上和哈特针对奥斯丁的命令理论作出的有效批评是异曲同工的。在哈特的众多观点中，他注意到，奥斯丁的主权观不能确保主权的延续。哈特认为奥斯丁的理论不能给主权的在宪法上的继任者提供一个法律的识别标准。哈特所指出的问题是通过识别规则界定相关的政治职务或机构。这些既存的职务或机构，需要允许立法权力从一个人传递给另外一个人。因此，奥斯丁需要一系列更高的规则来补充他已识别的在目前主权（作为事实存在的）下的实际权力。这把我们引向了莱瑟姆和休斯顿所支持的解决方案。英宪的基础不是一个个人或机构，而是一系列互相影响的规则。这些规则的内容不仅仅包含权力的分配，也包含对各种包括立法机关和法院在内的公共机构的承认。这些规则当然不都是由现有的立法机关所制定的。

菲尼斯对这一原则进行了如下解释：“一个法律一旦符合彼时有效的有效性标准而生效就保有此效力，直到它自身限定的期限或它被创立时暗含的期限到期，或者依据在其被废止之时有效的废止条件而将其废止。”[2]这意味着，在英国，现任议会的工作依赖于现有的一些公法规则，而这些规则是经由法院的实践和先前的制定法发展出来的。议会像所有其他公共机构一样，必须依据法律运行。这个机构若能够像一个机

---

〔1〕 T. R. S. Allan, “Legislative Supremacy and Legislative Intention: Interpretation, Meaning and Authority”, (2004) 63 Cambridge L. J. 关于艾伦和戈兹沃西的争论，参见 T. R. S. Allan, “Texts, Context and Constitution: The Common Law as Public Reason” 以及 Jeffrey Goldsworthy, “The Myth of the Common Law Constitution”, both in Douglas Edlin, ed., *Common Law Theory* (Cambridge: Cambridge University Press, 2007) at 185, 204. 另外参见 T. R. S. Allan, “Constitutional Justice and the Concept of Law” and Jeffrey Goldsworthy, “Unwritten Constitutional Principles” bothin Grant Huscroft, ed., *Expounding the Constitution: Essays in Constitutional Theory* (Cambridge: Cambridge University Press, 2008) at 219, 277.

〔2〕 John Finnis, “Revolutions and Continuity of Law”, in A. W. B. Simpson, ed., *Oxford Essays in Jurisprudence: Second Series*, Oxford: Clarendon Press, 1973, at 63.

构一样得以运行，则一些其他的原则和规则必须已经存在。这些原则必须是一个有着良好秩序的宪法的一部分。[1]

如果宪法的高级法包括上述的权力和义务，那么可能我们可以把它的内容概括如下：

i）组成原则（*Principles of composition*）决定了谁会成为公共机构的公务人员。这包括了皇位继承的规则、下议院议员的选举以及贵族的任命。这一部分的宪法定义了作为一个群体的议会的组成。

ii）程序原则（*Principles of procedure*）决定了这一群人如何能够以机构的名义作出决定（包括关于制定法律的方式和形式的规则，例如议会法案 1911 和 1949）。这一部分的宪法将议会定义为一个机构。

iii）能力原则（*Principles of competence*）决定了各个机构的决定在整体法律秩序中的效果（包括议会法案优位于普通法的原则，关于暗示废止的原则，关于制定法解释的原则，以及人权法案和欧盟法律施加的限制）。这一部分的宪法确定了议会的权力，并且提供了如何理解议会法案和其他法律渊源的方式。

iv）识别原则（*Principles of identification*）告诉我们什么样的旧有规则被识别为继续有效，即便它们是在现有的公务人员上任前和他们所在的机构被创立之前既已制定的。它们将会包括承认继续效力和普通法发展的那些原则。这一部分宪法厘清了限制议会作为一个机构存在时的权力不能和责任，也包括议会成员的自由和义务。它涵盖了从 i 到 v 的包括它自己在内的所有原则。

v）传承原则（*Principles of succession*）决定了现有的法律如何被修改（包括有关修正案），对规则的暂停使用或替代的原则（这些原则可能是第 iii 项能力原则的子原则，但不见得必须如此，因为宪法修正不一定非要经由任何机构方可为之）。

若从上述概括方式来看，我们更容易看出，这些原则中没有任何一个比其他原则更加具有根本性的地位，尽管相对于其他针对普通公民的规则来说，这些原则都是根本性的。只有当这些原则作为一个整体存在

---

〔1〕 Neil MacCormick 作出了一个非常类似的区分，即“改变规则”与“承认规则”。参见 Neil MacCormick, *Questioning Sovereignty: Law, State and Nation in the European Commonwealth*, Oxford: Oxford University Press, 1999, at 83 ff.

时，它们才有意义，任何试图赋予它们其中一个原则以支配地位的做法都是徒劳的。它们之中没有任何一个原则可以被视为整个体系的基础，包含并支配其他原则。如果我们把第 iv 项识别原则单独拿出来，说它是全部法律的基础，那么这就与第 iii 项原则产生了矛盾，因为 iii 可以产生面向未来的新的规则来改变法律（甚至也可以改变识别规则本身）。菲尼斯举了一个很好的例子来解释第 iii 项下的规则可能对第 iv 原则产生的冲击。他提醒我们“1889 解释法案”（Interpretation Act 1889）推翻了原来英国法上的一个规则，即若废止一个废止法案，则原来被该废止法案所废止的那些法案恢复效力。[1]相反，如果我们像戈兹沃西那样认定第 iii 项能力原则具有支配性地位，那么我们也会面临一些问题，即享有这些权力的主体的组成和身份依赖于识别规则。所以，能力和识别规则之间有持续的张力存在，二者互相削弱对方的效力。

传承原则也同样适用上述论证。如果把传承原则视为支配性原则，这也会存在问题，因为它依赖于第 i、ii 和 iv 项原则。当然，这些原则项下的规则本身也可以被改变，但在它们被改变之前，它们决定了第 v 项原则的内容和效果。因为改变规则需要通过第 i 和 ii 项原则所规定的机构和程序来实现。通常情况下，也就是在一个通过不断地创设和修改法律、机构、公共职务和角色来延续并发展的法律秩序中，这些宪法性原则要么同时存在，要么一个也不存在。这种根本原则与根本原则之间的相互依赖性使得菲尼斯作出了这样一个结论：“如果把法律体系简单地理解为一系列‘有效规则’的总和，那么这样一个法律体系是不存在的，因为这些规则的规范性含义之间相互依赖，没有什么能够在时间上给予该体系以延续性、持续性和自我身份的形成。”[2]约瑟夫·拉兹（Joseph Raz）也给出了相似的结论，他认为，“法律体系的认同取决于它们所属的社会形式的认同”，以及“对法律体系的认同标准因此不仅由法理或法律上的考量所决定，也有其他的考量决定，即属于其他社会科学的考量”。[3]正是政治社会给了法律体系的身份认同，而不是法律体系给了政治社会以认同。

---

〔1〕 John Finnis, "Revolutions and Continuity of Law", in A. W. B. Simpson, ed., *Oxford Essays in Jurisprudence: Second Series*, Oxford: Clarendon Press, 1973, at 61.

〔2〕 John Finnis, "Revolutions and Continuity of Law", in A. W. B. Simpson, ed., *Oxford Essays in Jurisprudence: Second Series*, Oxford: Clarendon Press, 1973, at 69.

〔3〕 Joseph Raz, *The Concept of a Legal System*, 2nd ed., Oxford: Clarendon Press, 1980, at 189.

这种关于宪法的高级法的结构给宪法性法律之下的机构的创设增加了一定程度的复杂性，成文宪法如此，不成文宪法亦如此。这诸多的原则之间如何互相关联是一个持续的解释性课题。对于这样一个宪法性的两难课题来说，没有单一的方法可以给出确定的答案：我们的工作是要一次性把所有原则都纳入考量范围。宪法解释因此不是对意图的识别——即议会的意图——而是一种审议的过程，是对不同的可适用原则的权衡与调整。美国宪法是一个很好的例子，它包括了国会组成的规则、立法的程序、不同机构的职责、延续性规则以及明确的关于宪法修正的程序。所有这些原则都是由同一个法律文件规定的，因此必须把它们作为一个整体来解读和理解。解释和理解成文宪法的过程取决于在法院审理实际争议时，这些不同的原则如何互相影响与关联。

尼尔·麦考密克（Neil MacCormick）很好地阐释了这一点，他说道："承认有效的法的标准和有效行使立法权力的标准之间应当互相匹配（包括那些改变宪法本身条款的有效性所要求的任何特殊程序）。"〔1〕通过成文法这个工具，把所有我们现在讨论的宪法的高级法中处于平等地位的一些组成部分放在一起，这也就非常明显地体现出这些基本规则之间的互相依赖性。但是，在成文和不成文原则之间没有实质的区别。一个经过出色设计的成文宪法与一个经过司法判决和议会法案发展出来的、运行良好的不成文宪法有很多共同的特征。它们引领我们的方式不同，但是宪法上的审慎斟酌的过程却是相似的。无论是成文宪法还是不成文宪法，宪法的高级法都是一系列互相支持的原则。〔2〕

威斯敏斯特议会自己偶尔也会持这种观点。上议院宪法委员会至少在为行使其自身职能时曾这样定义宪法："创造了国家的基本机构、国家的组成和相关部分，并且规定了这些机构的权力，不同机构之间和机构与个人之间的相互关系的一系列的法律、规则和实践。"〔3〕

---

〔1〕 参见 Neil MacCormick, *Questioning Sovereignty: Law, State and Nation in the European Commonwealth*, Oxford: Oxford University Press, 1999, at 85.

〔2〕 对这一问题的一些有趣的讨论，参见 Michael J. Perry, "What is 'the Constitution' and Other Fundamental Questions" in Larry Alexander ed., *Constitutionalism: Philosophical Foundations*, Cambridge: Cambridge University Press, 1998, at 99.

〔3〕 House of Lords Committee on the Constitution, *Reviewing the Constitution: Terms of Reference and Method of Working*, *First Report of Session* 2001 ~ 2002 (HL Paper 11), London: Stationery Office, 2002, at ch. 2, par 20. 在同样的这份报告里，委员会说道，英国的"核心组成"是：君临议会的主权，包含个人权利在内的法治，联合王国，代议制政府，英联邦、欧盟以及其他国际组织的成员。

四、作为高级法的宪法

这一点对于一般意义上的宪法都具有重大意义，不仅仅是针对英国而言。不论是成文宪法，还是不成文宪法，都不是法律秩序的最终基础。宪法不是法律秩序的基础或根基。从上文所述，我们已经看出一个宪法秩序的基本原则有很多，它们之间的关系是复杂的。并不是所有这些都可以写进一个成文的法律文本中（因为该文本本身也需要解释和修正的规则）。这些原则之间互相支持，也通过审议这一过程产生了一些结果。所以，对宪法的知识性的建构并不像戴雪所建议的方式那样进行。它从特殊走向了一般。特定的案例可以告诉我们，程序性规则如何影响到能力规则。即便在成文宪法的情况下，对该宪法的理解与适用也是一个复杂的审议的结果，该审议过程须适用该法律秩序中所有可用的资料，以便达到对该秩序中最为抽象的根本性原则的把握。这一建构过程从法律材料开始，并通过使用可用的宪法文本，逐渐地回答上文第 i 项到第 v 项原则所提出的问题。但是，宪法文本本身并不能回答所有这些问题。从这个意义来说，宪法是普通法的结果，这并不是说宪法是法官所造之法，而是说它是在特定情境下处理特定案件的程序中得以塑造和重新塑造的。罗纳德·德沃金（Ronald Dworkin）对这一点有很好的阐释，他观察到，任何“对于宪法在我们的法律结构中所处地位的论证都必须……植根于对一般意义上法律实践的解释，而不是把宪法脱离开一般的实践来看”。[1]这也同样意味着，宪法有必要有一个历史的维度。如果要从特定案件中推断出宪法的一般样态，这需要有宪法的历史、宪法性规则不断发展和变化的机制等知识的支持。[2]

所以，我们需要推翻韦德所作出的论断。韦德承认宪法的高级法是通过普通法实践得以创立的，尽管它本身并不是普通法的一部分。它不受制于制定法，因为它决定了所有制定法的有效性和效力。但是，韦德错误地作出了这样一个结论，即它不仅因为提供了宪法之根基而获得了

---

〔1〕 Ronald Dworkin, “The Forum of Principle”, in *A Matter of Principle*, Cambridge, MA: Harvard University Press, 1985, at 37.

〔2〕 这一点已经由 J. W. F. Allison 在他的对于英国宪法性法律的回溯中充分体现出来，参见 J. W. F. Allison, *The English Historical Constitution: Continuity, Change and European Effects*, Cambridge: Cambridge University Press, 2007.

高级法的地位，它也是我们进行法律推理的根基或始点。他说道："当我们在讨论法官藉以宣布他们将会接受的法律方向的根本性法律原则时，我们在讨论的是一个特别的原则，它不仅仅只是一个简单的法律规则。它不仅是法律规则网络的一部分，同时也是这一网络的支点所在。"[1]但是，并不存在这一所谓的支点。这对于英宪来说如此，对于其他国家的宪政秩序亦是如此。

如果我们这里作出的论断是正确的，那么梅特兰的观点似乎比戴雪的观点更接近真相。宪法同其他的法律一样，接受同样一套解释规则和论证。这使得宪法相对来说是开放的，但这也正是它达到稳定性和延续性的方式。我认为，正是这种理论上的推论，才让特雷弗·艾伦对于英国公法的分析焕发了活力。最近，约翰·艾利森（John Allison）从历史和比较的视角非常出色地强化了这一论断。他的新书《英格兰历史上的宪法》（*The English Historical Constitution*）通过阐释对王权这一观点的不同解读以及它对欧洲式观念的继受、权力分立的原则、议会主权和法治，非常细致地展示了相左的解释如何共同塑型了英国的公法机构。艾利森作出了如下结论：

"处于历史上的宪法的核心地位的不是一个原则，而是一种支配一切的变化模式，该模式尊重至少形式意义上的延续性，以及它所能提供的再次保证（reassurance）。该模式并不诞生于规范理论，而是藉由或保守或创新的法律和政治实践发端。这些实践或对政府机构形成控制，或为其提供便利，从而促成了机构的演化。稳定性也因此得到保障或得以重建。"

正统观点一直是抵制这种从历史的视角对宪法的解释所具有的流动性和开放性的。我相信这是韦德提出这种奇怪的观点的原因，即宪法即便是通过议会法案也不能被加以任何变更。韦德试图将第 iv 项下的识别规则与第 iii 项和第 v 项下的有关权力的原则的一般效果区分开来——正像戴雪试图把第 iii 项下的有关权力的原则和第 v 项下的对该原则的修正，与识别原则的效果区分开来。但他们的这种努力都失败了，因为他们所营造的英宪的这样一种形象异乎寻常且不切实际地严格。宪法必须平等地且同时依赖两组原则。

艾利森认为，历史中的宪法不是单一规范理论的产物。这诚然是正

[1] H. W. R. Wade, *Constitutional Fundamentals*, London: Stevens, 1980, at 32.

确的，但这并不意味着规范性的理论并不发挥作用（包括忠于材料的规范性原则）。如果说宪法因此是对法律的解释性构造，它同时也是维持主要的国家机构并为其提供正当性的政治道德建构的一部分。宪法中的法律阐明过程就是这些原则形成的过程。这一点在最近的包括杰克逊一案在内的上议院的宪法判决中体现得尤为明显。这里，我们发现了成文与不成文宪法之间所具相似性更为深层次的原因。在任何一个现代自由民主国家，宪法和它的原则旨在阐明政府的公共机构这一理念背后蕴含的根本性原则。它是对建立一种有关规则的公共秩序并可为一个平等社会提供正当性基础的尝试。但是，这种尝试不是静态的，它也不能免于争议。宪法的高级法的内容因此产生于对道德要求的解释，这种道德要求的内容当然可以有多种多样的不同解释，其结果也会随着时间而变化。因此，宪法得以存续并不是出于一种“制宪权”意义上的上位权力或者宪法制定者们的正当性根基。它是不同而且经常冲突的法律解释的产物，这些解释由我们的机构中关涉法律与政府的存续程序的、不同的政府官员、法官和政治家们作出。这些解释和对话仍然持续地塑造着我们的公共机构，并赋予它们不断变化的内涵。

主 题 书 评

哈贝马斯《关于欧洲宪法的思考》

再评哈贝马斯的欧洲宪法论

周林刚 *

哈贝马斯关于欧洲宪法的思考，试图提出一种新的宪法范式，他称之为“跨国民主共同体”。对这一范式的内容及含义，笔者曾有一文略予置评。[1]这里对其再作评论，探讨如下两个问题。

一、欧洲“独立”，抑或欧美整合？

无疑，哈贝马斯的欧洲宪法论具有它所处的实力政治和地缘政治的语境。但对我们来说，有意义的是，要把这种现实考虑本身提升到理论化的层次来考量。而且恰好，哈贝马斯的现实考量是有其理论对应物的。就其现实政治的考虑来说，问题涉及欧洲与美国的平衡。正如哈贝马斯反复指明的，欧盟若非实现政治整合，欧洲就会沦为“山姆大叔的走狗”。[2]急迫的问题是要制衡“美国霸权的单边主义”，[3]而只有政治上整合的欧洲才能构成制衡的一极。所谓制衡“美国霸权的单边主义”，实质是美国全球暴力能力的约束和驯化问题，也就因此是一个基本的政治学问题。

欧洲驯服美国？问题的提法一开始就显得不同寻常，甚至可以说是颇为怪异。根据哈贝马斯的前提，欧洲民族国家驯服了自身的暴力，其

---

* 作者任职于华东师范大学政治学系、华东师范大学世界政治研究中心。

〔1〕 参见周林刚：“超越‘合众国’——评哈贝马斯的欧洲宪法论”，载许章润、翟志勇主编：《家国天下》（《历史法学》第十卷），法律出版社2015年版。

〔2〕 哈贝马斯：“联邦德国的欧洲”，载［德］尤尔根·哈贝马斯：《关于欧洲宪法的思考》，伍慧萍、朱苗苗译，上海人民出版社2013年版，第84页。

〔3〕 哈贝马斯、德里达：“2月15日，欧洲人民的团结日：以核心欧洲为起点，缔结共同外交政策”，载［德］尤尔根·哈贝马斯、雅克·德里达等：《旧欧洲、新欧洲、核心欧洲》，邓伯宸译，中央编译出版社2010年版，第27页。

形式是“民主法律化”。[1]就我们要讨论的问题来说，这里的关键是民主化。由于哈贝马斯所理解的民主是由其商谈原则所保障的民主——在其中，基本人权和民主程序相互交融、彼此建构——因此，这里的“民主”也可以用“宪政民主”来称呼。这样，所谓暴力的民主化，也同时意味着“国家暴力的宪政化”[2]。更进一步说，驯服暴力意味着暴力的某种归属（属于“我们”）及其运用的特定决定形式（以商谈民主的方式决定其使用）。哈贝马斯正是循着这样的逻辑，把欧洲进一步的政治整合问题理解为在民族国家之上的“民主法律化”。它假设了欧洲需要解决跨国暴力的规训问题。问题是，这个跨国暴力恰好不是狭义的欧洲问题，因为欧洲内部本身已经解决了——如果可以这么说的话——“欧洲内战”这个历史问题。所以，它的确只能意味着，那个有待驯服的暴力是美国的全球暴力。

驯服暴力的问题，同时也是一个人民建构的问题。哈贝马斯觉得有必要在理论上回答关于不存在欧洲人民的质疑。他的回答是：在一个系统复杂化的世界，跨国的民主整合，也就是更高层次或更大范围的人民建构是必要的，因为这样可以增加人对环境的控制能力，从而也就增强人的自主能力。[3]美国暴力的驯服只是这一总的问题当中的一个部分，所以，关于它的解答，也只是总的解答当中的一个部分。但这个部分在我们看来却具有决定性的意义：它将提示我们应该以何种方式来理解问题本身。

在某种意义上，可以说，是暴力建构了人民（反过来，则是人民驯服了暴力）。在霍布斯的社会契约论框架中，实际上并不是自然人通过社会契约建构出了统一体。这不仅是因为霍布斯的社会契约是由每个人逐个地与所有其他个人订立的，因而社会契约本身是一系列相互联系的单个契约丛；更重要的是因为，光凭立约这件事，根本不能解除构成自然状态的根本原因之一，那就是自然平等者之间固有的怀疑，或他者的不确定性。这个条件造成的后果是，已经订立的社会契约若没有进一步的其他条件以消除这种不确定性，就不能生效，也不应生效。这个进一

---

〔1〕［德］尤尔根·哈贝马斯：《关于欧洲宪法的思考》，伍慧萍、朱苗苗译，上海人民出版社2013年版，第35页。

〔2〕［德］尤尔根·哈贝马斯：《关于欧洲宪法的思考》，伍慧萍、朱苗苗译，上海人民出版社2013年版，第33页。

〔3〕［德］尤尔根·哈贝马斯：《关于欧洲宪法的思考》，伍慧萍、朱苗苗译，上海人民出版社2013年版，第31页。

步的条件就是霍布斯所说的主权者。可是其真实的含义，其实是先于所谓的社会契约而存在的（或者至少是独立于社会契约而形成的）优势暴力。这一点正是霍布斯之后法律实证主义（特别是约翰·奥斯丁）在界定主权者时采纳的定义要素。所以，在霍布斯那里，不是社会契约建构了主权暴力，而是主权暴力建构了社会契约。霍布斯社会契约中的个体为了解除其他契约当事人的威胁而服从主权者，这意味着主权者有能力也有权力针对其他个体运用暴力以制止或制裁他人对他的侵犯。总结来看，这就是说，主权者的暴力是针对着所有的契约当事人的。这使霍布斯的理论区别于那种为了抵御外敌而联合起来的理论模型。虽然霍布斯的社会契约不是人民的代称，但他的模式对于暴力与人民的关系仍然是有启发的。因为它至少暗示了，不同的人要把关于暴力的决定权交付给一个他们之上的主体，很大程度上以这个暴力有针对他们运用的可能性为条件。

这个条件当然不是唯一决定性的，但无疑值得我们认真加以考虑。哈贝马斯考虑的驯服美国单边主义问题，根本不是说，美国既然可以单边决定对比如伊拉克使用暴力，那么有朝一日也可能针对欧洲。“今天是他，明天可能就是我。”这个理由完全不在欧洲宪法论的考虑范围之内。由此，问题就变成了，欧洲人要联合起来驯服一种他们并不认为会针对他们的跨国暴力。很难说，这真的能够算作一个出于现实权力政治的动机。相反，它倒是在向欧洲人要求一种高贵的理由。换言之，这里的问题是规范意义上的“应当”，而非现实主义意义上的“必要”。

把上述两种考虑结合起来，问题的真正特异之处就显示出来了。欧洲人应当联合起来驯服美国暴力，尽管这个暴力并不是针对自己的——这样一种规范性考虑，假设了这一暴力及其运用，实际上不应当是美国一家的事情，而是欧美共同的事情——扩展开来看，特别是考虑到哈贝马斯意图把他的欧洲宪法模式扩展为世界宪政模式的启发模型，那么这里也强烈地假设了，美国的全球暴力就其具有全球能力这个事实，就表明了它不是美国的私有物，而应当是人类的“公有物”。这完全符合关于驯服暴力问题的理论内涵：驯服暴力意味着暴力的民主化，而民主化的固有内涵之一就是，这个有待民主化的暴力，是而且应当是“我们自己的”暴力。所以，与哈贝马斯自己的设想相反，欧洲宪法并非欧洲“独立”（“独立”于美国），而是欧美之间的重新整合：它实际上是希望通过欧洲统一的外交政策，修正美国暴力在寻求合法化过程中面对的合法化资源结构。这也是为什么欧洲宪法对美国暴力的制约不是通过欧洲暴力的建构，而是通过统一欧洲的合法性形成机制来进行的原因。在这个意义上，我们甚至可以说，经由宪法整合的欧洲，构成美国主导的全球秩序中的全球“议院”的一个投票单位。

换言之，欧洲宪法整合问题的真正提法，或者所谓的制衡美国单边主义霸权的问题，如果真是按照哈贝马斯的方式来构想，那么它的更恰当的含义应该是美国暴力的内在化。内在化于谁？内在化于欧洲。哈贝马斯论题同罗伯特·卡根曾经理解的欧美关系其实有内在的一致性。按照卡根的说法，理想主义的欧洲（或用我们的说法，规范主义的欧洲）是以美国暴力为其可能性条件的。[1]也就是说，美国暴力事实上已经是内在于欧洲的，只是欧洲人自己没有意识到而已。正是因为如此，哈贝马斯的宪法论说是有意义的。而我们所谓的建构人民的暴力具有针对人民的可能性，在这里也有具体的含义：它不必一定要表示积极地对比如欧洲使用暴力的可能性，也可以表示美国暴力与欧洲隔离（即不提供保护）的可能性。这种消极的意义，具有与积极的意义相似的功能，而且它无非是因为提供保护而天然地具有威胁性这一含义的另一面。

二、政治整合，抑或法律整合？

欧洲人为什么应该在政治上联合成“人民”？除去各种可能的现实考虑，哈贝马斯更关心的是消除一个理论障碍：欧盟宪法将意味着成员国主权的缩减。为了打消这个疑虑，哈贝马斯把对外的国家主权和对内的人民主权加以区分。国家主权，按照赋予国家以战争法权的古典国际法，遵循的是自由的任意。与之相对，人民主权遵循自由法则之下的自主性。人民主权的核心是民主，“是在以普遍化民主的立法中体现出来的”、[2]确保平等的自由的自我立法。所以，国家主权的让渡只要不侵犯民主程序，就无关乎对民主国家公民能力的削减或剥夺。相反，在确保民主程序的前提下让渡国家主权，将把在民族国家范围内实现了的暴力宪政化推进一步，扩展到超国家层面。这样一来，民主不是被削减，而是扩展了；不仅扩展了，而且还增强了：公民在更大的系统层面联合

〔1〕 参见［美］罗伯特·卡根：《美国缔造的世界》，刘若楠译，社会科学文献出版社 2013 年版。

〔2〕［德］尤尔根·哈贝马斯：《关于欧洲宪法的思考》，伍慧萍、朱苗苗译，上海人民出版社 2013 年版，第 33 页。

起来实现民主，也就是在更大程度上决定和掌握了自己的命运，尤其是掌握超国家层面系统复杂性的影响。[1]这不禁让人想起卢梭的社会契约：在这个社会契约中，缔约者被要求让渡一切，但为此，他得到的回报也不多不少，甚至比他交出的更多。[2]因为，共同体将以全部的力量来保护他。

比拟卢梭还有另外的启发。卢梭的社会契约具有其特殊的效果，那就是订立契约的自然人的自然自由经由这一契约而变成了道德自由，并且这一契约创造了一个新的、此前不存在的人格，即“道德的与集体的共同体”。[3]社会契约仿佛一道鸿沟，隔开了前后两个不同的世界、两种不同的自由。与此理论构想相呼应的是，卢梭设想，人已经经历了一个历史过程，实际地改变了人的生存条件，从而迫使人必须相应地改变自己的生存方式。[4]因此，社会契约或者新的集体人格，是已经改变了的社会条件的结果。卢梭这个实际上涉及范式转型的“设想”，与其理论的表面状况相反，揭示了社会契约前后的“断裂”关系。由于这一切“只是一瞬间”[5]发生的，所以我们完全有理由说，“社会契约”表示的不是一个连续和平滑的过程，而是质变，是“飞跃”。而促成这种“飞跃”的，乃是现实的生存结构。就其作为“飞跃”而言，社会契约虽然是自然人订立的，它却并不是从自然人的视角出发所能理解的。悖论在于，社会契约论的话语却迫使卢梭在自然人和道德人格之间建立起表面的“推理”关系，其结果就是阿尔都塞所说的“错位种种”。

施米特的联邦宪法学批判诊断出的正是类似的困难。[6]在联邦中，以州的形式存在的人民和联邦的人民之间必然存在冲突，要解决这一冲突，或者是战争（美国内战），或者是彻底的联邦人民的同质性（美国联邦与州关系的倒转，其具体表现就在于作为宪法修正案的权利法案内涵的转变：从约束联邦转向约束州，基本权利的守护者从州转为联邦）。

---

〔1〕［德］尤尔根·哈贝马斯：《关于欧洲宪法的思考》，伍慧萍、朱苗苗译，上海人民出版社2013年版，第30~32页。

〔2〕参见阿尔都塞：“论‘社会契约’（错位种种）”，载陈越编：《哲学与政治：阿尔都塞读本》，吉林人民出版社2003年版，第298~302页。

〔3〕［法］卢梭：《社会契约论》，何兆武译，商务印书馆2003年版，第21页。

〔4〕［法］卢梭：《社会契约论》，何兆武译，商务印书馆2003年版，第18页。

〔5〕［法］卢梭：《社会契约论》，何兆武译，商务印书馆2003年版，第21页。

〔6〕参见［德］卡尔·施米特：《宪法学说》，刘锋译，上海人民出版社2005年版，第十三章。

这样，实际上也就不存在两个人民。只有联邦全体人民才是真正的人民。从缔结联邦宪法的历史过程看，州或州的人民是主体，但其结果则是新的人民，这个新的人民迫使州的“人民”退化为自然的、文化的、社会的——总之非政治的——存在。

哈贝马斯的宪法构想似乎复制了这里所有的问题，但他坚决地拒绝施米特的推论。哈贝马斯并不要求欧洲各民族国家的人民取消自己的国家公民身份。所以，他推荐的不是一种超级联邦制欧洲国家。哈贝马斯的前提是，他承认欧洲民族国家在保护宪法基本权利和民主程序上的历史成就，并且因此在欧洲宪法中，民族国家仍然承担（或与欧洲跨国民主共同体分享）着民主守护者的职能。他的欧洲宪法在法律结构上的特点就在于民族国家在其中担当的这一角色。根据欧盟经验中的第一项重要创新“超国家法律优先于暴力垄断者的国家的法律”，〔1〕共同体拥有创制法律的权威，但民族国家仍然保留着民主、自主的权限，那就是，假如共同体法律降低人权保护标准，或侵犯民主程序，那么民族国家（比如通过宪法审查机制）可以否决共同体法律的适用。所以，严格地说，共同体的法律是在跨国层面和国家层面的共同合作中产生的。所谓合作，就是说对于两个层次的冲突，不需要通过某种优先性的设置来解决。〔2〕他相信，这种矛盾是可以实际地解决的。另一方面，哈贝马斯强调欧盟经验的第二项创新：欧洲公民与各个成员国人民分享制宪权。〔3〕与此相关的是，为了维持两个治理层次的合作关系，避免施米特“联邦宪法学”的后果，欧洲的跨国治理层次不能具有自己的修宪权力。〔4〕这样，就明确抵制了欧洲人民对于民族国家人民的吸纳。另外，由于欧洲民族国家继续作为暴力垄断者，这一点也成为一种抵抗力量。由此，欧洲宪法框架下的共同体法律也就具有了双重的特征：就其是国家暴力自觉地服从的对象来说，它们类似于国际法；而就其具有适用上的优先性来说，它们又是宪政化了的共同体法。

---

〔1〕参见［德］尤尔根·哈贝马斯：《关于欧洲宪法的思考》，伍慧萍、朱苗苗译，上海人民出版社2013年版，第34页以下。

〔2〕参见［德］尤尔根·哈贝马斯：《关于欧洲宪法的思考》，伍慧萍、朱苗苗译，上海人民出版社2013年版，第41页。

〔3〕参见［德］尤尔根·哈贝马斯：《关于欧洲宪法的思考》，伍慧萍、朱苗苗译，上海人民出版社2013年版，第38页以下。

〔4〕参见［德］尤尔根·哈贝马斯：《关于欧洲宪法的思考》，伍慧萍、朱苗苗译，上海人民出版社2013年版，第38页。

然而，问题其实并不在于哈贝马斯的方案是否能够成功抵制美国式联邦向民族国家的转变。[1]如果把施米特的推论同卢梭的社会契约论结合起来看，我们或许能够以另一种方式来理解所谓的“联邦宪法学”问题。联邦全体人民与州人民的对峙，是对另一个真正具有强制性的状况的反映：联邦层次的治理，不能从州层次的治理中“推论”出来，就好像道德自由不是从自然自由中推论出来的一样（换种方式说：联邦不是州的加总），因此，只要“保存联邦”是“绝对命令”，那么联邦对于州就不得不具有某种“优先性”（这甚至就是卢梭“强迫自由”的对应物）。这一状况用规范的政治理论的话语转译出来，就成了全体人民的统一性优先于作为局部的州人民。这才是卢梭那个“飞跃”的现实意义。[2]之所以要坚持在方案中维持欧洲民族国家的坚固地位的原因，是不能从民主理论自身中得到解释的。因为从民主理论自身的角度出发，根本无法说明国家层次的民主决策加总起来，为什么不可以自然地成为跨国层次民主的决策内容。如果国家民主的决策内容加总起来就可以是跨国民主的决策内容，那就根本不需进一步的政治整合了。所以，国家民主与跨国民主虽然都是“民主”，实际上是不同的。它们之间存在某种“断裂”，而欧洲整合乃是某种“飞跃”。颇具讽刺意味的是，哈贝马斯当作“欧洲人民的团结日”的2003年2月15日的起因，正是欧洲国家之间在伊拉克战争问题上的“分裂”。这或者意味着欧洲部分民族国家内部民主程序遭到扭曲，或者意味着国家的民主程序会得出各自不同的结论。无论哪种解释，都将表示跨国民主具有不同于国家民主的实际后果。

这种“断裂”或“飞跃”表现为欧洲公民身份同国民身份的“分裂”。[3]由于欧洲公民身份不具有自己的修宪权，也不独享跨国层面的制宪权，所以，这个身份不但没有权力（power），也不拥有权威（au-

---

〔1〕 哈贝马斯认为，美国至迟是在二战后形成联邦制的民族国家的。参见［德］尤尔根·哈贝马斯：《关于欧洲宪法的思考》，伍慧萍、朱苗苗译，上海人民出版社2013年版，第40~41页。列宁的看法则认为，在一战期间就可以看到美国（包括英国）转变成了老欧洲式的民族国家了。参见列宁：“国家与革命”，载《列宁选集（第三卷·上）》，人民出版社1972年版，第203页。

〔2〕 在亨廷顿那里可以发现一个极为相关的有趣评论，参见［美］塞缪尔·P. 亨廷顿：《变化社会中的政治秩序》，王冠华、刘为等译，上海世纪出版集团2008年版，第21~22页。

〔3〕 参见［德］尤尔根·哈贝马斯：《关于欧洲宪法的思考》，伍慧萍、朱苗苗译，上海人民出版社2013年版，第43页。

thority）。他只能是辅助性的。这就决定了所谓的欧洲层面的政治决策，最终来源于国民经由其民族国家的中介而进行的横向协调过程。欧洲公民身份无非是最终为这种协调结果披上民主合法化的外衣。归根结底，欧洲公民不存在，存在的只是国民影子的投射物。而只要真的存在欧洲公民，就不可能为民族国家公民的身份确立坚固的根基。抵挡施米特“联邦宪法学”后果的措施无疑具有重大的后果，这个后果就是令欧洲政治整合、令“跨国民主共同体”继续成为分歧或分裂的根源。当然，这里将拥有更多的“政治”、更多的“过程”、更多的“商谈”。

哈贝马斯想在欧洲改写美国联邦制的进化逻辑。美国联邦制在某种程度上是通过联邦层面的三权分立吸收联邦—州分权机制本来应当承担的功能，因此，联邦公民身份获得优先性，是以他履行州公民身份原本被期待的功能为代价的。哈贝马斯恰好抛弃了这一点而返回到纵向分权。这样做的风险不仅在于跨国整合的无效率，更在于一个基础性的、也是理论性的困难。卢梭式的“断裂”提出了弥补断裂的需求。本来是自然人与公民之间的“距离”，被转译成了“公意”与政府之间的“距离”问题。公意与政府是相区别的事物，它们之间的裂缝由全体公民的定期集会来控制。这样看来，卢梭理论的特殊之处在于他要求弥合断裂的行动，应当是政治行动，以横向联合的方式来进行（与此类似的是洛克式的反抗权）。与之相对，霍布斯的个人基于保护自己生命的“逃跑”反倒提示了另一种个体行使的可能性。“保命”在霍布斯这里构成了最坚固的人格同一性，从而贯穿自然状态和政治状态，把两者的“断裂”相对化了。如果不拘泥于霍布斯的限定（“保命”），那么这一可能性就可以在以宪法诉讼为代表的司法系统中找到。两种不同的弥合方式各有其作用。哈贝马斯拒绝了卢梭方式，因为欧洲公民身份不具有独立的制宪和修宪权。但他也拒绝了后一种弥合方式，因为他拒绝赋予欧洲法院以优先效力，从而拒绝了欧洲公民身份能够承载人的普遍尊严的能力。当然，人们很容易提出反驳，说哈贝马斯只是让两个身份互相合作、“分享”，因为国民身份已经很好地承担了这种功能，不必以确立优先性的方式来解决这个问题。但是，合作的固有含义包含了“竞争”（例如，关于理由的竞争），一种既无权力又无权威的身份，如何与同时权力和权威的身份“竞争”？理论上说，哈贝马斯心目中的普遍人格贯穿了各个治理层次（这是任何一个普遍主义理论家都做得到的），但他却继续让他隐藏在“互动的过程”这一迷雾之中。

一部欧洲宪法，或者意味着政治多元、法律一元（法律整合）；或者意味着政治一元、法律多元（政治整合）。政治多元、法律多元，就称不上整合，而是维持原状。“跨国民主共同体”不是欧洲国家，所以这个方案想要维持欧洲多元的民主政治。但它同时拒绝欧洲法院的优先性（这本来是可以与欧洲立法和行政机构的问题分离出来的），因此也就继续维持了欧洲法律的多元状况。所以，哈贝马斯的方案实质是一种非整合，而它本来的潜力是可以通向一种法律整合的。

很多时候，历史成就会成为历史的负担。欧洲民族国家的宝贵成就，使哈贝马斯不断地回到民族国家的视角看待问题。他不愿冒风险，采纳一种不同的视角，一种不得不与那个他想要制衡的美国遭遇的视角。如果问题不是把美国内在化，那么一个大欧洲，又意欲何为?

没有国家的宪法

——评哈贝马斯《关于欧洲宪法的思考》

刘　刚*

哈贝马斯知识之渊博、论题之广泛，已为世界公认。在二战以后成长起来的思想家中，恐无人能及。然其渊博却不肤浅，广泛而不杂乱，他能达此境界，端在于准确而坚定地把住西方文化的命脉，即现代性的命运。他围绕认识论、道德哲学、政治与法哲学、历史哲学、社会理论、国际关系等著书立说，全是围绕现代性问题展开的。其中既包括现代性的逻辑在这些领域如何呈现，亦涉及现代性演化至今面临的诸般挑战，更包含应对各种挑战的理论方案。近年被译成中文的《关于欧洲宪法的思考》一书，[1]便是哈贝马斯在欧洲一体化背景下，尤其是金融危机以来，对于欧洲秩序的系统思考之成果。

本文分成两部分：第一部分简要概述哈贝马斯的论证逻辑；第二部分从宪法理论的视角出发，评述哈贝马斯对欧洲宪法的论述在宪法理论发展脉络中所处的位置，以及与之竞争的理论立场的论证逻辑。本文欲论证的核心命题是，哈贝马斯对欧洲宪法的思考可被概括为“没有国家的宪法”。

一、哈贝马斯论欧洲宪法

欧洲宪法旨在应对欧洲问题。何为欧洲问题？若从政治与法的视角来看，便是重建国家间秩序的问题。自罗马陨落以后，以帝国模式所统合的欧洲便散为流沙。基督教在中世纪曾一统欧洲，但此种统一乃是一

---

* 刘刚：德国柏林洪堡大学法学博士，北京大学博士后。

〔1〕［德］哈贝马斯：《关于欧洲宪法的思考》，伍慧萍、朱苗苗译，上海人民出版社2013年版。以下正文中只标页码的注解，皆指此书。

种依托于信仰的心灵层面的统一，由此建立的秩序只可算心灵秩序，而非政治秩序。16世纪前后，心灵纽带最终断裂，分裂的信仰与分散的政治力量结合，酿成数十年的宗教内战。主权国家的兴起终结了宗教内战，然由此重建的秩序只是内部秩序，或曰只在国家内部实现了和平秩序的法律化。在国际层面，国与国之间互相独立、互不隶属、互不服从，或曰国际层面尚无法律化的秩序可言。这就是政治与法的视角下的欧洲问题。

自16世纪至今的几百年来，欧洲人在大部分时间里皆通过政治手段维系国际层面的和平，此即所谓的势力均衡原则。然势力均衡思维与启蒙开启的现代精神并不契合。现代精神要求以确定的原则为基础、一劳永逸地解决政治秩序问题。康德在《论永久和平》中所定下的原则即为现代精神之体现。当然，此原则在实践层面的贯彻不可能一帆风顺，甚至还要伴随战争与灾难，康德对此早有预料，历史最终也充满明证。无论如何，国际秩序的法律化是现代性的内在要求，亦是欧洲人的不倦追求。

此种要求因一战和二战的历史教训而更显迫切，二战后的欧洲一体化进程亦史无前例地快速推进。哈贝马斯曾坦言，经此教训之后，欧洲国家之间再发生类似的战争已经几无可能。但是，政治冲突的平息并不意味着永久和平，在如今这个以经济为主的时代，桀骜不驯的资本势必要突破国家的疆界，在国际层面纵横驰骋。因此，只要在国际层面尚不存在制度化的调控机制，资本力量终将失控。最终表现为已成资本之躯壳的强国，欺凌资本想要剥削的弱国，国家间关系再次回归野蛮的逐力时代。谁又能保证经济矛盾不会上升到政治的强度？

在此次欧债危机中，在哈贝马斯看来，欧盟的拙劣应对恰恰表现了欧洲范围内的制度性调控机制的缺失，对希腊的救助在他看来就是对资本的纵容。因此，哈贝马斯围绕欧洲宪法立论时，背后的核心问题仍然是：欧洲在国家间层面需要一种什么样的法律化制度机制？

法律化的制度机制在欧洲层面并非不存在，欧洲一体化的推进即是建构此种机制的过程。因此，哈贝马斯的贡献并非在于倡导一种至今尚未被认识到的思路，而是指出目前的思路不够彻底，并继而设计了一套彻底的方案。目前思路下的法律化的制度机制仍是以条约为主，其主体为主权国家。如果欧洲层面的决策主体为主权国家，而决策效果却直接影响到各国公民，那么就会造成诸如德国政府命令希腊公民的结果。这样的结局不但在规范层面缺乏正当性，也在实践层面难以获得预期效果。

哈贝马斯提出的彻底的法律化方案即为欧洲宪法。欧洲宪法是针对欧洲条约而提出的。条约的主体是国家，宪法的主体则是个人。法律化的欧洲秩序必须建立在个人的基础上，才能一方面获得充分的民主正当性，另一方面发挥对资本的有效调控。更进一步地说，以个人为建构秩序的起点和基石，乃是现代性方案的核心。因此，只有超越条约机制的欧盟宪法才有望为欧洲提供一套彻底的法律化秩序。依哈贝马斯的观点，这样一套机制必须包含三个要素：

第一，法人共同体，这些法人相互承认对方的权利，保证每个人有同样的私人及国家公民的自主性，由此，他们在特定空间里结成由自由、平等的公民组成的联盟。

第二，在组织的框架内分配权限，这个组织用行政手段保障联合起来的公民的集体行动能力。

第三，促进同一和不同国民之间团结的融合媒介，这个团结对形成共同的政治意愿、通过交往形成民主权力以及统治的合法性都是必需的。(p. 34)

这三个要素具有原理层面的普适意义，并非专门针对欧盟宪法而言。也就是说，任何一个法律化的政治共同体皆需这三个要素，只不过在不同的政治共同体中，三者的组合方式与契合强度各异。第一个要素强调组成共同体的成员资格，即必须是自由、平等的个体，唯此方能组成法律意义上的共同体；第二个要素强调集体行动能力，也就是要有专门的公共机构，并赋予其公权力和相应职责；第三个要素强调的是共同体的整合，也即必须通过恰当的整合机制营造出团结的共同体，此为共同体之生存所必需的深层条件。

在欧洲宪法的语境下，这三个要素的组合不同于主权国家，或者说，它们不可能达到主权国家框架内所达到的那种密度。详言之，针对第一个要素，哈贝马斯提出欧洲公民和欧洲各国人民分享主权的观点(p. 38)。这一思路为条约机制增加了更多的民主因素，确保个体可以在适当限度内直接参与和影响欧洲层面的决策。针对第二个要素，哈贝马斯提出“超国家法律优先于暴力垄断者的国家法律”（p. 34）的观点。此处所谓“优先”，是指“效力优先”(p. 37)，也即欧盟的公权力机关只能宣称欧盟法律相对于成员国法律具有优先适用性，至于对欧盟法律的执行，则需留给成员国的公权力机关。因为成员国作为暴力垄断者的地位不应被否认，在目前的阶段也不可能否认。这就决定了欧盟虽是一种超国家的法律共同体，但自身尚不是一个国家。成员国并未因为加入欧盟而消解自身。欧盟宪法应在欧盟与成员国之间建构一种分工与合作机制。针对第三个要素，哈贝马斯直接运用了从其交往行为理论中推演出的结论。欧洲各国虽同根同源，但历经长期的演化，已经各具特色、差别巨大。无论是语言、文化，还是命运归属感，各国皆有各自的认同。能否在欧洲层面建立起认同的基础，营造出团结的共同体，人们观点不一。哈贝马斯对此抱以谨慎的乐观。他认为，通过营造交往的环境和条件，理性的个体可以培植出健康的共同领域，由此形成良性循环，欧洲人民的诞生并非空想。

第三个要素构成围绕欧盟宪法论争的焦点，由此衍生出宪法理论上的不同脉络。

二、人民、国家、宪法

围绕欧盟宪法的论争焦点最终可归结为这样一个问题：欧洲需要一部宪法吗?[1] 为避免误解，此问题应被重新表述为：欧洲拥有了一部宪法之成功运作所必需的前提条件了吗？欲作回答，首先需明了的是：一部宪法之成功运作所必需的前提条件到底是什么？该问题还可再回溯一步，最终需追问的是：宪法到底是什么？

若从“宪法”（Constitution，Verfassung）一词的历史起源或使用语境来看，它是一个被广泛使用的词，一人、一物、一团体都必然有自己的结构（constitution 本义即为结构）。但是，自美国颁布第一部成文宪法、将现代宪法理念付诸实践以来，法学语境下的宪法便有了确定的含义。今日所言的宪法皆为国家宪法，也即国家是宪法的调整对象。虽然从逻辑上说，宪法先于国家；但从历史来看，国家却早于宪法。宪法是对已经出现的国家设定的规范要求。在此意义上，国家是宪法之成功运作所必需的前提条件。若无国家之存在，宪法便失去了调整对象。此处所言的国家，包含领土、国民和国家权力三要素。从历史来看，具备此三要素的国家最初是一股绝对的力量，并不受任何法律层面的约束。现代宪法之所以能把此种国家权力结构化，进而置于规范框架之中，并非因为宪法把这股力量消解于无形，而是赋予其另一种存在形态。完成此

---

〔1〕 Vgl. *Dieter Grimm*, Braucht Europa eine Verfassung? in: ders, Die Verfassung und die Politik, C. H. Beck 2001, S. 215 ~255.

转换的关键在于国民身份的转换，即由作为臣民的国民转为作为公民的国民，也即人民主权原则的确立。此原则有两层内涵：在规范的意义上，人民是国家权力的正当性基础；在经验的意义上，人民是具有一定程度同质性的群体。由此，宪法变为人民的宪法，宪法对国家权力的约束实际上是人民的自我约束，或曰人民对其代理人的约束。人民内部特定程度上的同质性也保证了宪法能够良性运转。

国家作为宪法之前提这一命题，在宪法理论界并无争议。各方所争议者，是如何处理宪法与国家的关系，或曰如何看待人民的同质性对宪法之良性运作所发挥的作用。人们一致肯认，一定程度的同质性乃宪法生存之必需，分歧之处只在于如何创造这种同质性。在这个问题上，宪法理论界提供了两种方案：一种是把同质性的创造留给宪法之外的手段；〔1〕另一种方案则主张创设同质性的手段应该完全宪法化。〔2〕依第一种方案，宪法只为国家这个政治统一体提供一套规范框架。至于政治统一体如何克服内在的分歧，如何营造必需的同质性，并非宪法的职责所在。只有确保分歧被限制在合理的限度、同质性达到必需的程度后，宪法才有望顺畅运转，或者说，一国才可以比较安全地采取宪法所规定的政治生活方式。若不具备此种前提而贸然把政治生命全部交付于规范性的宪法，则非但不能过上宪法所承诺的理想生活，甚至还会把宪法本身拖入悲剧和灾难之中。因此，创设这些前提的任务不能交由宪法，而应留给政治。只有依靠政治的手段创设出规范宪法所必需的政治状态，规范宪法才可以安全地出场。依第二种方案，宪法之生存所需的前提条件应由宪法自身来创设。换言之，宪法之生存并不一定需要先在的同质性，或曰这种同质性是可遇不可求的。宪法要积极主动地为自己创设生存所需的条件，借此条件营造良性运转所需的环境。宪法所采取的手段便是从形式和实质层面赋予个人必需的基本权利，从而营造出真正自由和平等的个人。这种个人既可以独享安宁的私人生活，也有机会真正参与和影响公共决策。人际和人群间的分歧与矛盾在所难免，但是解决之道不应是区分与排斥，而应是理解和沟通。宪法要为交流沟通创设公平

---

〔1〕 施米特即采此种思路，只不过在解决冲突时，他选择区分。参阅卡尔·施米特：《宪法学说》，刘锋译，上海人民出版社 2005 年版；斯蒙德亦属此种脉络，不过在解决冲突时，他选择整合。参阅 *Rudolf Smend*, Verfassung und Verfassungsrecht, in: ders, Staatsrechtliche Abhandlungen und andere Aufsätze, Duncker & Humblot 1955.

〔2〕 哈贝马斯即为此种方案的代表。

的规则、开放的环境。此种脉络把物化的人民与国家全部消解，最终将得出宪法与国家同一的结论。据此，人民主权是一套程序，国家是一套程序，宪法更是一套程序。

哈贝马斯关于欧洲宪法的思考是上述第二种方案的典型代表。围绕此主题的辩论并非针对宪法之必要性，而是针对时机之恰当性。欧盟宪法的典型特征是未有国家之前先造一部宪法，而且在可见的将来，欧洲人似乎也没有把欧洲统合为一个主权国家的意愿和能力。虽然欧洲各国向欧盟让渡了诸多权限，但它们依旧是独立的主权国家，欧洲人也首先是各国的国民，这就决定了欧洲一体化虽在推进，但内部仍是高度异质的群体。在此种情况下，如果把规范宪法直接交付政治之手，不但无助于一体化的加深，反而会把各国内部的矛盾在欧洲范围内扩散，最终葬送宪法本身。因此，对欧洲宪法持怀疑态度的人实际上是批评一体化进程太快，缺乏应有的谨慎。恰当的做法应该是仍旧保持目前的条约机制，待通过人员、资本等的自由流动达到一定程度之后，再通过宪法机制来调控欧洲层面的公共生活秩序。哈贝马斯认为，此种方案并非不可行，但须仰赖于政治家的公心，因为各国人民对欧洲层面的决策只能施加间接控制。然而，现实中的政治家并未表现出对欧洲的真正关心，反而依旧从本国利益出发。既然如此，只能仰仗于各国人民对欧洲决策的直接影响，这一思路势必导出用宪法机制超越条约机制的结论。

哈贝马斯虽然在欧洲语境下谈宪法问题，但恰是因此，反倒更加清晰地揭示了其中涉及的基础宪法理论问题。此问题不仅在国际层面有意义，在国内层面更具根本性；不仅欧洲国家需应对，中国更需严肃对待。哈贝马斯对欧洲宪法的思考可提炼为“没有国家的宪法”这一命题。欧盟完全是一种法律的创造，它没有独立的领土、人民和主权，欧盟宪法注定是没有国家的宪法。不过，围绕欧盟宪法的争论所提出的另外两个问题对我们才更具启发意义，这就是：规范宪法之顺畅运作所需的前提条件是什么？这些前提条件该如何被创设？

国内宪法学界近年来的规范宪法学与政治宪法学之争实际就是围绕此根本问题展开的。这场争论远非简单的学理之争，化解之途自然也不在知识之完备与否。关键的要点在于对中国所处时代的判断！人人皆渴望理想的生活，并希望用理想的规则来安排生活起居。一人如此，一个政治共同体亦然。但规范的政治生活需要前提，对此应该时刻警醒。

世界主义宪法的政治构想

——评哈贝马斯《关于欧洲宪法的思考》

许小亮 *

一、欧洲宪法的世界主义特质

为何欧洲需要一部宪法？是因为其拥有共同的文化传统，还是因为其拥有共同的经济利益和法律治理的模式？为何欧洲现在亟需一部宪法？是因为其共同面临的危机，抑或是因为成员国及其国民对此部宪法既具有客观的兴趣，又具有主观的意识？如果欧洲确实需要一部宪法，这在理论上和现实上可能吗？如果这部宪法被现实地构想，它如何去设定自己的价值目标？如何去确定自己所意欲规范的对象？如何去塑造适格的担纲者？欧洲宪法所面临的所有这些问题都不能够从民族国家既存的宪法学说与宪法实践中获得全面的解答。也即，不能够从将欧盟视为是国家间的政治联合体的视角去构想欧洲宪法，而必须从将欧盟“理解为通往宪政世界社会的关键一步”[1]的视角去探讨一种世界主义宪法在欧盟的可能性。正是在这个意义上，哈贝马斯对于欧洲宪法的讨论具有强烈的世界主义特质。

虽然在所有讨论欧洲宪法问题的学者中，几乎没有人会从民族国家的视角来论证欧洲宪法的可能性与现实性。但是，这并不意味着宪法的民族国家模式无法为欧洲宪法提供有益的思考。欧洲宪法问题与传统的民族国家宪法的不同，不是其所关涉的问题域与所追求的价值理想的差异，而是涉及现代宪法所内含的基本要素在不同层面以不同的思维方式被构想与塑造的差异。这种差异主要体现在民族国家体系中的统一性和

---

* 苏州大学王健法学院副教授。

〔1〕［德］尤尔根·哈贝马斯：《关于欧洲宪法的思考》，伍慧萍、朱苗苗译，上海人民出版社2013年版，第23页。

封闭性思维[1]与世界主义中的跨越性与接近性思维的差异。[2]在民族国家的宪法模式中，我们发现，宪法的成立完全依赖于现代民族国家为其所提供的两项基本要素：一是集中、有序的政治权力的运行；二是统一的公民身份认同。基于这两项要素，现代宪法的制度设计主要围绕着对于集中、有序的政治权力进行构造、约束与评价以及通过基本人权在民族国家范围内的普遍赋予实现统一的公民认同。在这个意义上，我们可以发现，民族国家的政治成熟是一部宪法得以成立和有效运作的前提。[3]

基于此，我们可以合理地认为，只要一个共同体自身的功能分化出“政治”这一特定的领域，使得政治权力的运作能够有序化开展，与此同时，有能够基于对某种权威、规范或价值的共同认同，进而形成一种统一的身份意识，这个共同体就有可能在一定的意义上构想一部宪法。如上文所指出的，民族国家的宪法模式通过民主进程所促成的政治权力的统一，消解了私人的暴力，进而以宪法规范本身的文明化力量去驯化这一政治权力，培育公民对宪法制度变迁的客观兴趣，塑造公民通过宪法去实践共同生活的主观意识。那么，欧洲宪法的构想能否在不同的思维模式下达到上述的效果呢？

面对上述的问题，哈贝马斯的世界主义宪法模式要想获得成功，就必须有效回应如下三个基本的问题：①如何在没有统一和最高政治权力的欧盟的政治体系中构想出一个独立于民族国家的内国政治的“政治”领域，从而为欧洲宪法提供规范对象；②如何塑造一个超越民族国家法律规范要素的类型，驯化欧洲一体化过程中政治碎片化所带来的民族国家暴力、法团暴力和跨国私人暴力的混杂状况；③如何在这一“政治”领域中通过世界主义的考量改造民族国家范围内的民主模式，使得欧盟的政治与法律实践能够从民主的过程中获得正当性的基础，最终使得各个民族国家范围内的公民能够在保有自身民族国家公民身份认同的同

---

〔1〕 如德国著名宪法学者黑塞在影响甚大的宪法教科书中明确指出，宪法在构建民族国家法秩序时应关注政治统一体的构建程序的适当封闭这一核心问题。参见［德］康拉德·黑塞：《联邦德国宪法纲要》，李辉译，商务印书馆2007年版，第22～24页。

〔2〕 关于世界主义的跨越性和接近性思维的方法论说明，参见 Immauel Kant, *Theoretical Philosophy*, 1755～1770, translated by David Walford, Cambeidge University Press, p. 336. Immauel Kant, *Pratical Philosophy*, translated by Mary J. Gregor, Cambeidge University Press, pp. 328～329.

〔3〕 相关论述可参阅［德］迪特儿·格林：《现代宪法的诞生、运作和前景》，刘刚译，法律出版社2010年版，第1～54页。

时，形成统一的欧洲公民身份意识。为此，哈贝马斯将欧盟构想成一种既不同于民族国家共同体、也不同于民族国家联盟共同体的世界主义共同体。在哈贝马斯看来，这一共同体能够通过如下三个措施有效解决上述的三个问题：一是世界主义共同体可以通过普遍人权的规范化塑造其独特的政治领域，从而将欧盟范围内的民族国家通过欧洲统合的过程塑造成世界公民国家；二是世界主义共同体可以通过其跨越性原则和接近性原则重塑欧盟法和民族国家法之间的互动关系，确立欧盟法的优先性，有效驯化欧洲统合过程中的暴力混杂状况；三是世界主义共同体的跨越性原则和接近性原则能够合理地催生出共享性的原则，进而使得欧洲宪法的构成过程中，主体能够在其思维模式中合理地处理欧洲公民身份和各国人民身份所可能带来的冲突，从而保证欧洲宪法的制宪权能够合理地回应普遍人权规范化的要求，又能够保证超越民族国家的民主合法性的生成。

二、世界主义的“政治”领域的生成：普遍人权的规范化

在思想史和制度史的脉络中，人权始终是作为一种道德理想外在于民族国家的政治与法律体系的。但是，二战之后，国际层面的《联合国宪章》、《世界人权宣言》、《公民权利与政治权利国际公约》、《经济、社会和文化权利国际公约》，区际层面的《欧洲人权公约》、《非洲人民权利与人权公约》以及《美洲人权公约》等公约的相继颁布和施行开启了人权规范化的进程。[1]与之相应，各民族国家范围内的宪法法院或最高法院的宪法裁判对于宪法所保护的基本人权的理解也逐渐趋于统一，形成了学者所谓的“基本权利保护的全球模式”。[2]但是，这两种模式各自存在其缺陷：国际模式的缺陷在于，普遍人权的保护更多地依赖于民族国家对于条约或公约义务的信守，缺乏对民族国家违反其义务的有效的法律制裁措施；基本权利保护的全球模式更多地停留在宪法裁决的理论和方法上，并未扩展到政治领域内，因而缺乏坚实的政治合法性基础。所以，普遍人权要得以规范化，必须对其进行“民主解释，并在一个政

---

〔1〕 对这一进程的最终形成所谓“国际人权法案”的详细分梳，可参阅 Olivier De Schutter, International Human Rights Law, Cambridge University Press, 2010, pp. 12 ~ 47.

〔2〕 参阅 Kai Möller, The Global Model of Constitutional Rights, Oxford University Press, 2012.

治共同体的框架内得到细化和实施”。[1]但是，这一民主解释和具体细化的过程又不能够脱离人权本身所具有的道德性的约束，因为一旦脱离了这种道德性约束，人权就不能够形成世界主义共同体中的政治，而是沦为民族国家法宪法秩序中的实证法律概念了。所以，必须寻得一个能够跨越道德与民主之间的概念，桥接起世界主义共同体的政治要求与民族国家共同体的政治实践。哈贝马斯于此提出了其对“人的尊严”的独特理解。

在哈贝马斯看来，人权的规范化过程必须采取世界主义的跨越性视角来加以理解。一方面，人权是理性的道德，要求每一个人相互尊重；另一方面，人权是理性的法律，其要求每一个人尊重对方的权利要求和权利主张。这既考虑到了人权的道德面向所提供的对潜在人性进行尊重的无限可能，也照顾到人权的法律面向所可能提供的现实性保护。因此，我们必须立足于人权的这两种既相互对抗又相互支撑的面向，寻求一个合理的概念框架，容纳这两种相互对抗且相互支持的要求。于此，人的尊严的理念最为合适。因为，一方面，人的尊严要求给予所有人以平等的道德尊重；另一方面，由于人的尊严所具有的强烈的社会历史意义和内涵，其必定植根于特定时空的政治共同体之中，也即必定要求将这种平等的道德尊重转化为国家公民的身份秩序。[2]在这个意义上，人的尊严的理念作为人权规范化过程中的一个核心范畴，其在概念上必须有两重考量：一是人的尊严必定是每一个个体的尊严，即我们通常所谓的个体化考量；二是人的尊严必定是处于一个政治共同体中的可以提出权利要求的主体的尊严，即我们通常所谓的集体化考量。[3]

对于人的尊严的集体化考量，必定涉及“政治”。因此，其不可避免地只是在特定的政治共同体中彰显和确立具有这一共同体身份资格的人性尊严的理念。不论是施米特透过敌友划分来确立政治共同体的边界，还是自由主义经由有边界的权利与正义理念来擘画理想的政治共同体，其最终所构想的宪法所运作的“政治”都是基于上述集体化的考量。因此，其不可能具有超越于特定政治共同体的疆域或观念边界的特

---

〔1〕［德］尤尔根·哈贝马斯：《关于欧洲宪法的思考》，伍慧萍、朱苗苗译，上海人民出版社2013年版，第7页。

〔2〕［德］尤尔根·哈贝马斯：《关于欧洲宪法的思考》，伍慧萍、朱苗苗译，上海人民出版社2013年版，第8~10页。

〔3〕［德］尤尔根·哈贝马斯：《关于欧洲宪法的思考》，伍慧萍、朱苗苗译，上海人民出版社2013年版，第10~11页。

质。与此同时，人的尊严所具有的个体化面向揭示出每一个人在这个世界上都占据一种不可被剥夺的道德位置。由此，经由人的尊严所塑造的人权的规范化过程就会呈现出一种内在紧张：即特定共同体赋予其成员基本人权的法效力的过程在某种意义上排除了非成员身份或不具备任何政治共同体之身份的人的人权之保护的可能。如果我们单纯从人权的个体化面向中所蕴含的不可侵犯和剥夺的道德性去强行推进人权的规范化进程的话，我们在很大程度上就是用道德去取消政治。这会在两个方面造成人权规范化过程的失败：一是普遍性的道德主张会削弱特定政治共同体赋予其成员的基本人权保障的宪法法律有效实施的能力；二是一旦失去集体化的政治支撑，人权的规范化进程就不再是一个可操控的现实的政治法律进程，而是一个具有强烈理想主义色彩的世界乌托邦想象。如何一方面既保障民族国家内部人权规范化的政治进程，另一方面又能够在超越民族国家的层面上继续推进人权规范化的进程，将所有人都包容进人权的领域，兑现人权概念的最初承诺，是哈贝马斯所构想的具有强烈世界主义色彩的欧洲宪法的基本旨趣所在。在超国家的层面构想一种“政治”，其必须既脱离现有国际社会中的民族国家意志占据主导地位的格局，又须避免形成一种全球范围内的专断状况。前一种世界社会不具备政治意识，后一种世界社会干脆就取消了政治。因此，哈贝马斯强调指出，普遍人权规范化过程所构想的政治领域乃是民主立宪的世界社会，只有在这一超国家的政治领域中，人权的两个矛盾面向才能够得以理性地消除，人权理念的规范化过程才具有一种现实主义的乌托邦的色彩。〔1〕

正是基于上述的考量，哈贝马斯对为什么当下欧洲最紧要的任务是制宪这一问题给出了自己的回答：一方面，欧盟的现实治理挤压了欧洲民族国家的政治领域，从而在很大程度上使得私人的、跨国行动者的以及欧盟范围内的跨国社会领域中的不受规制的暴力、支配和剥夺，危及到民族国家的政治行动者对普遍人权的保护；另一方面，欧盟治理结构中的“行政联邦制”所呈现出的精英主义的治理结构缺乏民主的要素，使得其无法为欧盟的法律治理输出合法性，从而也使得欧盟的诸多法律规制无法对跨国的私人和社会暴力进行有效的驯化和规范，阻碍了在超国家领域内形成文明的世界社会的进程。因此，欧洲宪法的制定必须考

〔1〕［德］尤尔根·哈贝马斯：《关于欧洲宪法的思考》，伍慧萍、朱苗苗译，上海人民出版社 2013 年版，第 14 页。

虑欧盟法律在何种意义上具有优先性？与此同时，又要进一步指出，欧洲宪法的民主性要素究竟应通过何种方式得以确立？

三、世界主义法体系的文明化力量：欧盟法的优先性

很显然，在民族国家的法体系框架内，法律的生成和有效执行都依赖于国家对暴力的垄断和对于最终裁决权的有效赋予。宪法在民族国家的框架内之所以能够获得根本法的地位，是因为其通过规范化的手段与方法使得全体公民能够有效参与到法律的生成和执行过程中。也因此，宪法和法律在民族国家的框架内具有效力上的优先性。那么，在欧盟的层面，当我们从政治的视角去构想欧洲宪法时，我们是否也可以套用民族国家的宪法法律的相关模式去构想欧盟法呢？答案是否定的。这主要基于如下的原因：欧盟本身并不是一个暴力垄断者，因此，其没有让其法律在全欧盟范围内得以被有效执行的权力。但问题在于，虽然欧盟没有执行权，却通过《马斯特里赫特条约》、《里斯本条约》和《欧洲人权公约》获得了立法和司法权限。因此，在欧盟的框架内，我们发现了两种相互竞争和对抗的法律体系：一种是具有完全制裁权的民族国家法律体系；另一种是没有完全制裁权的欧盟法律体系。从法律理论上来看，当我们强调法律效力的优先性时，往往可以从两个层面上来理解：一是当两类规范都是法律规范时，依照其制定主体的权限不同来识别其优先性；二是当其中有一类规范并非法律规范时，依照权力的专属性原理来识别其优先性。但是很明显，在欧盟法和民族国家法的竞争与对抗中，我们无法通过上述两个标准来识别这两者在效力上的优先性。所以，很明显，强调欧盟法的优先性不能囿于民族国家体系内的法效力理论，而应当用世界主义的视角对其进行重构。

从世界主义的视角对欧盟法与民族国家法之间的关系进行重构。我们就能意识到，欧盟法的优先性乃是一种“适用上的优先性”。这种适用上的优先性强调，法律规范目的和内容的设置权限不在于民族国家，而法律规范的执行则不在于欧盟。在某种意义上，欧盟在设定法律规范的目的和内容时，欧盟应当在考虑欧盟整体状况的前提下，尽可能考虑到成员国的主张和意志，而在法律的执行上，成员国应当在本国的宪法框架内尽可能地去实现欧盟的整体要求。并且，在通常情况下，成员国有义务去适用欧盟法。这就使得在欧盟的范围内，立法者、司法者和守法者都需要不断地在两个法律体系之间进行跨越：一方面，以欧盟法的

视角去审视本国法，从而在很大程度上抑制了民族国家自身的暴力因素；另一方面，以民族国家的宪法去审视欧盟法，进而避免在超国家的社会领域中暴力和剥夺的滋生。当然，在哈贝马斯看来，上述情形还不是欧盟法在适用上的优先性对于欧洲宪法制定的最大益处。他认为，欧盟法在适用上的优先性的最大益处乃在于其使得欧盟和其成员国都意识到彼此的相互依赖和相互接近性。这种相互依赖和相互接近性体现在欧盟法和成员国法之间对于世界主义的接近性原则的采纳上：即成员国原则上接受欧盟法以不损及其本国宪法秩序的核心的方式进入到成员国的法律体系中，获得优先适用。[1]

这样一来，欧洲宪法的制定就必须面临法秩序的二元结构的政治现实。那么，如何构造出一个适格的制宪主体——其既能够对欧盟所承载的民主立宪的世界社会之普遍理念和目标具有主观意识，又能够对民族国家所内蕴的民主法治国之现实利益有着客观的认知——则是哈贝马斯所面临的根本性问题。

四、世界主义制宪权的特质：欧洲公民与各国人民的共享

要从世界主义的视角去构想一个适格的制宪主体，就必须考虑在欧盟及其成员国的二元框架下，制宪权究竟应赋予哪一个主体的问题。按照传统的制宪权理论，制宪权主体只能是一个统一的政治性存在。[2]在这个意义上，欧盟的内在构造及其治理实践并没有形成如同民族国家的“我们人民”一样的权威主体，也即并不存在“我们欧洲人民”这样的政治存在和政治理念。既然根本不存在“我们欧洲人民”这一统一的政治存在，我们又因何去构想欧盟宪法呢？

这取决于我们对于“统一的政治性存在”作何理解。在民族国家体系内，对统一性进行理解往往不是规范性的，而是政治性的，也即我们不能通过一个规范性的路径去设想制宪权主体资格的赋予和制宪权主体之间产生矛盾的情形。这无论是在自由主义的制宪理论中，还是在反自由的制宪理论中，都留给了政治斗争、博弈和决策本身，而非规范自

---

〔1〕［德］尤尔根·哈贝马斯：《关于欧洲宪法的思考》，伍慧萍、朱苗苗译，上海人民出版社 2013 年版，第 36～38 页。

〔2〕［德］卡尔·施米特：《宪法学说》，刘锋译，上海人民出版社 2005 年版，第 26 页。

身所能够解决。[1]但是，在欧盟的框架内，我们对于统一性的理解不可能是非规范性的。我们已经正确指出，普遍人权的规范化本身已经构成了欧盟宪法讨论的基本政治语境。一旦我们意识到，普遍人权的规范化所造就的基本政治境况构成了我们所谓“统一性的政治存在”的阐释前提。我们对于此处的“统一性”和“政治”就必须给出重新的认识和界定。前文论及，普遍人权的规范化过程经由世界主义理念的塑造，将其内蕴的个体化和集体化的面向通过跨越性原则和接近性原则有机地融合在了一起。因此，每一个生活在欧盟范围内的人即是拥有《欧洲人权公约》所赋予的人权资格，与此同时，也是各国人民中的一分子。换言之，每一个人在某种意义上都共享欧盟公民的身份和各国人民的身份。经由这两重身份所塑造的普遍人权的规范化过程，构成了欧盟宪法所意欲规范的政治领域。而“统一”本身也不再依赖于一个权力和权威去塑造同质性，而是依赖于每一个主体自身的主观权利去实现共享。也正是基于此理由，欧盟公民不会与民族国家共享制宪权，而只会与联盟范围内的各国人民共享制宪权。[2]这种制宪权使我们意识到，在世界主义的框架中，规范与政治并不能够通过制宪权得以截然二分，所有的政治都是被规范约束和评价的政治，所有的规范都是被政治性地塑造的规范。在这其中扮演中介角色的，恰恰就是世界主义。

---

〔1〕 哈贝马斯讨论了麦迪逊和施米特的制宪权理论在民族国家体系内的此种一致性。参见［德］尤尔根·哈贝马斯：《关于欧洲宪法的思考》，伍慧萍、朱苗苗译，上海人民出版社2013年版，第41页。

〔2〕［德］尤尔根·哈贝马斯：《关于欧洲宪法的思考》，伍慧萍、朱苗苗译，上海人民出版社2013年版，第42页。

《关于欧洲宪法的思考》之精神背景

张绍欣*

哈贝马斯《关于欧洲宪法的思考》（Zur Verfassung Europas. Ein Essay）一书包括三部分：第一部分“人的尊严观念和人权的现实主义乌托邦”和第二部分“从国际法的宪政化角度审视欧盟危机——关于欧洲宪法的思考”是两篇论文，由三篇时评和访谈组成的附录则统一命名为“联邦共和国的欧洲”。

哈贝马斯本人的思想有一个一般哲学——社会哲学——法哲学的逻辑进路，因而本文也从这样一个学术进路来分析一下哈贝马斯这本书的精神背景。

一、人的尊严与权利时代的形而上学基础

哈贝马斯之所以把一篇关于人权哲学的论文与一篇关于欧洲宪法与欧盟危机的论文放在一起，是因为他认为，欧洲宪法与人权问题之间存在内在的理论关联。哈贝马斯把当今的时代看作是“权利时代”，他的法治概念的核心是权利系统和自治（autonomy）概念。从自治概念出发，哈贝马斯在哲学上将权利体系分为两类：一是私人自治的权利，一是公共自治的权利。按照当今法学界的语言来说，前者的内容基本相当于消极权利，后者的内容基本相当于政治权利与公民权利。[1]

当今德国法哲学和宪法学所公认的是，“人的尊严”（human dignity）构成了人权和基本权利概念的哲学基础。在实定法中，“人的尊严”概念来源于战后制定的德国基本法——联邦德国基本法的第 1 条有 3

---

* 北京航空航天大学博士研究生，本论文的写作得到国家留学基金资助，特此感谢！

〔1〕 有关哈贝马斯的法治观与权利概念的理论关联，参见陈弘毅：“从哈贝马斯的哲学看现代性与现代法治”，见爱思想网，网址 http：//www.aisixiang.com/data/67209-2.html，最后访问日期：2015 年 5 月 1 日。

款：第1款论述人的尊严，第2款从人的尊严推导出人权，第3款从人权过渡到基本权利。[1]而在哲学上，“人的尊严”概念是康德哲学中人的概念的法哲学化形式。

“人的尊严”是一个纯粹的德语概念和德国概念。如果我们不引入艰深的康德哲学的话，在中等知性可以理解的程度上，什么叫做“人的尊严”呢？或者说，在其他语言的语境中，“人的尊严”概念的对应词汇是什么呢？在英语和法语语境中的答案是，自由民主主义的个体主义道德观。

1958年，英国政治哲学家迈克尔·奥克肖特在哈佛大学就近现代欧洲思想的道德与政治之谱系问题作了八次系列演讲，提炼出了两种道德观——个体主义的道德观与集体主义的道德观。[2]此处不再详述奥克肖特结合着思想史的哲学理论。单是从思想史上来讲，奥克肖特将霍布斯、洛克、康德、亚当·斯密和密尔等人列入个体主义道德观的谱系，而将卢梭、法国大革命中的激进派、黑格尔、马克思等人列入了集体主义道德观的谱系。

从法国思想史的脉络来讲，尽管卢梭和法国大革命中的激进派代表着强势的集体主义道德观，但是1789年《人权与公民权利宣言》却毫无疑问是个体主义道德观的集中阐释。在1870~1871年的普法战争和巴黎公社起义之后，法兰西第三共和国的宪制逐步建立起来，随着各项政治实践的进行，法国宪法学已经实现了向《人权与公民权利宣言》中的个体主义道德观的回归。这个宪制实践的成果最终在20世纪初获得了完整的理论表达，法国宪法学家狄骥在1902年出版的《法律与国家》一书中，通过“传统主权理论的衰退”的命题已经消解了卢梭的集体主义法哲学，提出《人权与公民权利宣言》的实质是“个体主义的形而上学”。[3]就具体的个体主义概念而言，狄骥借助涂尔干的社会团结理论，实现了从霍布斯的意志论的个体主义向格劳休斯—洛克—孟

---

〔1〕 有关二战后德国宪法学和法哲学中人权与基本权利两个概念的关系，参见张龑：“论人权与基本权利的关系——以德国法和一般法学理论为背景”，载《法学家》2010年第6期。

〔2〕［英］迈克尔·奥克肖特：《哈佛演讲录》，顾玫译，上海文艺出版社2003年版。

〔3〕［法］狄骥：《法律与国家》，冷静译，中国法制出版社2010年版。见该书第一章“个人主义的形而上学学说——1789年《人权宣言》”和第六章“大革命以来法国的形而上学和个人主义学说”。该书将individualism（法文为individualisme）翻译为“个人主义”。鉴于“个人主义”在汉语语境中总是与“杨朱为我，拔一毛以利天下而不为”的贬义联系在一起的，本文将作为一种哲学理论的individualism翻译为“个体主义”。

德斯鸠的社会论的个体主义的转换。

20 世纪政治理论中所公认的自由民主主义，按照狄骥的政治哲学和法哲学语言来表达，就是个体主义的形而上学；按照奥克肖特的道德哲学和政治哲学语言来表达，就是个体主义的道德观；按照二战后德国法哲学和宪法学的语言来表达，就是“人的尊严”。“人的尊严”的概念没有采用个体主义的名称，也没有采用自由民主主义的名称，之所以如此，是德国人想要找一个德国原创的哲学概念、一个德语的概念来承担后两个概念所承担的知识学功能。哈贝马斯的全球化时代的新型公民身份认同就是“人的尊严”。这一认同的实质是认同《人权与公民权利宣言》所代表的个体主义道德观。

哈贝马斯的大学和博士训练是非常传统的德国唯心论哲学的训练，他在做教职资格论文时才加入法兰克福学派，追随霍克海默和阿多尔诺。但对哈贝马斯的教职资格论文（虽然阿多尔诺力挺），霍克海默却是几乎持否定意见。哈贝马斯不得不转到马堡大学政治学教授、黑森州法官 Wolfgang Abendroth 名下完成论文并取得大学教职资格。此后，哈贝马斯以编外讲师的身份在海德堡大学和德国学界崭露头角，是因为得到了海德堡大学的哲学教授伽达默尔和洛维特的力挺。哈贝马斯获得一定学术地位之后，赶上霍克海默退休，在阿多尔诺的极力斡旋之下，哈贝马斯回到法兰克福大学接替了霍克海默的讲席，才算在形式上正式进入法兰克福学派的学脉传承。[1]所以，在哲学界，哈贝马斯身兼法兰克福学派和伽达默尔—洛维特两大学脉。尽管哈贝马斯哲学中的康德元素不能跟战后德国法哲学的奠基者拉德布鲁赫同日而语，但就法兰克福学派的传统来讲，是对法兰克福学派的重大修正。法兰克福学派本来的学术基础是青年黑格尔派、马克思主义、弗洛伊德主义、存在主义，以及新康德主义西南学派的文化哲学与价值哲学。哈贝马斯将法兰克福学派的左派批判传统修正到康德的建构性批判传统，代表着法兰克福学派从以往的反体制的批判思维，走向主流的建构性思维，从国家精神的批判者走向担当者。

哈贝马斯哲学超出以往法兰克福学派的地方，正是来自伽达默尔—洛维特的海德堡解释学派，和他的教职资格论文导师 Wolfgang Aben-

---

〔1〕 关于霍克海默与哈贝马斯之间的恩怨，见曹卫东：“学术造反与制度紧张——关于霍克海默与哈贝马斯之间的冲突”，见爱思想网，网址 http: //www. aisixiang. com/data/14223. html，最后访问日期：2015 年 5 月 3 日。

droth 的政治学—法学路数。哈贝马斯反对霍克海默以来法兰克福学派的政治怀疑主义和现代性批判，致力于重新恢复康德的启蒙概念、批判概念和实践概念，认为康德启蒙所代表的现代性事业尚未完成。他按照康德精神，利用解释学的语言转向现象学的生活世界范畴，对近代哲学的主体/客体概念进行消解，用交往理性和交往行为理论构造出一套社会本体论和解释学语言论意义上的实践哲学。他的交往概念的实质，是马克思的劳动概念与解释学的理解概念，以及有着新康德主义和现象学背景的交互主体性概念的综合。交往理性是人类语言交往行为的内在逻辑，是一种程序理性，在这方面，哈贝马斯是与罗尔斯有契合点的，他们在这个问题上各自分别创造性转化了康德哲学。

二、哈贝马斯的宪法概念——全球化时代的社会法权结构

我们上面理解了哈贝马斯的一般学术背景和权利时代的形而上学基础，下面就可以进入哈贝马斯的法哲学和宪法概念。哈贝马斯的法哲学需要从其“话语伦理学”和政治现代性概念谈起。他所理解的政治现代性乃是民族国家，他将这种政治现代性的历史起源追踪到30年战争和《威斯特伐利亚条约》。《威斯特伐利亚条约》建立了宗教信仰意义上的个体主义原则，同时，根据教随国定和教派平等，建立了世俗化意义上的国家法和国际法原则。民族国家的国家法结构与现代国际法结构是一对孪生子，其共同的理论基础是近代主权概念。

法兰克福学派的基础和底色是用社会结构来作为研究政治的基础。哈贝马斯认为，30年战争之前和之后的欧洲社会结构都是通过信仰和意识形态来实现整合的，30年战争之前的意识形态是宗教，30年战争造成了从神圣向世俗的转变，实现新的社会结构——民族国家——的意识形态是民族意识。哈贝马斯认为民族概念有两种：普遍主义的民族概念（人造的民族概念）把民族看作法律共同体；自然主义的民族概念把国家看作历史命运的共同体。而自然主义的民族意识转化为法律共同体的民族国家，是通过法律团结和公民身份来实现的。所以，哈贝马斯的法律概念是一种社会法权样态，不是20世纪实证规范主义法学所理解的教条性规范。

哈贝马斯对欧洲制宪问题的思考源于他的“话语伦理学”和从话语伦理学延伸出来的“话语政治”。“话语政治”是对由民族国家和现代国际法所代表的政治现代性模式的批判和重建，是对法国大革命到后

冷战时代的欧洲民族国家结构的再批判。“话语政治”在现实世界中意味着全球化时代的“后民族结构”。政治全球化日益压迫作为政治现代性模式基础的传统主权学说，“后民族结构”的国家学说旨在扬弃以主权学说为基础的古典国家学说和国际法学说。后民族结构的实质乃是弱化国家内政和弱化传统主权范式的国际法，是建立在社会运动（历史唯物主义）基础上的超国家的治理，目的是达成一种康德永久和平的精神意义上的世界公民社会和全球治理意义上的后民族国家秩序。这样一种致力于国家的消亡的理想，是康德理想与马克思理想的综合。

哈贝马斯的法律观主要来自卢梭—康德，即法律的正当性来自基于公共生活世界的公意和民主的立法程序。民主的立法程序就是交往行为和交往理性的法律形式，就是他所说的协商式民主。哈贝马斯将德国以往的法律概念总结为两种——市民的形式主义法律观（bourgeois formal law）和福利国家的唯物主义法律观（welfare-state materialized law），[1]两者的实质分别就是资本主义的自由主义法律观和社会民主主义的法律观。哈贝马斯认为自己的法律观是程序主义法律观，其核心范畴就是公共生活世界的交往理性和民主的立法程序。哈贝马斯的法律观和民主观互相依赖，因为其整体法权结构是一种去国家化的社会结构，所以，他的民主观也不是政治本位的民主，而是社会本位的民主。所以，其宪法爱国主义本质上也不是政治本位的爱国主义，而是社会本位的爱国主义，所爱的对象是通过协商式民主程序而形成的非政治化的公共生活世界中的交往理性的结晶。

哈贝马斯的这样一种混合了卢梭、康德和马克思的法哲学立场，必然伴随着一种历史哲学的导向和展望——世界主义共同体。哈贝马斯认为，世界秩序在冷战终结后的当今处于过渡时期。在他对未来的哲学展望中，冷战终结之后的欧洲具有特殊的枢纽地位，他将欧盟视为从当今的国际共同体走向未来的全球治理的世界主义共同体的过渡阶段。2003年伊拉克战争爆发前和之后的战争过程中，哈贝马斯与德里达共同提出“核心欧洲”的概念，并发动欧美的公共知识分子参与批判美国发动的伊拉克战争。相关讨论后来汇集成了《老欧洲、新欧洲、核心欧洲》（*Old Europe, New Europe, Core Europe*）一书。

具体到《关于欧洲宪法的思考》一书的第二部分“从国际法的宪

---

〔1〕 参见陈弘毅：“从哈贝马斯的哲学看现代性与现代法治”，见爱思想网，网址 http://www.aisixiang.com/data/67209-2.html，最后访问日期：2015 年 5 月 1 日。

政化角度审视欧盟危机——关于欧洲宪法的思考”，哈贝马斯谈到了当今欧盟危机的实质，即欧盟所面临的抉择：是跨国家的民主制，还是后民主的行政联邦制？是国际法和全球化时代的个体主义民主，还是民主幻想被戳破之后的行政主导？这种抉择的实质，暴露出当今欧盟的实践，是民族国家结构和后民族国家结构的两种法权思路的混合。而哈贝马斯对欧盟的理论定位，是从他的整套社会哲学和法哲学中一以贯之得出的。虽然哈贝马斯主张，今日欧洲的首要任务是制宪。但是，现代大陆法传统中的主流公法学对宪法的定义是政治法和国家法，而哈贝马斯的宪法概念是去政治化的、去国家化的社会法权结构。现有的公民身份认同是建立在民族国家基础上的，而哈贝马斯所设想的欧洲公民身份认同是完全超越民族国家的，是基于欧洲的文化和社会的公共空间背景的。

由此，我们就可以明了哈贝马斯与当代德国公法学家迪特尔·格林（Dieter Grimm）之争——欧洲是否需要一部宪法——意味着什么。格林严守传统国家学说所仰赖的国家法/国际法二分法，认为欧洲制宪是国际法的宪法化，这种穿着法律外衣的政治一体化道路是走不通的。按照康德学说，传统国家学说走向超国家结构的唯一形式是联邦的不断复制和累加。而在现代政治与法律实践中，联邦只不过是构造一个更大规模的民族国家，仍然存在内外之分，仍然存在国家法/国际法二分法，永远达不成世界大同。哈贝马斯的后民族结构，是用黑格尔—马克思的辩证法来克服和扬弃康德范式所无法克服的这一二分法，希望基于非政治化的公共社会领域而造就一种全新的世界结构——这种结构超越了传统的政治概念和政治结构，因而是一种社会结构意义上的法权结构，是一种去国家化的法权结构。

三、法德之争——哈贝马斯的渴望与德国的渴望

哈贝马斯在70岁（1999年）之后，直接面向处理现实的社会政治问题，首当其冲的就是欧盟问题。像哈贝马斯这个级别的哲学家都有隐秘的渴望——光荣与梦想的渴望。二战后的拉德布鲁赫修正，实现了德国法哲学和法学的自我救赎；而哈贝马斯希望实现德国哲学的欧洲救赎，通过建构欧洲的未来从而救赎历史上的德意志。

从学术渊源上讲，哈贝马斯的现实关怀也不是没来由的。他的教职资格论文导师 Wolfgang Abendroth 是社会民主主义者，是纳粹时期的抵

抗者，战后初期先后在苏占区的莱比锡大学和耶拿大学担任国际法学教授和公法学教授，因为反对斯大林主义而逃到西德，1950 年起担任马堡大学政治学教授，后来又兼任黑森州法官。Wolfgang Abendroth 是战后西德宪法重建和宪法理论重建的重要学者。哈贝马斯对现实政治和法律问题的关注，可以说就是继承自 Wolfgang Abendroth。

哈贝马斯的现代性定义是非常欧陆中心主义的，或者说是以德意志为主导的欧陆中心主义。[1]这样一种以德意志为主导的欧陆中心主义，其思想实质是法德之争——自法国大革命以来有关西方文明现代性问题的法德之争。思想界的隐秘的法德之争是两个多世纪以来欧洲的真正思想原动力之争。我们不再提 19 世纪思想界的法德之争，发生在 20 世纪且与我们的论题大致相关的几次法德之争包括：

1. 宪法学的法德之争

这一争论的对象是拉法耶特侯爵所起草的法国《人权与公民权宣言》的思想渊源问题。在 20 世纪初，德国国家法学者耶利内克（Georg Jellinek）在著作《人权与公民权利宣言——现代宪法史论》中认为它沿袭了北美的几种权利法案，而法国学者布特米（Emile Boutmy）和狄骥（Léon Duguit）等人则坚持认为它的观念是法国 18 世纪启蒙精神精华部分的沉淀，因而其文本是法国原创的。1870 年之后的法兰西第三共和国最终完成了自由民主的立宪重任，同时开创了 1900 年世纪之交法国宪法学的黄金时代。自此以来的法国宪法学者坚持认为，《人权与公民权宣言》所建立的个体自由原则代表着法国此后历尽艰辛始终追求自由民主的立宪国家的主线，构成了现代法国立宪传统最终能够拨乱反正、实现自我回归的原点和指向。20 纪初的宪法学的“法德之争”已经暴露出了德国宪法学、法哲学和政治哲学的短板，即个体主义道德观没有成为德国法哲学和政治哲学的内核，直到二战后，德国学界通过基本法文本的理论建构，才建立起有关“人的尊严”理论的教义学。哈贝马斯特别强调“人的尊严”的概念在理论上与康德哲学具有严密关联，也是为了挽回德国人的尊严，但这也无法掩盖 20 世纪初的宪法学法德之争所暴露出的德国学界的思想短板。

---

〔1〕 曹卫东：“话语政治与欧盟制宪”，见 360doc 个人图书馆，网址 http://www.360doc.com/content/09/1125/22/40130_ 9754360.shtml，最后访问日期：2015 年 4 月 28 日。

2. 德里达与伽达默尔—哈贝马斯之间的“善的意志”与“强力意志”之争

1981 年，德里达通过解构传统形而上学得出了“求理解的善的意志”，以此反对尼采—海德格尔以来的强力意志学说。伽达默尔的解释学与尼采—海德格尔的“强力意志”学说有着或明或暗的关联，在这一对话中，伽达默尔实质上处于下风。1985 年，起哈贝马斯代伽达默尔出战，批评德里达将哲学化约成为文学，将逻辑化约成为修辞。德里达与哈贝马斯之争的实质是理性的“解构”（Deconstruction）与理性的“再建构”（Reconstruction）之争。[1] 1989 年之后两人失和，直到 2000 年前后，两人在“核心欧洲”的问题上再次携起手来。

3. 哈贝马斯与福柯之争

这一争论最早由两个人的追随者开启，1984 年福柯去世之后中断，此后还是由两人的追随者进行。这一争论的实质非常接近哈贝马斯与德里达之争：哈贝马斯的交往行为理论和话语伦理学反对福柯的谱系学和生命政治学，现代性反对后现代性，理性的“再建构”反对理性的“解构”。哈贝马斯派学人对福柯的批评是“具有经验性的洞见和规范意义上的困惑”。

4. 列维纳斯—德里达与卡尔·施密特之间的“友爱政治学”之争

1994 年，德里达出版《友爱政治学》，通过转化利用列维纳斯的“他者伦理学”，解构了传统主体性哲学视野中的友爱概念，转而提倡“与他人相遇的爱”的概念。在德里达看来，施密特的“敌友政治论”不过是传统主体性哲学中的友爱概念的变种，“敌友论”与“友爱论”不过是同一种伦理学的对立两面。而列维纳斯通过宗教现象学所阐发的“他者的规范”才是超越传统主体性伦理学的真正可取的伦理学，因为列维纳斯的“他者伦理学”真正实现了“规范为哲学第一本位”。

就学术渊源而言，法兰克福学派和 Wolfgang Abendroth 作为纳粹的受害者，哈贝马斯自以为是没有历史包袱的。在法德之争的语境中，他曾经指责当代法国哲学家，因为几乎所有的战后法国哲学家都在海德格尔的影响之下。但事实是，哈贝马斯自己在学术起步阶段，却在哲学上身兼法兰克福学派和伽达默尔—洛维特两个学脉，而伽达默尔和洛维特都是海德格尔的亲炙弟子。海德格尔曾经反复提及伟大的事物从开端一

---

〔1〕 L. Thomassen, “Introduction: Between Deconstruction and Rational Reconstruction”, in *The Derrida-Habermas Reader*, ed. Thomassen (2006), pp. 1 ~ 7.

直伟大到终结。但我们可以说，如果在开端上就已经暗含着失败和阴影，后续的伟大必然伴随着疯狂。所以，伟大与不伟大的关系从来不是黑白分明。

法德之争无止境。就哈贝马斯而言，他的隐秘的渴望乃是复活康德哲学——从国家间意义上的国际共同体演进到真正的世界主义共同体，并实现黑格尔的灵魂回归——欧洲的德国，德国的欧洲。这就是哈贝马斯对欧洲制宪问题如此殚精竭虑的关怀所在。